游泳竞赛组织与裁判方法

中国游泳协会游泳裁判委员会　编著
中国游泳协会　审定

人民体育出版社

图书在版编目（CIP）数据

游泳竞赛组织与裁判方法 / 中国游泳协会裁判委员会编著. -- 北京：人民体育出版社, 2015（2024.8重印）
ISBN 978-7-5009-4795-0

Ⅰ. ①游… Ⅱ. ①中… Ⅲ. ①游泳－运动竞赛－组织②游泳－裁判法 Ⅳ. ①G861.1

中国版本图书馆CIP数据核字(2015)第042115号

*

人民体育出版社出版发行
北京新华印刷有限公司印刷
新　华　书　店　经　销

*

787×1092　16开本　20印张　357千字
2015年7月第1版　　2024年8月第7次印刷
印数：20,001—23,000册

*

ISBN 978-7-5009-4795-0
定价：65.00元

社址：北京市东城区体育馆路8号（天坛公园东门）
电话：67151482（发行部）　　邮编：100061
传真：67151483　　邮购：67118491
网址：www.psphpress.com
（购买本社图书，如遇有缺损页可与邮购部联系）

编 委 会

主　编：王路生

副主编：尚修堂

编　委：（以姓氏笔画为序）

马吉光	王　强	王路生
白　钢	曲　明	李恺宪
吴河海	尚修堂	周玉成
赵与龄	袁昊然	倪小焰
高　岩	梅雪雄	曹　巍
董寅莹	熊发州	

前　言

近年来，我国游泳运动发展迅速，各级各类游泳竞赛日益频繁，重大国际游泳比赛也经常在我国举行。为适应游泳运动水平的提高和游泳竞赛规则的变化，进一步做好我国游泳竞赛的组织与裁判工作，在中国游泳协会领导下，游泳裁判委员会编写了本版《游泳竞赛组织与裁判方法》。本书遵照《游泳竞赛规则2014—2018》精神，总结了多年来我国游泳竞赛组织和裁判工作的成功经验，借鉴了国际大赛的一些好方法，形成了一套具有我国特色的游泳竞赛组织与裁判工作方法。本书分为三部分共十三章，内容丰富，图文并茂，既适合国内重大比赛，也对基层比赛具有指导意义；既可作为各级游泳竞赛组织与裁判工作的依据和举办各类游泳裁判员培训班的教材，也可作为体育部门和游泳场馆竞赛管理人员、游泳教练员与游泳爱好者的参考书。

参加本书编写工作的有赵与龄、吴河海、白钢、马吉光、周玉成、梅雪雄、高岩、曹巍、曲明、熊发州、倪小焰、李恺宪、华民、丁玲娣、沈宇鹏等，全书由高岩串编、梅雪雄统稿、赵与龄总修，经编写组和裁判委员会常委会反复讨论，再修改、补充后定稿，最后由中国游泳协会审定出版。

本书在编写过程中，得到了国家体育总局游泳运动管理中心领导王路生、尚修堂以及游泳部袁昊然、王强、曾凡民、董寅莹等同志的关心、指导和帮助，得到了中国游泳协会第六届游泳裁判委员会全体委员的支持，在此一并致以衷心的感谢。

特别感谢中国洲克控股有限公司、山东数智体育设备有限公司、东莞市英发实业有限公司多年来对我国游泳竞赛和本书出版的大力支持。

本书不妥之处，欢迎读者批评指正。

中国游泳协会第六届游泳裁判委员会

2015 年 3 月

目 录

第一部分 游泳竞赛的组织

第二部分 游泳竞赛的裁判方法

第三部分　游泳竞赛的常用英语

附 录

第一部分

游泳竞赛的组织

第一章　游泳竞赛的组织

游泳竞赛是体育竞赛的一部分，是推动游泳运动发展的有效手段。通过游泳竞赛，可以交流游泳技术、战术，互相学习，促进游泳运动水平的提高；可以发现和培养后备人才，培养运动员的意志品质、集体主义和爱国主义精神。教练员、裁判员、医务人员以及科研工作者可以通过游泳竞赛总结经验，不断提高理论研究水平和实践工作能力。游泳竞赛还可以吸引更多的人群来参加游泳运动，增进人们的身心健康，丰富业余生活，推动全民健身计划的实施。

游泳是目前国内外各种大型综合性运动会必设的比赛项目，国内外单独的游泳比赛更是种类繁多。随着游泳运动的发展和游泳竞技水平的不断提高，游泳竞赛将会不断增多。要使游泳竞赛顺利进行并达到预期效果，就必须精心计划，周密组织，以科学的态度做好有关工作。（图 1–1）

图 1–1　游泳竞赛场景

游泳竞赛一般可以分为两大类：一类是级别高、竞技性强的赛事。此类比赛分为主办单位和承办单位，由主办单位提出基础方案，包括大会名称、竞赛规程、竞赛日程、技术官员的选派、经费来源等；承办单位则负责具体计划和组织比赛。例如，全国性游泳比赛由国家体育总局或中国游泳协会主办，由业务主管部门——游泳运动管理中心具体负责制定竞赛规程及有关文件；承办单位则按照主办单位的基础方案及有关竞赛文件组织和管理比赛。

另一类是基层的游泳比赛。此类比赛一般不分主办单位和承办单位，往往主办单位就是承办单位。主要由本单位的主管领导统一计划与管理，由本单位各职能部门的人员组成相应的竞赛组织机构，完成从竞赛规程的制定到竞赛的组织等一系列工作。

不管是组织哪种类型的游泳竞赛，都要贯彻执行国家有关体育运动竞赛的方针政策和体育竞赛赛区工作条例，按照规程、规则和有关规定，有组织、有计划地进行，以促进我国游泳运动的发展。

游泳竞赛的组织工作可分为竞赛的筹备和赛会期间的工作两大部分。

第一节　游泳竞赛的筹备

一、成立领导机构，确定组织方案

组织游泳竞赛，首先由主办单位（承办单位）主要领导及有关部门的负责人组成组织委员会（前期为筹备委员会，如果是大型综合性运动会，则在组织委员会下建立竞赛委员会）。组织委员会是比赛大会的最高领导机构，负责整个竞赛的组织领导工作。组织委员会首先应研究决定运动会的组织方案，制定竞赛规程和工作计划等。

组织方案应根据上级主管部门（或本单位）的竞赛工作计划和竞赛的目的来确定，内容包括竞赛名称、目的、任务，竞赛规模，竞赛时间、地点，竞赛组织机构、人员，经费预算等。

二、设立组织机构，明确分工

组织游泳竞赛时，一般应在组织委员会的领导下，根据比赛的规模、级别等具体情况，设立必要的组织机构。规模较大的比赛，其组织机构可包括秘书处、竞赛处、宣传处、接待处、场地器材处、保卫处等部门，并需确定技术代表、设立仲裁委员会（图 1–2）。大型比赛或竞技性强的比赛，还可根据需要增设科研组、兴奋剂检查组、外事组、集资组等部门。各部门按工作职责明确分工，团结协作，做好大会的各项工作。

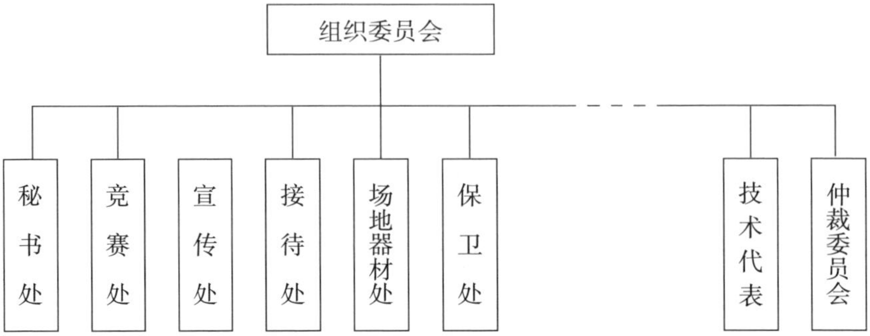

图 1–2　游泳竞赛的组织机构

基层比赛和规模小的比赛，组织机构应精简，“处”可以改为“组”，“组”也可以精简与合并，但各项工作一定要有专人负责。

（一）秘书处的职责

秘书处的工作，主要是贯彻组织委员会的决定，负责大会的全面管理。其主要职责为：

1. 根据大会组织方案和竞赛规程的有关精神，拟定大会的工作进程和计划，经组织委员会通过后执行。
2. 召集有关会议，检查、监督各项工作进程，协调、督促各部门工作。
3. 根据组织委员会的提议，聘请技术代表、仲裁委员会成员、总裁判及骨干裁判。
4. 赛前组织召开组织委员会会议和技术会议。
5. 主持和处理赛前、赛中各项行政事务工作。
6. 负责对外联络和接待官员的工作。
7. 组织开幕式和闭幕式。
8. 负责大会总结工作。

（二）竞赛处的职责

1. 根据竞赛规程的精神，拟定补充规定和有关注意事项。

2. 编排竞赛日程。

3. 组织参赛单位报名。

4. 聘请裁判员。

5. 审查报名资格。

6. 编印秩序册和竞赛指南。

7. 密切联系场地器材组，落实比赛场地、器材、设备。

8. 落实运动员在赛场的休息地点，安排各队赛前训练。

9. 赛中督促检查各项竞赛工作，处理与竞赛有关的问题，组织颁奖。

10. 配合有关部门做好兴奋剂检测工作。

11. 配合办理运动员成绩证明，做好各场竞赛信息的发布工作，赛后做好《成绩册》印刷和发放工作。

（三）宣传处的职责

1. 负责竞赛的宣传、报道，加强与电台、电视台、报社等新闻媒体的联系。

2. 草拟各种有关宣传方面的文件。

3. 布置赛场会标、会徽、宣传口号及广告。

4. 组织召开新闻发布会，安排现场媒体转播及记者采访。

5. 组织体育道德风尚奖的评选工作。

6. 加强与保卫部门、竞赛部门的联系，组织观众。

（四）接待处的职责

1. 负责编制大会经费预算，掌握经费开支及办理有关费用的报销。

2. 召开各单位管理人员会议，负责做好参赛运动员、教练员、技术官员的住宿、伙食、交通、医疗等后勤保障工作。

3. 采购物资，保证大会物资供应。

（五）场地器材处的职责

1. 赛前准备好比赛所需并符合规则要求的场地（包括泳池、水质、水温、灯光、各类标志等）、器材（包括发令枪、秒表等）和设备（包括自动计时装置、电脑、音响、复印机等），提供比赛池的测量证明（须经由国家承认的测绘单位测量并提供书面证明）。

2. 每场比赛前，按要求布置好裁判工作所需的桌椅及设备。

3. 比赛中，密切注意场地、器材、设备的使用情况，出现故障要及时调整与修复。

4. 每场比赛后，及时清理场地，进行池水的消毒、补充以及各项清洁卫生工作，做好器材、设备的保养。

（六）保卫处的职责

1. 负责运动员、教练员、裁判员等与会人员住地的安全保卫工作。

2. 负责比赛场地的安全保卫工作，维持赛场内的正常比赛秩序。

3. 比赛时维持观众席的秩序，保证比赛顺利进行。

（七）技术代表的职责

1. 在组织委员会的直接领导下，代表主办单位对比赛进行技术指导和监督，保证竞赛规程、规则得以正确执行。

2. 主持竞赛工作，负责裁判员管理，决定规则未授权予总裁判的一切事宜。

3. 组织检查竞赛场地设施，监督竞赛设施的运行，处理一切与比赛有关的技术性问题。

4. 组织对比赛中申诉情况的调查，召集仲裁委员对申诉进行复议并做出最终裁决。

（八）仲裁委员会的职责

1. 按《仲裁委员会条例》和有关规定开展工作，保证竞赛规程、规则的正确执行。

2. 比赛期间，在技术代表的领导下对各代表队提出的申诉进行必要的调查，经过集体讨论，做出最终裁决。

三、制定竞赛规程

游泳竞赛规程是举办游泳竞赛的指导性文件，是组织者和所有参加者为保证比赛公平、公正所必须共同遵守的章程，是整个游泳竞赛工作的重要依据。

竞赛规程由主办单位（或组织委员会）根据举办比赛的目的、任务及具体条件而制定。制定竞赛规程要遵循可行性、公平性和稳定性的原则，文句要具体明确，避免模棱两可，并应及早发给有关单位（全国大型比赛，至少要在半年前下达竞赛规程；基层的小型比赛也应尽量提前印发），以便各单位提前做好工作，及时报名和参赛。游泳竞赛规程一般包括下列内容：

（一）运动会名称。

（二）竞赛日期和地点。

（三）参加单位。

（四）竞赛项目。

（五）参加办法。包括运动员报名条件，每单位男、女运动员可报人数，每人限报项数，每项每单位限报人数，领队、教练员、工作人员限报人数等。

（六）竞赛办法。明确规定比赛采用的竞赛规则以及根据比赛的实际情况而制定的具体竞赛办法，如预赛、半决赛、决赛的规定，弃权、犯规的处罚规定等。

（七）录取名次与奖励办法。规定各单项、接力和团体录取名额、计分办法及奖励办法、团体总分计分办法和奖励办法、创纪录的加分办法等。

（八）报名时间和报名办法。

（九）报到时间和地点。

（十）技术代表、仲裁、总裁判、裁判员的选派、报到时间及要求。

（十一）其他。

上述内容，可根据赛会的具体情况取舍与补充。

游泳竞赛规程范例参见附录二《2014 年全国游泳冠军赛竞赛规程》和附录三《2014 年全国少儿（大年龄组）游泳冠军赛竞赛规程》。

四、编排竞赛日程

编排游泳竞赛日程就是按日期、按场次合理地排定各项目的比赛顺序。竞赛日程应根据游泳竞赛规程规定的时间（天、场数）、比赛项目、竞赛办法、参赛人数等进行编排，并应考虑运动员兼项及合理分配体力的问题，以利于运动员在比赛中创造优异成绩。

重大比赛的竞赛日程一般应预先编制并随竞赛规程一起发给各参赛单位，作为报名及训练的参考。基层比赛则通常在报名后再编排竞赛日程。

（一）编排竞赛日程的原则

1. 一般一天安排两场比赛，上午一场，晚上一场（如无灯光设备或受到其他因素的限制不能在晚上比赛时则安排在下午）。

2. 每场应有不同组别、不同性别、不同泳式和不同距离的项目，并应交错安排。

3. 尽量不要把可能有运动员兼项的项目编排在同一场进行，同一泳式的不同距离项目要尽量隔开。同项目预赛、决赛不要安排在同一场，但也不宜间隔太长，最好在同一天内完成。上午场一般安排预赛，晚上（下午）场主要安排决赛。要进行预赛、半决赛和决赛的项目，一般第 1 天上午安排预赛，晚上（下午）安排半决赛，第 2 天晚上（下午）安排决赛。

4. 上午场次时间可稍长，晚上（下午）场次时间可稍短，但各场的时间长短不宜悬殊过大。

5. 自由泳项目最多，应优先考虑自由泳项目。

6. 接力项目涉及人数多，竞争激烈，通常分散安排在各场的最后几项。

（二）预先编排竞赛日程的方法

预先编排竞赛日程时，一般不考虑各项参加人数，只需根据编排竞赛日程的原则，将所有项目合理地排到各场中。可以采用表格方式进行编排，具体步骤如下：

1. 按性别组别将所有竞赛项目列于表中。

2. 依次将各项目的各赛次安排到各场中，在代表相应场次的单元格中做上标记。可以用“○”表示预赛，用“△”表示半决赛，用“☆”表示决赛。此时应注意不要把同一项目预赛、半决赛、决赛的顺序排颠倒了，并要注意使各场的项目数大体均等。这一步骤是按行横排。

3. 排定每一场中各项目的先后顺序，用数字在单元格中赛次符号前标示出来。这一步骤是按列纵排。

表格方式编排竞赛日程的结果示例如表 1–1。

表 1–1 表格方式编排竞赛日程（示例）

性别	项目	第 1 天		第 2 天		第 3 天		第 4 天		第 5 天		第 6 天	
		上午	晚上	上午	晚上	上午	晚上	上午	晚上	上午	晚上	上午	晚上
男子	50 米自由泳					2○	2☆						
	100 米自由泳									3○	3☆		
	200 米自由泳	1○	1☆										
	400 米自由泳					6○	6☆						
	1500 米自由泳											4○	4☆
	50 米仰泳			2○	2☆								
	100 米仰泳	3○	3☆										

续表 1–1

性别	项　目	第 1 天		第 2 天		第 3 天		第 4 天		第 5 天		第 6 天	
		上午	晚上	上午	晚上	上午	晚上	上午	晚上	上午	晚上	上午	晚上
	200 米仰泳									5○	5☆		
	50 米蛙泳											2○	2☆
	100 米蛙泳							3○	3☆				
	200 米蛙泳					4○	4☆						
	50 米蝶泳									1○	1☆		
	100 米蝶泳							1○	1☆				
	200 米蝶泳	5○	5☆										
	200 米个人混合泳			4○	4☆								
	400 米个人混合泳							5○	5☆				
	4×100 米自由泳接力							7○	7☆				
	4×200 米自由泳接力			6○	6☆								
	4×100 米混合泳接力											6○	6☆
女子	50 米自由泳											1○	1☆
	100 米自由泳			3○	3☆								
	200 米自由泳							2○	2☆				
	400 米自由泳	2○	2☆										
	800 米自由泳									4○	4☆		
	50 米仰泳					1○	1☆						
	100 米仰泳							6○	6☆				
	200 米仰泳											3○	3☆
	50 米蛙泳									2○	2☆		
	100 米蛙泳	4○	4☆										
	200 米蛙泳			5○	5☆								
	50 米蝶泳			1○	1☆								
	100 米蝶泳					5○	5☆						
	200 米蝶泳							4○	4☆				
	200 米个人混合泳											5○	5☆
	400 米个人混合泳					3○	3☆						
	4×100 米自由泳接力	6○	6☆										
	4×200 米自由泳接力					7○	7☆						
	4×100 米混合泳接力									6○	6☆		

4. 按日期、场次、项次的顺序，整理成竞赛日程（表 1–2）。

表 1–2　2014 年全国游泳冠军赛竞赛日程

5 月 12 日	
上午　9:00	晚上　18:00
1. 男子 200 米自由泳预赛	1. 男子 200 米自由泳决赛
2. 女子 400 米自由泳预赛	2. 女子 400 米自由泳决赛
3. 男子 100 米仰泳预赛	3. 男子 100 米仰泳决赛
4. 女子 100 米蛙泳预赛	4. 女子 100 米蛙泳决赛
5. 男子 200 米蝶泳预赛	5. 男子 200 米蝶泳决赛
6. 女子 4 × 100 米自由泳接力预赛	6. 女子 4 × 100 米自由泳接力决赛
5 月 13 日	
上午　9:00	晚上　18:00
1. 女子 50 米蝶泳预赛	1. 女子 50 米蝶泳决赛
2. 男子 50 米仰泳预赛	2. 男子 50 米仰泳决赛
3. 女子 100 米自由泳预赛	3. 女子 100 米自由泳决赛
4. 男子 200 米个人混合泳预赛	4. 男子 200 米个人混合泳决赛
5. 女子 200 米蛙泳预赛	5. 女子 200 米蛙泳决赛
6. 男子 4 × 200 米自由泳接力预赛	6. 男子 4 × 200 米自由泳接力决赛
5 月 14 日	
上午　9:00	晚上　18:00
1. 女子 50 米仰泳预赛	1. 女子 50 米仰泳决赛
2. 男子 50 米自由泳预赛	2. 男子 50 米自由泳决赛
3. 女子 400 米个人混合泳预赛	3. 女子 400 米个人混合泳决赛
4. 男子 200 米蛙泳预赛	4. 男子 200 米蛙泳决赛
5. 女子 100 米蝶泳预赛	5. 女子 100 米蝶泳决赛
6. 男子 400 米自由泳预赛	6. 男子 400 米自由泳决赛
7. 女子 4 × 200 米自由泳接力预赛	7. 女子 4 × 200 米自由泳接力决赛
5 月 15 日	
上午　9:00	晚上　18:00
1. 男子 100 米蝶泳预赛	1. 男子 100 米蝶泳决赛
2. 女子 200 米自由泳预赛	2. 女子 200 米自由泳决赛
3. 男子 100 米蛙泳预赛	3. 男子 100 米蛙泳决赛
4. 女子 200 米蝶泳预赛	4. 女子 200 米蝶泳决赛
5. 男子 400 米个人混合泳预赛	5. 男子 400 米个人混合泳决赛
6. 女子 100 米仰泳预赛	6. 女子 100 米仰泳决赛

续表 1-2

5月16日	
上午　9:00	晚上　18:00
1. 男子50米蝶泳预赛	1. 男子50米蝶泳决赛
2. 女子50米蛙泳预赛	2. 女子50米蛙泳决赛
3. 男子100米自由泳预赛	3. 男子100米自由泳决赛
4. 女子800米自由泳决赛慢组	4. 女子800米自由泳决赛快组
5. 男子200米仰泳预赛	5. 男子200米仰泳决赛
6. 女子4×100米混合泳接力预赛	6. 女子4×100米混合泳接力决赛
5月17日	
上午　9:00	晚上　18:00
1. 女子50米自由泳预赛	1. 女子50米自由泳决赛
2. 男子50米蛙泳预赛	2. 男子50米蛙泳决赛
3. 女子200米仰泳预赛	3. 女子200米仰泳决赛
4. 男子1500米自由泳决赛慢组	4. 男子1500米自由泳决赛快组
5. 女子200米个人混合泳预赛	5. 女子200米个人混合泳决赛
6. 男子4×100米混合泳接力预赛	6. 男子4×100米混合泳接力决赛

（三）报名后编排竞赛日程的方法

报名后再编排竞赛日程的工作一般由编排记录组来完成，通常采用卡片方式进行编排，具体步骤如下。

1. 统计各项参加人数：各项参加人数是编排竞赛日程的重要依据，应根据报名表按组别认真进行统计，并仔细核对，保证统计数据准确无误。人工统计各项参加人数的统计表如表1-3所示。

表 1-3　各项参加人数统计表

单位	100米自由泳		200米自由泳		100米仰泳		200米仰泳		100米蛙泳		……	4×100米混合泳接力		小计
	男	女	男	女	男	女	男	女	男	女	……	男	女	
合计														

2. 计算竞赛所需的时间：

(1) 根据所使用的泳道数，确定每组比赛的人数。

(2) 确定不同距离项目每组比赛所需的时间。每组比赛所需的时间应该包括运动员游完该项距离的时间和裁判员工作的时间。运动员游完该项距离的时间，因运动员水平的不同而不同；裁判员工作的时间也因计时方式（自动计时或人工计时）、裁判员工作能力的不同而不同。预赛和决赛每组比赛所需的时间也有所不同。决赛时，如果要用音乐引导运动员上场和（或）逐道介绍运动员，则每组应增加 1 ~ 2 分钟。

全国高水平的游泳比赛，不同距离项目每组比赛所需的时间可参考表 1–4 来确定。

表 1–4　不同距离项目每组比赛所需的时间参考表

比赛项目距离（米）	所需的时间（分）			
	自动计时		人工计时	
	预赛	决赛	预赛	决赛
50	2	3	3	4
100	3	4	4	5
200	4	5	5	6
400	6	7	7	8
800	10	11	12	13
1500	18	19	20	21

其他级别的比赛，则应根据运动员和裁判员的实际水平，调整不同距离项目每组比赛所需的时间。

如果大会设有颁奖仪式，则应根据赛场情况和颁奖程序，每项颁奖增加 3 ~ 6 分钟。必要时，还应预计开幕式、闭幕式的时间。

(3) 计算比赛的总时间，确定实际需要的场数。根据每组比赛的人数和统计出的每项参加人数，计算出每项有几组预赛、半决赛、决赛。然后，将组数乘以不同距离项目每组比赛所需的时间，即得出各项比赛所需时间。将各项所需时间相加即得出比赛的总时间，如表 1–5 所示。

表 1–5　比赛时间统计表

性别组别	项目	人数队数	预赛		半决赛		决赛		合计时间（分）
			组数	时间（分）	组数	时间（分）	组数	时间（分）	
男子少年甲组	100 米自由泳	28	4	16			1	5	21
	200 米自由泳	27	4	20			1	6	26
	400 米自由泳	19	3	21			1	8	29
	100 米仰泳	28	4	16			1	5	21
	200 米仰泳	14	2	10			1	6	16
	100 米蛙泳	36	5	20			1	5	25
	200 米蛙泳	30	4	20			1	6	26
	100 米蝶泳	24	3	12			1	5	17
	200 米蝶泳	18	3	15			1	6	21
	200 米个人混合泳	38	5	25			1	6	31
	4 × 100 米自由泳接力	12					2	16	16
	4 × 100 米混合泳接力	8					1	8	8
……									
总　计									1440

根据比赛的总时间和每场预定的时间，即可算出实际需要的场数。如总时间为 1440 分钟，以每场 180 分钟计，则需进行 8 场比赛。

3. 具体编排步骤：

（1）制作竞赛项目卡片。卡片长约 10 厘米，宽约 3 厘米，男、女（或不同年龄组）可用不同颜色的纸条加以区别。在项目卡片上写明性别、组别、项目、赛次、人数、组数和所需时间。每一项目的每一赛次（预赛、半决赛、决赛）各写一张（图 1–3），不可遗漏。

男子少年甲组	100 米自由泳	预赛
28 人	4 组	16 分钟

图 1–3　竞赛项目卡片

(2) 排列竞赛项目卡片。在桌面上画出各场框架，根据上述编排原则，将竞赛项目卡片一张一张排到各场中去，边排边注意调整好每场中各项的先后顺序，直至把所有的卡片都排完为止。可按性别和组别，排完一组再排另一组。一般先安排接力项目，再安排个人项目。在安排个人项目时，因自由泳项目最多，可以先安排自由泳项目，再安排其他项目。

(3) 调整竞赛项目卡片。初排之后，要进行认真的检查。发现有不合理之处时，要全面考虑，谨慎地进行调整。特别注意不要把同一项目预赛、半决赛、决赛的顺序排颠倒了，并要注意使各场的时间大体上相同，避免出现某些场次时间过长或过短的情况。

(4) 所有项目都排定之后，即可按日期、场次、项次的顺序，整理成正式的竞赛日程，并调整好每项的开始时间，如表 1-6 所示。

表 1-6 竞赛日程

第 1 场

2014-02-12　09:00.00

项次	性别组别	项目	赛别	人（队）数	组数	开始时间
1	男子少年甲组	100 米蝶泳	预赛	24	3	09:00.00
2	女子少年甲组	100 米蝶泳	预赛	30	4	09:12.00
3	男子少年乙组	400 米自由泳	预赛	25	4	09:28.00
4	女子少年乙组	400 米自由泳	预赛	30	4	09:56.00
5	男子少年丙组	200 米个人混合泳	预赛	36	5	10:24.00
6	女子少年丙组	200 米个人混合泳	预赛	30	4	10:49.00
7	男子少年甲组	100 米蛙泳	预赛	22	3	11:09.00
8	女子少年甲组	100 米蛙泳	预赛	20	3	11:21.00
9	男子少年乙组	100 米仰泳	预赛	18	3	11:33.00
10	女子少年乙组	100 米仰泳	预赛	22	3	11:45.00

续表 1–6

第 2 场

2014–02–12　19:00.00

项次	性别组别	项目	赛别	人（队）数	组数	开始时间
1	男子少年甲组	100 米蝶泳	决赛	8	1	19:00.00
2	女子少年甲组	100 米蝶泳	决赛	8	1	19:05.00
3	男子少年乙组	400 米自由泳	决赛	8	1	19:10.00
4	女子少年乙组	400 米自由泳	决赛	8	1	19:18.00
5	男子少年丙组	200 米个人混合泳	决赛	8	1	19:26.00
6	女子少年丙组	200 米个人混合泳	决赛	8	1	19:32.00
7	男子少年甲组	100 米蛙泳	决赛	8	1	19:38.00
8	女子少年甲组	100 米蛙泳	决赛	8	1	19:43.00
9	男子少年乙组	100 米仰泳	决赛	8	1	19:48.00
10	女子少年乙组	100 米仰泳	决赛	8	1	19:53.00
11	男子少年丙组	4×50 米自由泳接力	决赛	7	1	19:58.00
12	女子少年丙组	4×50 米自由泳接力	决赛	7	1	20:04.00

……

五、组织报名

组织报名时，应将竞赛规程、竞赛日程和报名表一起尽早发送给参赛单位。报名表应根据比赛的具体情况来设计，通常采用 Excel 表格式，包括性别、组别、姓名、出生日期、注册证号、报名项目、报名成绩等栏目。参赛单位应按要求认真填写报名表，并通过电子邮件报名。一般还要求同时打印纸质报名表一式三份，自留一份，另两份分别寄送主办单位和承办单位。报名一般在赛前 20 天左右截止。游泳比赛报名表如表 1–7 所示。

表 1-7　游泳比赛报名表

单位（盖章）：　　　　领队：　　　　教练：　　　　医生：　　　　工作人员：

序号	基本信息						自由泳						仰泳		蛙泳		蝶泳		个人混合泳		自由泳接力		混合泳接力
	性别	组别	姓名	姓名全拼	出生日期	注册证号	50米	100米	200米	400米	800米	1500米	100米	200米	100米	200米	100米	200米	200米	400米	4×100米	4×200米	4×100米

说明：
1. 基本信息各列内容不得缺漏，出生日期格式为 YYYY-MM-DD。
2. 报名成绩填报格式为 00:00.00。
3. 接力项目按队填报，其基本信息部分只须填写性别、组别。
4. 一行填报一人（队）。行不够时，可插入任意数量行。
5. 请使用电脑填报，手写无效。报名表的电子版必须在规定时间内提交，否则不予编排。

报名联系人：　　　　电话：　　　　电子邮箱：　　　　填报日期：　　年　月　日

如果比赛项目很多，为了避免生成巨型表格，便于信息处理，也可采用如表 1–8 所示的报名表。

表 1–8 游泳比赛报名表

单位（盖章）：

序号	基本信息							报名项目	报名成绩	测验
	身份	性别	组别	姓名	姓名全拼	出生日期	注册证号			
说明	1. 基本信息部分，身份分为领队、教练、医生、工作人员、运动员、代表队；运动员的各列内容不得缺漏；出生日期格式为 YYYY–MM–DD。 2. 在报名项目列填写参加比赛的项目（单项或全能）。 3. 在报名成绩列填写参加项目的报名成绩，格式为 00:00.00。对全能项目，此列空白。 4. 接力项目按代表队填报，其基本信息部分只须填写身份、性别、组别。 5. 若为测验，则在测验列打“√”。 6. 一行填报一项，一人（队）可用多行。行不够时，可插入任意数量行。 7. 请使用电脑填报，手写无效。报名表的电子版必须在规定时间内提交，否则不予编排。									

报名联系人： 电话： 电子邮箱： 填报日期： 年 月 日

游泳竞赛应尽可能采用专门设计的网上报名系统（或报名系统客户端）进行报名，以使报名工作更加规范和便捷。

大会竞赛处收到各参赛单位的报名表后，应按竞赛规程的要求，严格审查。对不符合竞赛规程、竞赛规则的情况，应及时与有关单位联系予以纠正。

六、选聘技术代表、仲裁、总裁判和裁判员

技术代表、仲裁、裁判员是竞赛工作不可缺少的组成部分，赛前必须做好这些人员的选聘工作。通常，技术代表、仲裁、总裁判、副总裁判和部分骨干裁判员由主办单位选派，其他裁判员则由承办单位选派补足。裁判员的级别和人数要与赛会的规模、水平相应。全国性比赛应保证至少有 5 名国家级和 20 名一级裁判员担任裁判工作。要注意选派精通游泳竞赛规则和裁判方法，工作作风正派，不徇私情，坚持原则，能严肃、认真、公正、准确执行任务的裁判员。裁判员不得兼任领队、教练员或工作人员。

技术代表、总裁判、副总裁判和编排记录长一般应于赛前 4 ~ 5 天报到，以便做好有关的赛前准备工作。其他裁判员一般应于赛前 2 ~ 3 天报到，以便参加赛前培训。仲裁一般也于赛前 2 ~ 3 天报到。

七、编印《秩序册》

《秩序册》是运动会竞赛的基本文件，是大会竞赛工作的重要依据。《秩序册》应在赛前编印好，并分发给各参赛单位和有关部门。

《秩序册》的内容一般包括：

（一）封面。

（二）目录。

（三）竞赛规程及有关补充通知。

（四）组织委员会及办事机构人员名单。

（五）技术代表及仲裁委员会名单。

（六）裁判员名单。

（七）各代表队名单。

（八）大会日程。

（九）竞赛日程。

（十）竞赛秩序。目前，在国内外大型比赛中，竞赛秩序都是在技术会议后

单独印制和分发的，因此，赛前印制的《秩序册》中不含竞赛秩序。

（十一）各代表队人数统计表。

（十二）有关纪录表。

（十三）比赛场地平面图。

上述内容中，除竞赛秩序由编排记录组提供外，其他一般由大会秘书处、竞赛处等部门提供。

八、准备比赛场地器材设备

比赛场地确定以后，场地器材处和竞赛处有关人员要认真检查，确保场地、设备符合竞赛规则的要求，并要预先准备好裁判工作所需的器材。

（一）各类比赛游泳池、器材设备的规格要求，可参见中国游泳协会审定出版的《游泳竞赛规则》中有关游泳池场地、器材设备的规定。

（二）游泳比赛的场地应根据比赛的需要进行布置。大型游泳比赛，其场地及场上工作台、椅的布置可参考图 1–4。

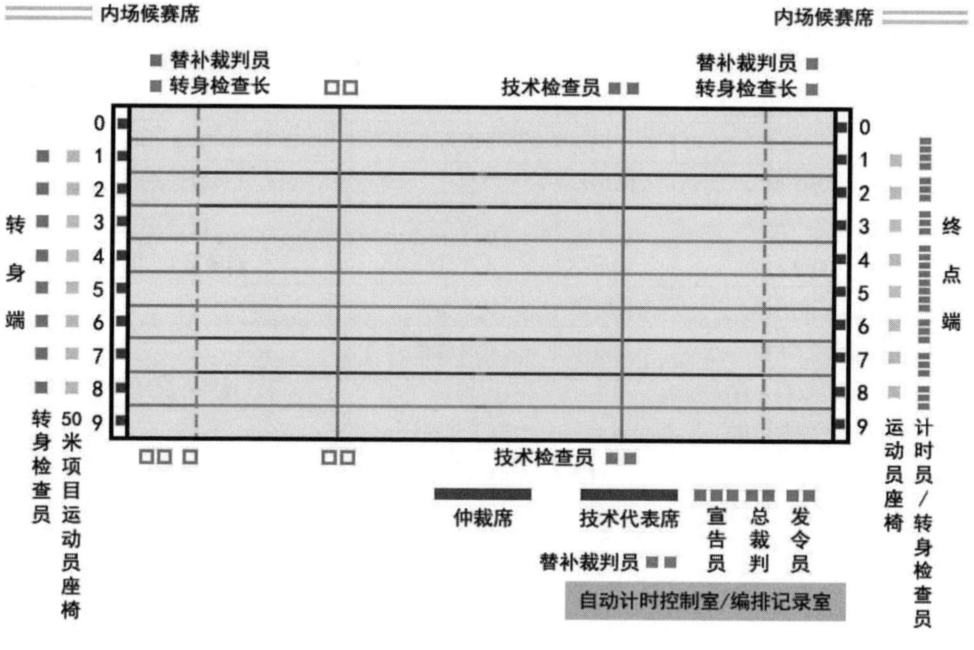

图 1–4　游泳竞赛场地布局与裁判岗位示意图

预赛时，参赛运动员的座椅位于计时员（转身检查员）座椅的后面；决赛时，参赛运动员的座椅位于计时员（转身检查员）座椅的前面。

为了保障安全，应在场地的适当位置安放救生椅。在赛前训练和比赛时都必须配备救生员，以预防意外事故发生。

（三）游泳比赛裁判工作所需的器材设备

游泳比赛裁判工作所需的器材设备可参考表 1–9，并根据比赛的实际需要来配备。

表 1–9　游泳竞赛裁判工作器材设备清单

序号	器材名称	数量	使用部门	备注
1	自动计时装置	1 套	自动计时	国际泳联或中国泳协认可
2	仰泳转身标志线	2 条	场地	参照规则规定
3	仰泳转身标志线杆	4 根	场地	高 1.80 米以上
4	召回线	2 条	场地	参照规则规定
5	召回线杆	4 根	场地	高 1.20 米以上
6	泳道游进指示牌	20 块	场地	冲刺泳道、禁止跳水、循环游进等
7	水温测量表	1 个	场地	
8	桌标	5 个	场地	技术代表、总裁判、仲裁、记录台、赛后控制台等
9	发令台	2 张	发令	泳池两端
10	发令枪	2 把	发令	应急备用
11	子弹	100 发	发令	应急备用
12	发令烟屏	1 个	发令	应急备用
13	数字秒表	32 块	人工计时	精确至 1 / 100 秒
14	报趟牌	8 ~ 10 套	转身检查	
15	铃铛	8 ~ 10 个	转身检查	
16	终点裁判台	1 个	终点	设终点裁判时用
17	无线对讲机	14 台	有关裁判长	
18	口哨	7 只	总裁判、发令	
19	多功能排插	6 个	自动计时、编排记录	
20	台式电脑	3 台	编排记录	
21	集线器与网络线	1 套	编排记录	建局域网
22	激光打印机	2 台	编排记录	
23	备用炭粉盒	2 个	编排记录	

续表 1-9

序号	器材名称	数量	使用部门	备注
24	针式打印机	1 台	编排记录	打印证书专用
25	高速复印机	2 台	编排记录	最好带自动分拣装订功能
26	A4 打印纸	2 箱	编排记录	
27	订书机	4 个	编排记录	
28	订书钉	10 盒	编排记录	
29	回形针	10 盒	编排记录	
30	小号凤尾夹	100 个	编排记录	
31	裁纸小刀	2 把	编排记录	
32	档案袋	70 个	编排记录	装存档材料、各队证书等
33	信息箱	60 个	编排记录	放各代表队竞赛信息
34	双面胶	10 卷	编排记录 9、检录 1	
35	大白板	3 块	编排记录 2、检录 1	公告栏、检录信息栏
36	白板笔（黑色）	6 支	编排记录 1、检录 5	
37	手提扩音器	2 部	检录	
38	电子挂钟	1 台	检录	
39	衣物筐(1～8号或0～9号)	4 组 × 8 个	检录	或 4 组 × 10 个，参赛运动员放置衣物
40	号码贴(1～8号或0～9号)	12 套	检录	衣物箱、检录及候赛椅
41	水桶	2 个	检录	涮游泳镜
42	电视显示器	1 个	宣告	
43	分屏器及信号线	1 套	宣告	
44	麦克风	2 个	宣告	
45	音响控制台	1 套	宣告	
46	笔记本电脑	1 台	宣告	音乐播放
47	文件袋	80 个	各裁判组、仲裁	根据裁判人数定
48	笔记本	80 本	各裁判组、仲裁	根据裁判人数定
49	记录笔	80 支	各裁判组、仲裁	根据裁判人数定
50	记录夹板	40 个	各裁判组	
51	双人桌	20 张	各工作台	
52	单人椅	220 张	裁判员、运动员等	

如在室外比赛，还应准备好必要的遮阳和防雨器具。

第二节　赛会期间的工作

赛会期间的工作，包括赛前准备、开幕式、比赛、闭幕式和赛后工作等。具体工作如下。

一、赛前准备

（一）根据大会报到日期，做好技术代表、仲裁、裁判员、各参赛队及有关人员的报到接待工作。

（二）召开裁判员动员大会。裁判员报到后，竞赛处应及时召开全体裁判员动员大会，由主办单位领导和承办单位领导进行动员，通报有关情况，提出对裁判工作的要求，尔后由技术代表、总裁判领导和组织全体裁判员进行学习和实习。

（三）根据裁判实习的需要，竞赛处应预先与有关单位联系，组织好供裁判员实习的运动员队伍，并保证他们按要求准时到达实习赛场。

（四）竞赛处要预先安排好赛前训练场地，在各代表队报到时即通知到位，以保证赛前训练有序进行，避免各代表队之间发生冲突。

（五）召开组织委员会会议。大会一般在比赛前一天召开组织委员会会议。参加组织委员会会议的人员是主办单位和承办单位的领导、各代表队的领队、技术代表和总裁判等。主要内容包括：

1. 承办单位致欢迎辞，介绍比赛大会的筹备情况。

2. 主办单位对竞赛规程及补充通知做必要的说明。

3. 宣布大会开幕式、闭幕式的有关要求和颁奖办法。

4. 商定有关竞赛的其他问题。

（六）召开技术会议。技术会议一般紧接在组织委员会会议之后召开，由技术代表、总裁判、副总裁判、编排记录长、参赛队领队和教练员参加。技术会议一般由技术代表主持，主要内容包括：

1. 总裁判对执行规则和裁判工作方法及与本次比赛相关的特殊问题做必要的说明（预先形成文字材料，印发给各代表队）。

2. 代表队确认报名信息，交回由领队签名的《报名信息汇总表》。必要时，编排记录长可就有关报名的情况做说明。报名如有疏漏、错误须当场提出，符合有关规定的准予更正。技术会议后，一般不再受理报名信息的修改。

二、组织开幕式

开幕式的程序一般为：

（一）承办单位领导致欢迎辞。

（二）主办单位领导致辞。

（三）运动员代表宣誓。

（四）裁判员代表宣誓。

（五）宣布比赛开幕。

三、组织比赛

按竞赛日程和竞赛秩序组织比赛，及时准确地公布比赛成绩并组织颁奖。比赛期间，大会各部门应经常与裁判员及各参赛队联系，深入赛场和住地听取意见，不断改进工作，保证比赛顺利进行。

四、组织闭幕式

闭幕式的一般程序为：

（一）承办单位领导对赛事做简要总结。

（二）主办单位领导讲话。

（三）宣布获得体育道德风尚奖代表队、运动员、裁判员名单。

（四）总裁判宣布比赛成绩。

（五）颁发团体奖。

（六）宣布大会闭幕。

五、赛后工作

（一）比赛结束后，编排记录组应及时整理成绩资料，将有关材料汇总上交主办单位存档，并迅速编印好《成绩册》交给竞赛处。竞赛处一般要在离会前将《成绩册》分发到各代表队。

（二）比赛结束后，各部门及组织委员会要及时做好工作总结。

（三）比赛结束后，承办单位要及时安排并办理好组织委员会人员、技术代表、仲裁、裁判员、工作人员和各代表队离会的有关事宜。

游泳竞赛组织工作的流程如图 1–5 所示。

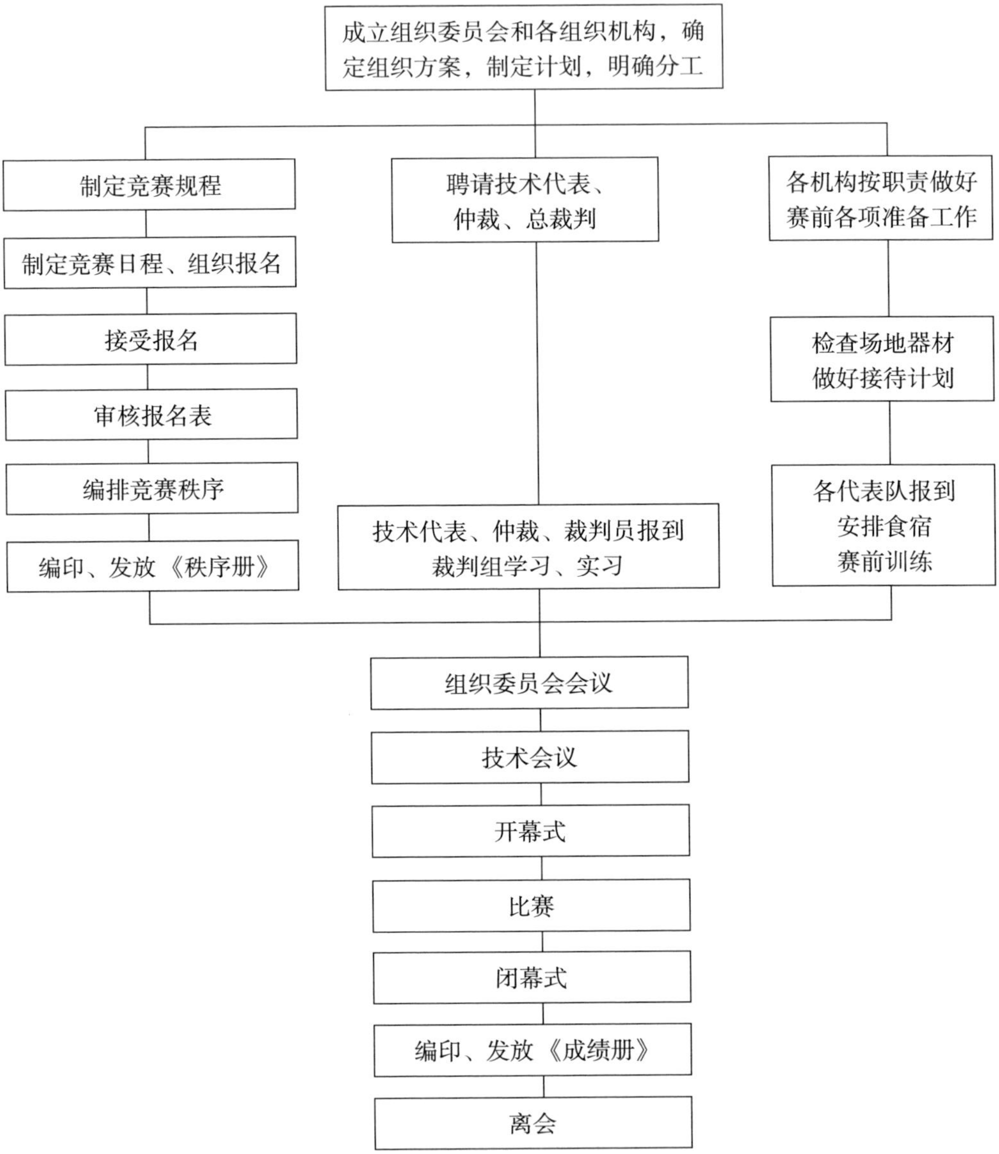

图 1–5　游泳竞赛组织工作的流程

（本章执笔：马吉光）

第二部分

游泳竞赛的裁判方法

第二章　总裁判

总裁判在组织委员会和技术代表领导下，严格执行赛会竞赛规程、游泳竞赛规则和组织委员会的决议，领导和分配全体裁判员的工作，带领全体裁判员严肃、认真、公正、准确地开展工作，解决和处理比赛中的有关问题，确保比赛公平、有序、顺利地进行。

第一节　总裁判的职责、工作位置和分工

一、总裁判的职责

（一）总裁判在组织委员会和技术代表领导下，全面领导和分配全体裁判员的工作，并明确各裁判员的职责和任务。

（二）总裁判应严格执行竞赛规程和竞赛规则，解决比赛中的有关问题，并可决定规则中未详尽或没有明文规定的事项，但不能修改规程和规则。

（三）总裁判可随时干预比赛，裁定比赛过程中的各种异议，以保证规程和规则得以执行。

（四）当终点裁判员所判定的名次与计时员计取的成绩不一致时，由总裁判决定名次。

（五）总裁判为保证竞赛顺利进行，可随时指派替补裁判员上岗工作，在必要时有权撤换不称职的裁判员。

（六）总裁判根据自己的观察或其他裁判员的报告，有权取消犯规运动员的比赛资格或录取资格，但出发抢跳犯规必须由发令员和总裁判同时观察并确认。

（七）总裁判应于比赛前检查场地、器材是否符合规则的规定。

（八）总裁判在每项、每组比赛开始时，组织运动员出发。

（九）各项、各组的比赛成绩须经总裁判签名确认。

（十）总裁判有权取消任何泳装或身体符号不符合《规则》规定的运动员的

比赛资格或录取资格。

二、总裁判的工作位置

执行总裁判的工作位置，通常设在游泳池一侧靠近终点端 5 ~ 8 米处（图 2-1），应能看清参赛运动员的出发动作和整个赛场的情况。如使用自动计时装置，执行总裁判的工作位置须与自动计时装置主机和记录台（控制室）在同一侧，以便于信息沟通和成绩处理。

图 2-1　执行总裁判的工作位置

三、总裁判的分工

游泳比赛一般设总裁判 1 人，副总裁判 3 ~ 4 人。

（一）基本分工

总裁判负责全面工作，副总裁判协助总裁判工作。总裁判应根据副总裁判人数及工作特长，安排各位副总裁判分别监管编排记录、检录、发令、技术检查、转身检查、终点、自动计时、人工计时、宣告和裁判员的后勤事务等工作。

（二）临场分工

1. 执行总裁判：每场比赛安排两位总裁判（副总裁判）分别担任男子项目和女子项目的执行总裁判，履行该场比赛总裁判的职责。

2. 记录台监督：每场比赛安排 1 位未执场的总裁判（副总裁判）担任记录台监督，协助执行总裁判监管编排记录组、自动计时组和宣告员的工作，协调好临场弃权时有关裁判组的工作，处理执行总裁判授权的其他事宜。采用人工计时时，负责审核计时长交来的竞赛卡片（设终点裁判时须同时审核终点名次），确认无误后在竞赛卡片上签名，然后将竞赛卡片交给宣告员宣布成绩。

3. 检录监督：每场比赛安排 1 位未执场的总裁判（副总裁判）担任检录监督，协助执行总裁判监管检录组的工作，协调颁奖和兴奋剂检测的工作，处理执行总裁判授权的其他事宜。

第二节　总裁判的赛前准备工作

总裁判的赛前准备工作可分为抵达赛区前和抵达赛区后两部分。

一、抵达赛区前的工作

（一）认真学习赛会竞赛规程和有关文件，与赛会竞赛组和技术代表联系，了解竞赛组织的要求和场地器材的基本情况。

（二）与各位副总裁判沟通，根据竞赛规程的有关规定，初步拟定以下文件：

1. 裁判员分工表。

2. 执行总裁判、发令员执场安排表（表 2–1）。

表 2–1　2014 年全国游泳冠军赛执行总裁判、发令员执场安排表

岗位		5 月 12 日	5 月 13 日	5 月 14 日	5 月 15 日	5 月 16 日	5 月 17 日
执行总裁判	男子项目	马吉光 国际级	周玉成 国际级	于晓光 国际级	华　民 国际级	马吉光 国际级	周玉成 国际级
	女子项目	华　民 国际级	时　敏 国家级	华　民 国际级	于晓光 国际级	时　敏 国家级	于晓光 国际级
发令员	男子项目	曲　明 国际级	李立新 国家级	曲　明 国际级	李立新 国家级	曲　明 国际级	李立新 国家级
	女子项目	李立新 国家级	曲　明 国际级	李立新 国家级	曲　明 国际级	李立新 国家级	曲　明 国际级
记录台监督		周玉成	于晓光	时　敏	马吉光	华　民	马吉光
检录监督		于晓光	华　民	马吉光	周玉成	于晓光	华　民

此表正式确定之后，应分发给宣告员和自动计时组，以便每场比赛开始时由宣告员介绍执行总裁判和发令员，并在电子公告板上显示相应信息。

3. 裁判员工作日程及作息时间安排表（表 2–2）。

表 2–2　2014 年全国游泳冠军赛裁判员工作日程及作息时间安排表

日期	上午 08:30—11:30	下午 14:30—17:30	晚上 20:00—21:00
5 月 8 日	总裁判、副总裁判、编排记录长报到		总裁判、副总裁判、编排记录长会议
5 月 9 日	1. 裁判员报到 2. 总裁判、副总裁判检查场地、器材、设备 3. 编排记录长做编排记录的相关准备工作		全体裁判长会议
5 月 10 日	1. 全体裁判员会议：领导动员 2. 裁判培训： （1）宣布裁判员纪律 （2）宣布裁判员分工 （3）宣布裁判工作日程安排 （4）介绍比赛情况，宣讲本次比赛裁判工作流程与注意事项 3. 全体裁判员熟悉比赛场地	1. 全体裁判员集中 2. 分组学习： （1）组内分工 （2）学习竞赛规程、竞赛规则和裁判方法，重点学习和讨论与本裁判组相关的内容 （3）领取器材与相关表格，现场练习裁判工作方法 3. 领取裁判服装 4. 裁判长会议	机动
5 月 11 日	1. 业务考试 2. 分组实习 3. 着装实习（11:00）	1. 裁判员个人赛前准备 2. 总裁判、副总裁判、编排记录长参加技术会议	机动
5 月 12 日—5 月 17 日	比　　赛	机　　动	比赛（最后一场赛前准备会时做裁判工作总结）
5 月 18 日	离　　会		
备注	1. 赛前用餐时间 早餐：7:00—8:00　　中餐：12:00—13:00　　晚餐：18:00—19:00 2. 赛中用餐时间 早餐：6:30—7:30　　中餐：上午赛后　　晚餐：晚上赛后		

4. 裁判工作器材设备清单（见表 1–9）。
5. 竞赛有关问题的说明（附录四）。
6. 游泳竞赛裁判员纪律（附录五）。
7. 裁判工作流程及各组工作要点。
8. 裁判员培训考试卷。

二、抵达赛区后的工作

（一）总裁判、副总裁判应提前于其他裁判员到达赛区报到，报到后及时与组织委员会有关领导和技术代表取得联系，了解赛区情况，与竞赛处、场地器材处等职能部门对接，明确联系人和联系方式。

（二）参加由技术代表召集的总裁判、副总裁判、编排记录长预备会议，修订有关工作文件，研究确定裁判员分工及裁判工作方法，安排赛前裁判员学习和实习的组织实施。

（三）在技术代表带领下，检查比赛场地、器材、设备（图 2–2），确定裁判组的工作位置（特别是检录处、裁判会议室）及桌椅、器材的位置，明确裁判员、运动员入场、退场的流线。

图 2–2　检查比赛场地、器材、设备

总裁判赛前检查场地、器材设备的主要内容是：

1. 场地

（1）比赛池长证明书。

（2）出发台（如果需要，两端都要有），各泳道号码。

（3）分道线、召回线、仰泳转身标志线和 15 米的标志。

（4）热身活动的泳道安排或比赛池以外的热身池。

(5) 水温、水深及水面高度。

(6) 灯光。

(7) 发令台。

(8) 检录处。

(9) 赛场布置及安全通道。

(10) 有关媒体的器材和人员活动的规定。

(11) 应对天气变化的措施（室外游泳池）。

(12) 技术代表、总裁判、宣告员、记录员及其他裁判员席位。

(13) 参赛运动员席位。

(14) 仲裁、医务人员、救生人员席位。

2. 器材设备

(1) 自动计时和人工计时器材设备

①自动计时主系统和备用系统。

②泳池两端的触板。

③计算机。

④电子公告板。

⑤音响系统。

⑥电源、备用电源。

⑦人工计时表。

(2) 其他器材设备

①报趟牌、铃铛。

②发令枪、子弹和烟屏（50 米比赛用）。

③打印机。

④复印机。

⑤无线对讲机。

⑥颁奖设施。

（四）裁判员报到后，参加由技术代表主持的裁判长会议（与会人员：技术检查员、各组裁判长、发令员、宣告员），明确各组分工和各裁判长的职责、任务。

（五）参加由技术代表主持的全体裁判员会议（图 2–3）。由主办单位、承办单位的领导和技术代表做动员；总裁判（副总裁判）宣布裁判员纪律、裁判员分工、裁判员工作日程安排等，介绍比赛情况，宣讲本次比赛裁判工作流程与注意事项。会议结束后，总裁判带领全体裁判员熟悉比赛场地。

图 2-3　全体裁判员会议

（六）按照裁判员工作日程安排，组织裁判员进行业务学习和现场实习。总裁判和副总裁判按分工深入各裁判组，了解学习情况，解答规则及裁判工作方法等方面的问题。学习结束后组织全体裁判员参加业务考试，了解裁判员对规则、裁判工作方法掌握的情况。

（七）组织好裁判实习场工作（图 2-4）。裁判实习场的工作应从实战出发，做好裁判员入场、比赛、颁奖、退场等各个环节。实习项目要兼顾不同泳式、不同距离和不同赛次；通过实习了解各岗位的联动情况，特别是自动计时系统的运行情况，及时发现问题，解决问题。总裁判要预先与有关部门联系，落实协助实习的运动员。

图 2-4　裁判实习

（八）参加由组织委员会召开、技术代表主持的技术会议（图 2-5，与会人员：总裁判、副总裁判、编排记录长），就赛事的有关问题做说明，解答各队教练员提出的问题，并要求各代表队对报名信息做最后的确认。

图 2-5　技术会议

（九）制定比赛应急预案（见第十二章第四节“游泳竞赛应急预案”）。

第三节　总裁判的临场工作方法

总裁判的临场工作可分为赛前、赛中和赛后三个阶段。

一、赛前工作

（一）每场赛前 1 小时到达赛场，检查各项准备工作，重点检查比赛场地、自动计时、电子公告板和音响设备，确保比赛正常进行。

（二）领取本场竞赛秩序单。大型国际游泳竞赛，工作人员会预先将每场的竞赛秩序单和有关材料分发到裁判员信息柜中（图 2-6），裁判员到场后即可自行领取。国内游泳竞赛，竞赛秩序单一般由编排记录组分发。

图 2-6　裁判员信息柜

（三）如采用人工计时，则受理各队的个人项目分段成绩创纪录申请。如果同意，则在“分段成绩创纪录申请表”（表 2-3）上签注意见并签名，然后将申请表转交检录组。

表 2-3　分段成绩创纪录申请表

<table>
<tr><td>场次</td><td></td><td>项次</td><td></td><td>组次</td><td></td><td>道次</td><td></td></tr>
<tr><td>单位</td><td></td><td>运动员</td><td colspan="3"></td><td>组别</td><td></td></tr>
<tr><td>项目</td><td colspan="5">______ 米 ______ 泳 ______ 赛</td><td>分段</td><td>前 ______ 米</td></tr>
<tr><td>创纪录名称</td><td colspan="3"></td><td>领队 / 教练员（签名）</td><td colspan="3">______ 年 ____ 月 ____ 日</td></tr>
<tr><td>总裁判意见</td><td colspan="7">签名：______________
______ 年 ____ 月 ____ 日</td></tr>
</table>

<table>
<tr><td>表号</td><td>记时员</td><td>竞赛成绩</td><td>正式成绩</td><td>备　注</td></tr>
<tr><td>①</td><td></td><td>：　.</td><td rowspan="3">：　.</td><td rowspan="3"></td></tr>
<tr><td>②</td><td></td><td>：　.</td></tr>
<tr><td>③</td><td></td><td>：　.</td></tr>
</table>

（四）了解各队提交该场“接力棒次表”的情况，必要时提示宣告员通过广播催促。

（五）赛前 30 分钟，由本场执行总裁判主持召开赛前裁判员准备会（图 2–7），对上一场工作做小结，提出本场工作要求，尔后各裁判组分开，由各裁判长布置本组有关事宜，做好各组的赛前准备工作。

图 2–7 赛前裁判员准备会

（六）如果配备无线对讲机（图 2–8），执行总裁判要提醒相关人员调准频道并调好音量，确保比赛中信息通畅。

图 2–8 对讲机

（七）入场

1. 赛前 10 分钟，召集入场裁判员在指定地点按预定队形集合（图 2-9），做好入场准备。

2. 赛前 3 ~ 5 分钟，执行总裁判以手势告知宣告员，裁判员入场队伍准备完毕，可以入场。在宣告员宣布“××××第××场现在开始，请裁判员入场”，并播放入场音乐后，执行总裁判带领裁判员入场（图 2-10）。

全体裁判员走到指定位置后，自动面向游泳池站立（图 2-11、图 2-12）。

图 2-9　裁判员集合

图 2-10　裁判员入场

图 2-11　执行总裁判、发令员入场后站位

图 2-12　裁判员入场后站位

3. 宣告员介绍技术代表、本场执行总裁判和发令员（图 2-13）。介绍完毕，执行总裁判用手势示意全体裁判员就座（图 2-14）。

图 2–13　介绍执行总裁判

图 2–14　执行总裁判示意裁判员就座

二、赛中工作

（一）各裁判组都做好准备时（如采用自动计时，则电子公告板应显示第 1 项第 1 组的运动员名单，计时钟应显示“0.0”，表示自动计时系统已就绪），执行总裁判即开始组织比赛。

1. 预赛：每场第 1 项第 1 组若是预赛，执行总裁判先以手势示意检录员带领运动员入场，再以手势示意宣告员宣布“现在进行××××（项目）预赛第 1 组”。后续各预赛组运动员入场后，执行总裁判再以手势示意宣告员介绍将要进行的项目和组。

2. 决赛：决赛项目每组开始时，执行总裁判以手势示意宣告员宣布“现在进行××××（项目）决赛（半决赛第××组）”并播放运动员入场音乐，检录员随即带领运动员入场。

【注意事项】

①每项半决赛、决赛开始前，执行总裁判如收到检录组呈送的弃权报告单和替补名单，则应迅速审核，并交给编排记录长重新编排。如检录组在第 2 次点名后报告有运动员弃权并需要替补，则将替补运动员直接安排在弃权运动员的泳道，并通知编排记录组和自动计时组修改相关信息。

②每组比赛运动员入场就位时，执行总裁判应注意观察各泳道有无缺人及上错泳道的情况。如发现问题须立即纠正。

③执行总裁判应注意掌控好比赛节奏，尽量按预定时间组织各组比赛，努力做到预赛紧凑而有序，决赛隆重而热烈。

（二）当运动员入场完毕（预赛）或宣告员介绍运动员完毕（决赛），执行总裁判即站到池边，发出连续的短促哨声（一般为 4 声，图 2–15），示意运动员脱外衣准备比赛（图 2–16）。

图 2–15 执行总裁判发出短哨声信号

图 2–16 运动员脱外衣准备比赛

运动员准备完毕，执行总裁判即以长哨声示意自由泳、蛙泳、蝶泳项目的运动员站到各自的出发台上准备出发（图 2–17）。

图 2–17 运动员在出发台上准备出发

仰泳项目或混合泳接力项目第 1 棒出发时，执行总裁判要吹两声长哨：第 1声长哨示意运动员下水，第 2 声长哨示意运动员迅速游回池端做好出发准备（图 2–18）。

图 2–18　运动员在水中准备出发

执行总裁判吹长哨（仰泳出发为第 2 声长哨）后应放下哨子，以免误发召回信号。

当所有运动员和裁判员都做好准备时，执行总裁判将与发令员同侧的手臂直臂外展（侧举，掌心向前，图 2–19），示意发令员准备发令。待发令结束再收回手势。

图 2–19　执行总裁判以手势示意发令员

发令员发令时，执行总裁判要注意观察运动员出发动作是否符合规则要求。运动员如在“出发信号”发出前出发（图 2–20），发令员则不再发“出发信号”，而应将运动员召回。执行总裁判取消抢跳运动员的比赛资格后，再以长哨声（仰泳为第 2 声长哨）重新组织其余运动员出发。

图 2–20　运动员出发抢跳

如果在“出发信号”发出后发现运动员抢跳，应继续比赛，在该组比赛结束后取消抢跳运动员的录取资格。

【注意事项】

①组织出发时，执行总裁判的位置应在发令员的前侧方，以便发令员能清晰看到执行总裁判的手势。

②如发现运动员在第 1 声长哨前上出发台（仰泳为进入水中），应令其下台(起水)，予以告诫后重新组织出发。

③在组织出发的整个过程中，执行总裁判应注意观察运动员是否有延误比赛、蓄意不服从命令或其他犯规行为。如发现运动员犯规，则按规则规定取消其比赛资格。

④执行总裁判在组织出发时如发现有闪光灯、噪音过大或其他可能干扰比赛的情况，可通过宣告员予以提醒，消除干扰因素后再组织出发。

（三）比赛过程中，执行总裁判一般在池边距终点端 10 米左右的范围内巡视(图 2–21)，要全面观察运动员比赛（途中游、转身、抵达终点、接力交接棒等）和各岗位裁判员执裁情况，及时处理比赛中出现的各种问题。

图 2–21　执行总裁判赛中巡视

【注意事项】

①采用自动计时时，接力项目每段交接棒完成后，执行总裁判要与自动计时长沟通，了解各队交接棒过程是否符合规则要求。

②采用人工计时并设终点裁判时，执行总裁判要注意观察每组运动员抵达终

点的名次，尤其是相近名次，以作为处理计时与终点交叉时判定的依据。

（四）每项（组）最后一名运动员到达终点后，执行总裁判即按“同侧技术检查员—转身端转身检查长—对侧技术检查员—终点端转身检查长”的顺序以手势联系，了解有无犯规情况。

图 2–22 执行总裁判确认比赛成绩

执行总裁判确认无犯规后，若采用人工计时，就以手势通知记录台监督确认该项（组）比赛成绩。若采用自动计时，则应先观察电子公告板确认各泳道成绩无误后，再以手势通知自动计时长确认该项（组）比赛成绩（图 2–22）。

如果有裁判员报告犯规，执行总裁判应先以手势通知记录台监督（或自动计时长），然后迅速向有关裁判员了解犯规情况。执行总裁判应根据自己的观察或其他裁判员的报告，判定运动员是否犯规。如果判定运动员犯规，则应将犯规泳道及犯规类型（出发、途中、转身、终点、其他）告知记录台监督（或自动计时长）。然后，在裁判员递交的“犯规检查表”上（如采用人工计时，还须在计时长交来的竞赛卡片上）写上“犯规”字样并签名。

随后，执行总裁判再以手势示意宣告员宣布该项（组）比赛成绩、名次；审核编排记录组呈送的比赛成绩公告，确认后签名。

【注意事项】

①执行总裁判处理犯规时必须慎重。向有关裁判员了解犯规情况时要弄清 4 个问题：哪条泳道的运动员、犯规发生的距离、犯规动作和判罚依据。

②如果不能确定运动员是否犯规，则不应判罚，以免误判。如果确定运动员犯规，则应判罚，以保护遵守规则的运动员的利益。

（五）采用人工计时，一组比赛结束后，计时长将竞赛卡片（设终点裁判时，连同“终点名次报告单”）交给记录台监督审核。记录台监督审核后将卡片交宣告员，准备宣布成绩。

记录台监督审核竞赛卡片的步骤如下：

1. 检查 3 块计时表计取的成绩及正式成绩填写得是否正确。

2. 检查计时成绩顺序与终点名次是否一致。当计时成绩顺序与终点名次不一致时，由执行总裁判做出最终判定：若判定以计时成绩为准，则修改终点名次并签名；若判定以终点名次为准，则将交叉的成绩相加后平均，作为各自的正式成绩，将原正式成绩划掉，写上新的正式成绩并签名。

3. 检查是否有创、平纪录。如有创、平纪录，应在竞赛卡片上注明“创（平）××纪录”，并写上原纪录成绩，然后签名。在将竞赛卡片转交宣告员时提醒宣告员注意，在播报成绩前先宣布创（平）纪录信息。

4. 如是决赛，应在竞赛卡片上填上名次并签名。

5. 如有犯规，应提醒该项执行总裁判在犯规运动员（队）的竞赛卡片上写上“犯规”字样并签名。

（六）采用自动计时，每项预赛、半决赛最后一组比赛结束后，执行总裁判应注意电子公告板上公布的大排序名单，判断是否需要重赛。如果需要，应提醒编排记录组迅速进行处理。

（七）50 米项目比赛时，本项执行总裁判负责在泳池转身端（此时为出发端）组织运动员出发（图 2–23），另一名执行总裁判则位于同侧池边离终点 5 ~ 10 米处协助工作，负责与自动计时长、宣告员等的联系。两人密切配合，避免频繁地来回走动。

图 2–23　执行总裁判在转身端组织出发

具体程序为：

①每组比赛开始时，本项执行总裁判确认准备就绪后（自动计时的时钟归 0.0，人工计时长递交竞赛卡片后返回），以手势示意在终点端协助工作的执行总裁判可以开始比赛。

②协助工作的执行总裁判即以手势通知宣告员宣布该组比赛开始。

③本项执行总裁判按常规组织比赛。

④当最后一名运动员抵达终点，执行总裁判与技术检查员和转身检查长沟通确认无犯规后，即以手势通知协助工作的执行总裁判；如有犯规，则按正常程序处理。

⑤协助工作的执行总裁判即以手势通知自动计时长（记录台监督）确认该组比赛成绩。

（八）退场：每场各项比赛全部结束后，执行总裁判站到池边，先以手势通知宣告员宣布“××××第××场比赛结束，请裁判员退场”并播放退场音乐，然后再以手势示意全体裁判员起立，按入场的相反方向和顺序退场（图 2–24）。

各岗裁判员随即自动转向退场方向，按顺序退出赛场（图 2–25）。

图 2–24　执行总裁判组织退场

图 2–25　裁判员退场

三、赛后工作

（一）每场比赛结束，现场召集各组裁判长汇报交流情况，研究工作中存在的问题，提出改进意见。

（二）如代表队对犯规判罚有疑问，应耐心做好解答工作。如代表队提出申诉，则总裁判应在《申诉书》上填写犯规判罚意见，连同相关材料呈送技术代表，并在技术代表召集的仲裁委员会上就犯规判罚情况做出说明。如果仲裁委员会裁定运动队胜诉，总裁判应通知编排记录组更改成绩、名次并重新公布。

（三）对编排记录组呈送的运动员比赛成绩证明单进行审核并签名。

（四）为裁判员证书签名。

（五）督促编排记录组及时完成《成绩册》的编制工作，审核《成绩册》并签名（总裁判、副总裁判共同签名）。

（六）全部比赛结束后，做好裁判组工作总结。重大比赛时，需填写《游泳竞赛裁判工作总结表》（表 2–4）上报主办单位。

表 2–4　游泳竞赛裁判工作总结表（范例）

游泳竞赛裁判工作总结表
竞赛名称：2014 年全国游泳冠军赛暨亚运会选拔赛
竞赛地点：青岛体育中心游泳跳水馆
主办单位：国家体育总局游泳运动管理中心
承办单位：山东省体育局、青岛市政府
竞赛日期：2014 年 5 月 12 日 –17 日
国家体育总局游泳运动管理中心制

续表 2–4

<table>
<tr><td rowspan="4">裁判员基本情况</td><td colspan="2">总裁判</td><td colspan="60">马吉光</td></tr>
<tr><td colspan="2">副总裁判</td><td colspan="60">周玉成　于晓光　华民　时敏</td></tr>
<tr><td colspan="2">裁判员人数</td><td colspan="10">总人数</td><td colspan="10">72</td><td colspan="10">外　地</td><td colspan="10">37</td><td colspan="10">本　地</td><td colspan="10">35</td></tr>
<tr><td colspan="2">裁判员等级</td><td colspan="10">国际级</td><td colspan="10">13</td><td colspan="10">国家级</td><td colspan="10">35</td><td colspan="10">一、二级</td><td colspan="10">24</td></tr>
<tr><td rowspan="16">竞赛基本情况</td><td colspan="2">参赛单位
名　称</td><td colspan="60">北京、天津、河北、山西、辽宁、黑龙江、上海、江苏、浙江、安徽、福建、江西、山东、河南、湖北、湖南、广东、广西、四川、贵州、云南、陕西、宁夏、解放军、广州军区、海军 26 个代表队</td></tr>
<tr><td colspan="2">参赛人数</td><td colspan="10">男</td><td colspan="10">236</td><td colspan="10">女</td><td colspan="10">222</td><td colspan="10">合计</td><td colspan="10">458</td></tr>
<tr><td colspan="2">比赛天数</td><td colspan="20">6</td><td colspan="20">比赛场数</td><td colspan="20">12</td></tr>
<tr><td colspan="2">比赛池长</td><td colspan="60">☑ 50 米　　　　□ 25 米</td></tr>
<tr><td colspan="2" rowspan="2">创纪录统计</td><td colspan="15">世界纪录</td><td colspan="15">亚洲纪录</td><td colspan="15">全国纪录</td><td colspan="15">省、市纪录</td></tr>
<tr><td colspan="15"></td><td colspan="15"></td><td colspan="15"></td><td colspan="15"></td></tr>
<tr><td rowspan="4">团体总分</td><td rowspan="2">男子</td><td colspan="20">第 1 名</td><td colspan="20">第 2 名</td><td colspan="20">第 3 名</td></tr>
<tr><td colspan="20"></td><td colspan="20"></td><td colspan="20"></td></tr>
<tr><td rowspan="2">女子</td><td colspan="20">第 1 名</td><td colspan="20">第 2 名</td><td colspan="20">第 3 名</td></tr>
<tr><td colspan="20"></td><td colspan="20"></td><td colspan="20"></td></tr>
<tr><td colspan="2" rowspan="2">计时设备</td><td colspan="15">自动计时
设备名称</td><td colspan="15">是否设置
半自动计时</td><td colspan="15">人工计时
每泳道人数</td><td colspan="15">是否设置
终点裁判</td></tr>
<tr><td colspan="15">欧米伽自动
计时装置</td><td colspan="15">是</td><td colspan="15">3</td><td colspan="15">否</td></tr>
<tr><td colspan="2" rowspan="2">判罚犯规
次　数</td><td colspan="12">出发犯规</td><td colspan="12">途中游犯规</td><td colspan="12">转身犯规</td><td colspan="12">终点犯规</td><td colspan="12">其他犯规</td></tr>
<tr><td colspan="12">9</td><td colspan="12">6</td><td colspan="12">3</td><td colspan="12"></td><td colspan="12"></td></tr>
</table>

注：全国性比赛不统计创省、市纪录情况。

续表 2–4

裁判工作基本情况及特点	2014 年全国游泳冠军赛暨亚运会选拔赛在青岛体育中心游泳跳水馆举行，来自全国 26 个省、市的 458 名运动员参加了 6 天 12 场的比赛。本次比赛，国家体育总局游泳运动管理中心选派了 37 名裁判，山东省选派了 17 名裁判，青岛市选派了 15 名裁判。通过大家的共同努力，比赛安全、圆满、顺利结束。 本次比赛的特点主要有以下五个方面： 一、领导的高度重视 …… 二、一流的场地设施 …… 三、充分的赛前准备 …… 四、认真的工作态度 …… 五、严谨规范地执法 ……
执行裁判方法上有何创新	一、根据新版规则的要求，每场的“接力棒次表”直接交编排组，大大简化了工作程序，提高了工作效率。 二、设置一个公共电子邮箱用于发布成绩公告、决赛秩序单等，方便了各队下载相关信息，节约时间，节约纸张，体现了勤俭办赛、绿色环保的精神。 三、由计算机编排记录系统直接打印出“计时存查表”，简便清晰实用，深受裁判员欢迎。 四、第 11 场 1500 米自由泳有 8 组，时间较长，因此该场采用了“快节奏”比赛方法，使比赛既紧凑有序，又节省时间。
存在问题和建议	一、由于没有使用网络报名，错误及误报现象较多。建议尽快开通网络报名或开发专用的报名系统，统一报名格式。 二、本次比赛，自动计时的操作人员对游泳竞赛比较生疏，给比赛带来了一定的影响。建议以后要选派技术熟练的操作人员，同时也建议自动计时长与总裁判、副总裁判、编排记录长等一起提前报到，以利于赛前的设备调试，也有利于自动计时的操作人员熟悉比赛流程。 三、对于宣告岗位裁判员力量相对薄弱的问题，建议举办专门裁判岗位培训班，以尽快培养宣告员，提高宣告水平。

（本章执笔：周玉成）

第三章　编排记录

编排记录工作是保证比赛按计划有条不紊顺利进行的关键环节，工作中应始终做到周密、细致、准确、及时。编排记录裁判员必须具备认真负责的工作态度，规范严谨的工作作风，吃苦耐劳的工作精神。

近年来，随着现代科学技术的迅猛发展，计算机技术已经在体育领域得到了广泛的应用。学会使用计算机进行游泳竞赛的编排记录工作，是提高工作效率和准确性、适应运动竞赛信息管理科学性、现代化和规范化要求的必由之路。

第一节　编排记录组的职责、工作位置和分工

一、编排记录组的职责

（一）比赛前，根据规程、规则、报名单、竞赛日程及有关材料，编排竞赛秩序，印制裁判工作所需的各种表格。

（二）在每场比赛前接收该场各项“接力棒次表”。

（三）比赛中，准确地记录和及时公布每组、每项比赛成绩；预赛、半决赛后，按成绩编排半决赛、决赛秩序。

（四）比赛中，及时统计和公布新创纪录、团体总分等。

（五）比赛结束后，尽快编制《成绩册》，经总裁判、副总裁判审核签名后送交竞赛处。

二、编排记录组的工作位置

编排记录组需要一个相对独立、比较宽敞的工作室（图 3–1），以方便进行竞赛编排、成绩处理、公告印制等工作。该工作室最好位于游泳池终点端附近，

以方便与执行总裁判、自动计时组等的联系。工作室内应配备必要的工作台和计算机、打印机、复印（速印）机等设备。

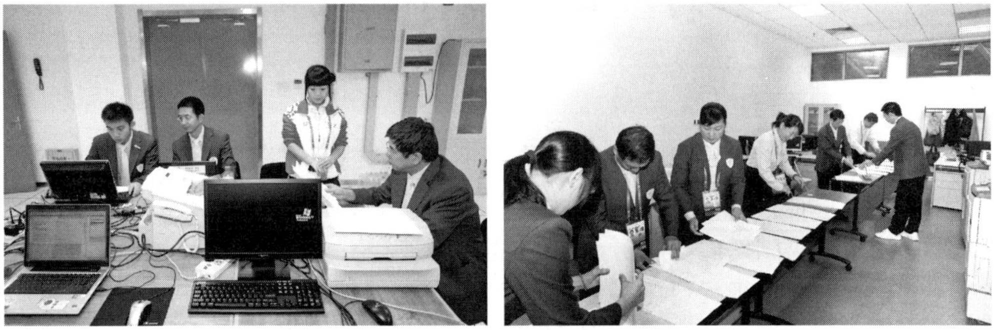

图 3–1　编排记录工作室

比赛若采用自动计时，则计算机编排记录系统主机应与自动计时系统主机处于同一工作平台（图 3–2）或同设于专用控制室内，并应建立一个局域网，通过有线或无线方式，将编排记录系统、自动计时系统、电子公告控制系统、后台辅助计算机等连接起来，以方便信息传输。

图 3–2　编排记录系统主机工作平台

三、编排记录组的分工

编排记录组一般设编排记录长 1 人，副编排记录长 1 ~ 2 人，编排记录员 3 ~ 6 人。编排记录长领导和分配编排记录员的工作，在比赛中负责检查和核对每项比赛成绩、名次，并提请执行总裁判在成绩单上签名。副编排记录长协助编排记录长工作。

（一）人工处理成绩时的分工

如果比赛采用人工计时（使用竞赛卡片）且采用人工处理成绩，编排记录组可按表 3–1 进行分工。

表 3–1　编排记录组采用人工处理成绩时的分工

岗位	人数	工 作 内 容	备注
A	1	核对成绩与名次，处理重赛，编排半决赛、决赛秩序	一般由编排记录长担任
B	2	编制成绩公布表和决赛名单公布表	按男、女项目分工
C	2	统计创纪录；登记前 × 名成绩；累计团体总分；处理全能得分	按男、女项目分工
D	2	编制各场成绩公报和成绩册	
E	1	填写奖状和成绩证明单	
F	1	在外场公告栏公布各项成绩	可由志愿者担任

比赛时，编排记录组 A 岗（1 人）一般位于宣告员旁边，负责现场成绩处理和编排。

（二）计算机处理成绩时的分工

不论比赛采用人工计时还是自动计时，只要使用计算机“编排记录系统”来处理成绩，编排记录组即可按表 3–2进行分工。

表 3–2　编排记录组采用计算机处理成绩时的分工

岗位	人数	工 作 内 容	备注
A	2	“编排记录系统”操作员：接收每组成绩；处理重赛；编排半决赛、决赛；处理名次、得分；处理全能成绩；统计创纪录；统计达标；处理团体总分；输出各种表册	一人操作，一人协助
B	2	“成绩录入辅助系统”操作员：录入每一组的比赛成绩	采用人工计时时设岗，一人录入，一人核对
C	2	打印奖状和成绩证明单；印制各种表册	
D	1	在外场公告栏公布各项成绩	可由志愿者担任

当采用自动计时时，编排记录组 A 岗（2 人）一般位于自动计时主机操作员旁边，负责操作计算机“编排记录系统”，进行现场成绩处理和编排。

第二节 编排记录组的赛前准备工作

编排记录组的赛前准备工作分为赛前编排和其他工作。

一、赛前编排

赛前编排最主要的任务是编排好竞赛日程和各个项目的竞赛秩序，并编印《秩序册》。

（一）编排前的准备

编排前的准备工作有以下几项：

1. 熟悉竞赛规程。认真研究竞赛规程和有关文件，全面了解竞赛的要求和有关规定，如竞赛项目、参加办法、竞赛办法、名次录取办法和团体计分办法等。对条文不清、难以理解的问题，应及时向主办单位咨询，不可擅自决定。

2. 熟悉竞赛规则。认真学习竞赛规则，明确有关编排的各项规定。根据比赛的具体情况，确定比赛的编排方法。

3. 了解场地设施情况。了解竞赛的场地设施情况，如泳池长度、使用泳道数、计时方式、自动计时装置是一端开通还是两端开通等，以便依据实际情况进行具体的编排工作。

4. 审查报名表。审查报名表是一项极其重要的工作，主要是检查各单位的报名是否符合竞赛规程的规定。审查时一定要认真细致，坚持原则，发现违反规程或不清楚的地方，应及时与有关方面联系，并在正式编排前予以解决。审查报名表时主要应注意以下几个方面：

(1) 运动员的代表资格有无问题；

(2) 运动员的姓名、性别、出生日期、注册号等是否填写清楚；

(3) 运动员的组别是否正确，有没有重报、混报或错报组别；

(4) 代表队有无多报人数；

(5) 运动员有无多报项目、错报项目。

5. 统计各项参加人数。各项参加人数既是竞赛分组的依据，又是工作中检查核对的依据。因此，应根据报名表按组别进行认真的统计，并仔细核对，确保统计数据准确无误。人工统计各项参加人数的统计表见表 1–3。

（二）编排竞赛日程

编排竞赛日程的方法参见第一章第一节。

（三）编排竞赛秩序

编排竞赛秩序时，要将运动员（接力队）按其报名成绩的优次顺序排列。在报名单上未按要求填写报名成绩者，应作为成绩最差的排在最后。报名成绩相同或无报名成绩者超过 1 人时，由编排记录组以抽签方法或由计算机以随机排序的方法决定其排列次序。

1. 泳道安排原则：

（1）使用 6 条泳道时，同一组运动员（或接力队）按报名成绩优次顺序安排在第 3、4、2、5、1、6 泳道。

（2）使用 8 条泳道时，同一组运动员（或接力队）按报名成绩优次顺序安排在第 4、5、3、6、2、7、1、8 泳道。

（3）使用 10 条泳道时，同一组运动员（或接力队）按报名成绩优次顺序安排在第 4、5、3、6、2、7、1、8、0、9 泳道。

（4）泳道数为奇数时，编在同一组中的运动员（接力队），报名成绩最好者应安排在中间的泳道，次好者应安排在其左侧泳道（面向游泳池），再次好者应安排在其右侧泳道，以此类推。

2. 分组基本原则：

（1）对于有预赛（半决赛）的比赛，如果只有 1 组，则取消预赛（半决赛），只进行决赛。对于有半决赛的比赛，如果只有 2 组，则取消预赛，只进行半决赛和决赛。

（2）2 组或 2 组以上的任何预赛组内，至少应有 3 名运动员（接力队）。

3. 各种竞赛模式的编排方法：我国游泳比赛常用的竞赛模式有四种。现以 8 条泳道为例，用数字代表运动员（接力队）按报名成绩优次排列的次序，分别对各种模式的编排方法予以说明。

（1）分组决赛：

按报名成绩的优次顺序，将成绩最好的运动员（接力队）编满最后一组；所剩运动员（接力队）按其报名成绩的优次顺序编满倒数第 2 组。以此类推，将所有运动员编排完毕，如表 3–3 所示。比赛后，根据全部参赛者的成绩排序录取名次。

表 3–3 “分组决赛”模式的编排方法（以 34 人为例）

组次＼泳道	1	2	3	4	5	6	7	8
1			34	32	33			
2	31	29	27	25	26	28	30	
3	23	21	19	17	18	20	22	24
4	15	13	11	9	10	12	14	16
5	7	5	3	1	2	4	6	8

如果比赛分为预赛场和决赛场，则当长距离项目采用分组决赛模式时，可以进行“快慢组”比赛，即将最后一组（快组）安排在决赛场，其余各组（慢组）安排在预赛场，如表 3–4 和表 3–5 所示。比赛后，慢组、快组混合，按全部参赛者的成绩排序录取名次。

表 3–4 “分组决赛”模式“慢组”的编排方法（以 34 人为例，慢组 26 人）

组次＼泳道	1	2	3	4	5	6	7	8
1			34	32	33			
2	31	29	27	25	26	28	30	
3	23	21	19	17	18	20	22	24
4	15	13	11	9	10	12	14	16

表 3–5 “分组决赛”模式“快组”的编排方法（以 34 人为例，快组 8 人）

组次＼泳道	1	2	3	4	5	6	7	8
5	7	5	3	1	2	4	6	8

（2）预赛 – 决赛：

①预赛：

A. 只需 1 组时直接编为决赛，如表 3–6 所示。

表 3–6 “预赛 – 决赛”模式 1 组的编排方法（以 8 人为例）

组次＼泳道	1	2	3	4	5	6	7	8
1	7	5	3	1	2	4	6	8

B. 只需 2 组时，成绩最好者编排在第 2 组，次好者编排在第 1 组；第 3 者编排在第 2 组，第 4 者编排在第 1 组。以此类推，如表 3–7 所示。

表 3–7　“预赛 – 决赛”模式 2 组预赛的编排方法（以 16 人为例）

泳道 组次	1	2	3	4	5	6	7	8
1	14	10	6	2	4	8	12	16
2	13	9	5	1	3	7	11	15

C. 只需 3 组时（400 米、800 米、1500 米项目除外），成绩最好者编排在第 3 组，次好者编排在第 2 组，再次者编排在第 1 组；第 4 者编排在第 3 组。以此类推，如表 3–8 所示。

表 3–8　“预赛 – 决赛”模式 3 组预赛的编排方法（以 24 人为例）

泳道 组次	1	2	3	4	5	6	7	8
1	21	15	9	3	6	12	18	24
2	20	14	8	2	5	11	17	23
3	19	13	7	1	4	10	16	22

D. 超过 3 组时（400 米、800 米、1500 米项目除外），将成绩最好的 24 名按表 3–8 所示的方法编排在最后 3 组；剩余者按其报名成绩的优次顺序编满倒数第 4 组，再有剩余则编满倒数第 5 组。以此类推，如表 3–9 所示。

表 3–9　“预赛 – 决赛”模式超过 3 组预赛的编排方法（以 34 人为例）

泳道 组次	1	2	3	4	5	6	7	8
1			34	32	33			
2	31	29	27	25	26	28	30	
3	21	15	9	3	6	12	18	24
4	20	14	8	2	5	11	17	23
5	19	13	7	1	4	10	16	22

E. 400 米、800 米、1500 米项目的预赛，超过 2 组时，将成绩最好的 16 名按表 3–7 所示的方法编排在最后 2 组，剩余者按其报名成绩的优次顺序编满倒数第 3 组，再有剩余则编满倒数第 4 组。以此类推，如表 3–10 所示。

表 3–10　“预赛 – 决赛”模式中、长距离项目超过 2 组预赛的编排方法（以 34 人为例）

组次＼泳道	1	2	3	4	5	6	7	8
1			34	32	33			
2	31	29	27	25	26	28	30	
3	23	21	19	17	18	20	22	24
4	14	10	6	2	4	8	12	16
5	13	9	5	1	3	7	11	15

②决赛：取预赛前 8 名，按表 3–6 所示的方法编排决赛。

（3）预赛 – 决赛 A、B 组：

①预赛：按“预赛 – 决赛”模式的方法编排预赛。

②决赛：将预赛的 9 ~ 16 名编为决赛 B 组（第 1 组），将预赛的 1 ~ 8 名编为决赛 A 组（第 2 组），如表 3–11 所示。比赛后，根据 A 组成绩录取前 8 名。

表 3–11　“决赛 A、B 组”的编排方法

组次＼泳道	1	2	3	4	5	6	7	8
1（B）	15	13	11	9	10	12	14	16
2（A）	7	5	3	1	2	4	6	8

（4）预赛 – 半决赛 – 决赛：

①预赛。按“预赛 – 决赛”模式的方法编排预赛。

②半决赛。取预赛前 16 名，按表 3–7 所示的方法编排半决赛。

③决赛。目前我国的游泳竞赛，半决赛后的决赛编排方法有 3 种。

A. 按半决赛。按半决赛的成绩排序，取前 8 名按表 3–6 所示的方法编排决赛。此方法为常规编排方法。

B. 最优成绩。按预赛、半决赛两者中的较好成绩排序，取前 8 名按表 3–6 所示的方法编排决赛。

C. 总和成绩。将预赛、半决赛的成绩相加后排序，取前 8 名按表 3–6 所示的方法编排决赛。

4. 人工编排的具体步骤：

（1）填写竞赛卡片。按报名表填写竞赛卡片（表 3–12），每人每项填 1 张，接力每队填 1 张。该卡片在不同赛次中是重复使用的，故最好使用较厚的纸印制，且最好以不同颜色区分性别。卡片上的各项内容要填写清楚，不可遗漏或填错。卡片填好后按项目分开。然后，与各项参加人数的统计数字核对，每项有多少人参加比赛就应有多少张卡片。最后，将卡片按报名成绩的优次顺序整理好。

表 3–12　竞赛卡片

组　　别		项目	
姓　　名		单位	
报名成绩	：．		

赛　　别		预　赛	半决赛	决　赛
正式成绩		：．	：．	：．
名　　次				
组　　次				
泳　　道				
成绩	①	：．	：．	：．
	②	：．	：．	：．
	③	：．	：．	：．
计时员				
备　注				
总裁判				

（正面）

分 段 成 绩

	预　赛	决　赛
100 米	：．	：．
200 米	：．	：．
300 米	：．	：．
400 米	：．	：．
500 米	：．	：．
600 米	：．	：．
700 米	：．	：．
800 米	：．	：．
900 米	：．	：．
1000 米	：．	：．
1100 米	：．	：．
1200 米	：．	：．
1300 米	：．	：．
1400 米	：．	：．

接 力 名 单

	预　赛	决　赛
1		
2		
3		
4		

（背面）

(2) 根据每个项目的竞赛模式、报名人数和比赛使用的泳道数，确定该项目各赛次的组数。

(3) 根据上述编排方法，将每一项的竞赛卡片按组次和泳道排列好。

(4) 将对应的组次和泳道号填入每张竞赛卡片的“组次”和“泳道”栏。然后，按组次和泳道顺序把卡片整理好。

(5) 根据各项竞赛卡片，抄写（打印）成该项竞赛秩序单，如表 3–13 所示。

表 3–13　秩序单（横排）

3. 女子 200 米个人混合泳　预赛　26 人　4 组

组次 \ 泳道	1	2	3	4	5	6	7	8
1			邝松惠	卓伊欣	温婧文			
			香　港	解放军	香　港			
2	朱莹莹	张晨瑶	李佳星	张文清	何雨哲	乔　侨	章力丹	
	上　海	河　南	解放军	山　东	浙　江	河　北	河　北	
3	丁梦琪	方　艺	朱晓雅	周　敏	张思诗	张佳琦	王歆雅	李　清
	辽　宁	北　京	江　苏	上　海	上　海	北　京	广　东	广　东
4	陈晓彤	刘　京	郑蓉蓉	叶诗文	陈欣怡	索　冉	陈清雯	王子潇
	解放军	北　京	浙　江	浙　江	上　海	解放军	上　海	天　津

(6) 全部项目编排完毕，按竞赛日程的场、项顺序，将所有项目的秩序单整合成完整的竞赛秩序。然后，将各场、各项的竞赛卡片整理好保存，在每场比赛前交给检录长。

（四）编印《秩序册》

举办重大比赛时，赛前印制的《秩序册》不含竞赛秩序，其内容及编印方法参见第一章第一节。基层比赛，如果是在报名后再编排竞赛日程和竞赛秩序，则可以在《秩序册》中包含编好的竞赛秩序。

二、其他工作

(一) 组织学习竞赛规程、竞赛规则和裁判方法，明确编排记录员职责，重点理解规则中有关“参赛办法”和“编排”的规定，做好编排记录员分工。

(二) 根据比赛场地情况，布置好编排记录工作室，准备好使用的器材设备，如电脑、打印机、复印机、局域网及必要的文具等。

（三）与自动计时组配合，进行信息传输测试，确保编排信息能正确导入电子公告控制系统，成绩数据能正确导入编排记录系统。

（四）准备裁判工作表格。

1. 编排记录组所用的表格：

（1）接力棒次表（表 3–14）

表 3–14　接力棒次表

性别组别：＿＿＿＿＿＿＿＿＿＿

项　　目：＿＿＿＿＿＿＿＿＿＿　　　　赛　　别：＿＿＿＿＿

组　　次：＿＿＿＿＿＿＿＿＿＿　　　　泳　　道：＿＿＿＿＿

单　　位：＿＿＿＿＿＿＿＿＿＿

棒　次	运动员姓名	泳　式
1		
2		
3		
4		

领队或教练签名：＿＿＿＿＿＿＿＿＿＿＿＿＿＿＿＿

递　交　时　间：＿＿＿年＿＿月＿＿日＿＿时＿＿分

（2）竞赛成绩公布表（表 3–15，人工处理成绩时用）

表 3–15　竞赛成绩公布表

子　　组　　米　　　泳　　赛　　　　第　　组

泳道	1	2	3	4	5	6	7	8
姓名								
单位								
成绩								
名次								
备注								

年　　月　　日　　　第　场

(3) 半决赛名单公布表（表 3–16，人工处理成绩时用）

表 3–16　半决赛名单公布表

子　　组　　米　　　泳

组次	泳道	1	2	3	4	5	6	7	8
1	姓名								
	单位								
2	姓名								
	单位								

半决赛时间：　　年　　月　　日第　　场第　　项

(4) 决赛名单公布表（表 3–17，人工处理成绩时用）

表 3–17　决赛名单公布表

子　　组　　米　　　泳

泳道	1	2	3	4	5	6	7	8
姓名								
单位								

决赛时间：　　年　　月　　日第　　场第　　项

(5) 前八名成绩公布表（表 3–18，人工处理成绩时用）

表 3–18　前八名成绩公布表

组

名次 项目	一	二	三	四	五	六	七	八
50 米 自由泳	姓名 单位 成绩 得分							
100 米 自由泳								
……								

（6）团体总分公布表（表3–19，人工处理成绩时用）

表3–19　团体总分公布表

组

名次 项目	北京	上海	天津	重庆	……	
50米自由泳						
100米自由泳						
200米自由泳						
……						
总　分						
名　次						
备　注						

（7）创纪录统计表（表3–20，人工处理成绩时用）

表3–20　创纪录统计表

项　目	姓　名	单　位	成　绩	原纪录	创纪录时间
合　计	项　　　人（队）　　　次				

（8）成绩证明申请表（表 3–21）

表 3–21　成绩证明申请表

场次		项次		组别		项目	
赛别				组次		泳道	
单位				姓名		成绩	

______队　教练：______

______年___月___日

（9）成绩证明单（表 3–22，人工处理成绩时用）

表 3–22　成绩证明单

项　目					
成　绩					
运动等级				锻炼等级	
姓　名		性别		出生日期	
单　位					
竞赛名称					
竞赛地点					
竞赛日期					
池　长	米			水　温	℃
计时方式					
自动计时装　置					
总裁判（签名）				裁判等级	
审核意见	（盖章） 年　月　日				

2. 其他裁判组使用的表格（见相关裁判组章节）：

（1）人工计时存查表。

（2）自动计时技术统计表。

（3）终点存查表。

（4）终点综合名次登记表。

（5）比赛名次报告表。

（6）长距离项目记趟表。

（7）犯规检查表。

（8）发令正、误及运动员犯规登记表。

（9）分段成绩创纪录申请表。

（10）弃权报告单。

（11）申诉书。

（12）总裁判意见仲裁决议书。

（13）裁判工作总结表。

在使用计算机“游泳竞赛通用编排记录系统”时，编排记录组需要的各种记录、公告、统计表和各裁判组使用的空白表格，都可以由系统生成并打印输出，不再需要人工制作。

（五）布置成绩公告栏。与竞赛部门联系，选择合适的位置（一般在赛场比较醒目且较空旷处），设计并布置好成绩公告栏，以便在比赛中张贴各种竞赛信息。

第三节　计算机编排工作

目前，经中国游泳协会鉴定的“游泳竞赛通用编排记录系统”（图 3–3）已经在我国各级各类游泳竞赛中运用多年。该系统通用性强、适应性广、功能全面、灵活性高、规范性好、操作简便、易学易用，受到广泛的好评。

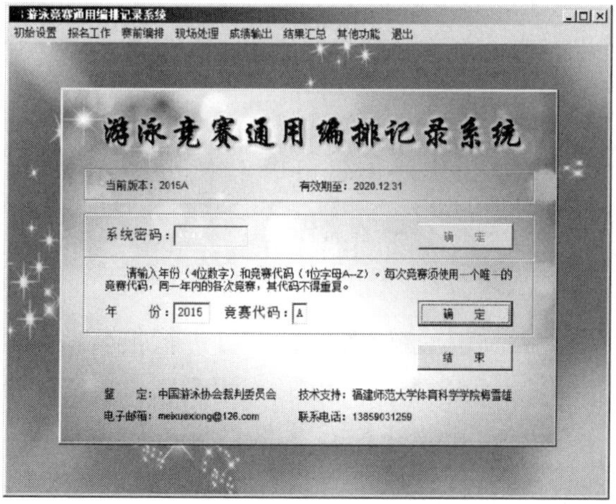

图 3–3　游泳竞赛通用编排记录系统

一、初始设置

初始设置的目的是建立起比赛所需的各项基础信息，为后续编排、记录、公告工作做好准备。初始设置主要包括以下一些内容：

（一）设置竞赛基础信息（含竞赛名称、日期、地点、主办单位、承办单位、池长、计时方式、基础使用泳道数、每组附加时间、每项颁奖所需时间以及文本输出格式等）。

（二）设置组别基础信息（如少年甲组、少年乙组等名称）。

（三）设置竞赛组别（含组别编号、性别、组别名称等）。

（四）设置项目基础信息（修改各项每组所需时间，设置自定义项目等）。

（五）设置各组竞赛项目（含各组别的比赛项目、各项目的竞赛模式、使用泳道数、每组所需时间、达标、检测标准、是否按全能比赛、录取额、是否减一录取等）。

（六）若有全能比赛，则设置全能基础信息（含全能名称、代码、各全能所包含的单项等）。

（七）若有全能比赛，则设置各组的全能项目（含各组别的全能项目、录取额、是否减一录取等，以及全能中各个单项的录取额、是否减一录取等）。

（八）若需录取小类团体名次，则设置小类团体总分的名称（如男子团体总分、女子团体总分）、代码、所包含的单组等。

（九）若需录取大类团体名次，则设置大类团体总分的名称（如男女团体总分）、代码、所包含的小类等。

（十）若需要按名次计分，则设置自动计分标准。

（十一）若拟对达标运动员予以加分，则设置各组达标加分标准。

（十二）设置各层次纪录标识、纪录名称、超纪录标记、平纪录标记、超纪录加分、平纪录加分等。

（十三）设置男、女各层次各项目纪录的具体内容（含纪录成绩、创造者、时间、地点等）。

（十四）设置各类文件的保存位置。

二、报名工作

在完成初始设置后，即可进行报名信息的输入、汇总和统计，为赛前编排做好准备。报名工作有以下一些内容：

（一）代表队信息登录。输入或导入代表队信息（含各代表队编号、简称、全称、缩写等）。

（二）报名信息登录。输入或导入各队报名表（含单位、身份、姓名、性别、组别等基本信息和全能项目、单项项目等参赛信息)。

（三）必要时，设置运动员比赛号。

（四）输出“报名信息汇总表”，与原始报名表核对，消除报名表录入错误。在报到时将“报名信息汇总表”提交给各队核对和修改，并要求各队在技术会议上由领队签名后交回。编排记录组根据交回的“报名信息汇总表”修改报名信息。

（五）必要时输出“代表队名单”，编入《秩序册》。

（六）输出“每项人数统计表”，根据竞赛规程的规定，检查各队每个项目是否有多报人数。

（七）输出“每人项数统计表”，根据竞赛规程的规定，检查每位运动员是否有多报项目。

（八）若要根据实际报名情况编排竞赛日程，则输出“竞赛分组统计表”，并以此为依据编制竞赛日程。

（九）必要时输出“各队人数统计表”，编入《秩序册》。

（十）输出“奖牌、奖状统计表”，提供给有关部门作为准备奖牌、奖状的依据。

三、赛前编排

（一）输入预编竞赛日程（含日期、场次、项次、项目、赛次、开始时间等信息)。设定预编竞赛日程时，不要考虑各项报名人数，即应包含所有组别、项目、赛次的条目。只有这样，当计算机根据初始设置对竞赛日程进行“逻辑检查”时，才能准确发现错误。必要时，可在预编竞赛日程中包含“颁奖仪式”条目。

（二）编排竞赛秩序。计算机根据各项基础设置、报名情况和预编竞赛日程，自动编排所有项目的竞赛秩序，并生成正式的竞赛日程。

（三）输出并印制正式竞赛日程。

（四）输出并印制竞赛秩序（含所有预赛、分组决赛等已经编排项目或赛次的竞赛秩序)，分发到各有关单位。

秩序单的打印格式有横排和竖排两种，其中的每项时间、出生日期、编排成绩、备注、纪录等都为可选项，可根据需要选用不同的格式和内容。横排的秩序单见表 3–13 所示（省略了每项时间、出生日期、编排成绩、备注、纪录等信息)；竖排的秩序单如表 3–23 所示。

表 3-23 秩序单（竖排）

3. 女子 200 米个人混合泳　预赛　26 人　4 组　　10:56.00

组次	泳道	姓名	出生年月	单位	报名成绩	备注
1	3	邝松惠	1996–10	香　港		
	4	卓伊欣	1994–02	解放军	02:19.00	
	5	温婧文	1997–04	香　港		
2	1	朱莹莹	1998–06	上　海	02:18.40	
	2	张晨瑶	1998–07	河　南	02:16.99	
	3	李佳星	1990–03	解放军	02:15.15	
	4	张文清	1997–02	山　东	02:11.73	
	5	何雨哲	1995–03	浙　江	02:14.24	
	6	乔　侨	1995–10	河　北	02:16.33	
	7	章力丹	1995–01	河　北	02:17.41	
3	1	丁梦琪	1994–06	辽　宁	02:18.27	
	2	方　艺	1992–02	北　京	02:16.56	
	3	朱晓雅	1993–06	江　苏	02:14.79	
	4	周　敏	1997–12	上　海	02:10.00	
	5	张思诗	1993–12	上　海	02:12.80	
	6	张佳琦	1995–09	北　京	02:16.29	
	7	王歆雅	1997–05	广　东	02:17.04	
	8	李　清	1994–04	广　东	02:18.74	
4	1	陈晓彤	1993–11	解放军	02:18.00	
	2	刘　京	1990–03	北　京	02:16.55	
	3	郑蓉蓉	1991–01	浙　江	02:14.53	
	4	叶诗文	1996–03	浙　江	02:07.57	
	5	陈欣怡	1998–01	上　海	02:12.55	
	6	索　冉	1994–08	解放军	02:15.53	
	7	陈清雯	1994–09	上　海	02:17.00	
	8	王子潇	1997–06	天　津	02:18.45	

世界纪录：02:06.15 阿丽亚娜·库克斯　美国
亚洲纪录：02:07.57 叶诗文　中国
全国纪录：02:07.57 叶诗文　浙江

（五）若采用人工计时，则按场次、项次打印已经编排好的各项目（赛次）的竞赛卡片，如表 3–24 所示。该卡片每人每项 1 张，只在 1 个赛次中使用。然后，将各场、各项的竞赛卡片整理好保存，在每场比赛前交给检录组。

表 3-24　竞赛卡片（计算机打印）

场项	05-03	性别组别	女子	项目	200 米个人混合泳
赛别	预赛	组次	4	泳道	4
姓名	叶诗文			单位	浙江

分 段 成 绩	
100 米	： .
200 米	： .
300 米	： .
400 米	： .
500 米	： .
600 米	： .
700 米	： .
800 米	： .
900 米	： .
1000 米	： .
1100 米	： .
1200 米	： .
1300 米	： .
1400 米	： .

表号	计时员	竞赛成绩	正式成绩	名次
①		： .	： .	
②		： .		
③		： .		
总裁判：				

接力项目的竞赛卡片可以在各场比赛前输入棒次名单后再打印。

（六）印制其他裁判组工作需要的空白表格，在赛前交给各个裁判组。

第四节　编排记录组的临场工作方法

编排记录组的临场工作可分为赛前、赛中和赛后三个阶段。

一、赛前工作

（一）编排记录组一般应于赛前 1 小时到达赛场。抵达工作场所后立即整理工作环境，检查器材设备。使用计算机联网工作时，尤其注意检查网络设备，确保网络畅通。

（二）将本场竞赛秩序单分发到各裁判组。

（三）采用人工计时时，将该场竞赛卡片交给检录组。

（四）打印该场各泳道的“计时存查表”交给计时长。

（五）指定专人在游泳池总裁判席一侧设记录台，于该场比赛开始前至少 30 分钟接收各队递交的该场“接力棒次表”。

（六）输入该场接力项目的棒次名单，打印接力项目秩序单若干份，分发给总裁判、宣告员、检录长、自动计时长、人工计时长、转身检查长等。采用人工计时时，打印接力项目竞赛卡片（已含棒次名单）交检录组。

（七）采用自动计时时，生成该场的竞赛日程信息文件和竞赛秩序信息文件，或更新共享数据包，供电子公告控制系统调用。

二、赛中工作

游泳比赛，采用不同的计时方式和不同的成绩处理方式时，赛中编排记录工作的方法是不同的。

（一）采用人工计时且采用人工处理成绩时的工作方法

1. 预赛每一组结束后的工作步骤

预赛每一组结束后，需要公布该组比赛成绩，其工作步骤如图 3–4 所示。

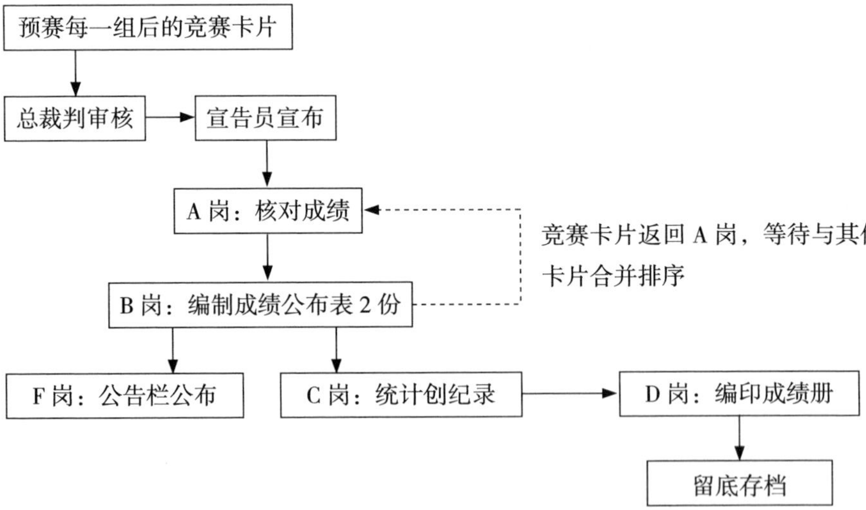

图 3–4　预赛每一组结束后的工作步骤

2. 每项预赛结束后的工作步骤

预赛各组全部结束后，需要编排该项的半决赛、决赛秩序，其工作步骤如图3–5所示。

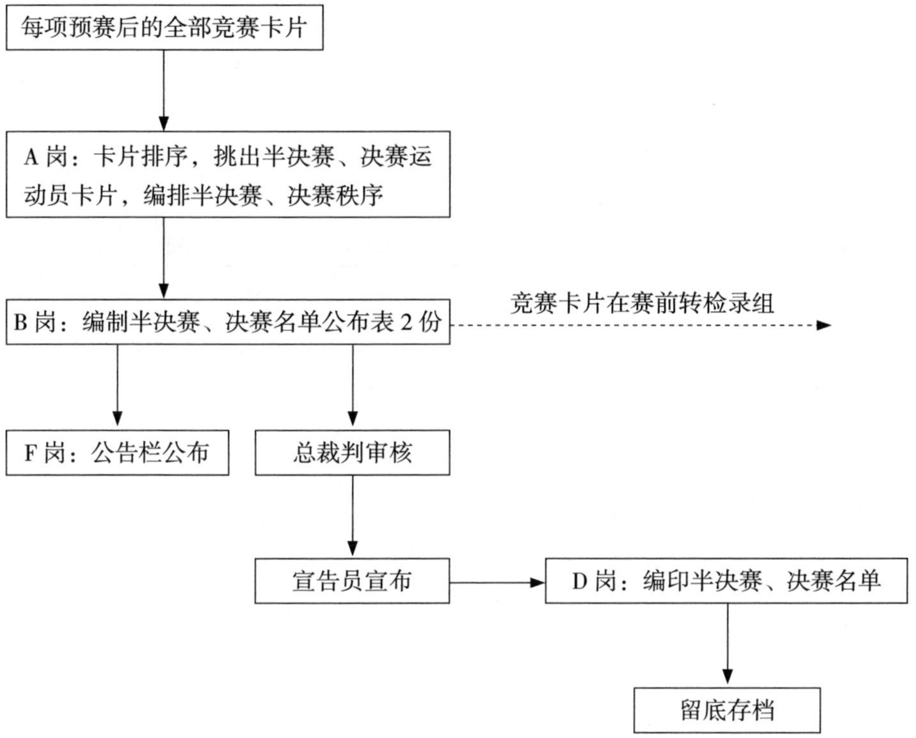

图3–5　每项预赛结束后的工作步骤

3. 预赛、半决赛后需重赛时的工作步骤

某项预赛、半决赛后，如果需要通过重赛来确定参加半决赛、决赛的运动员，则工作步骤如图3–6所示。

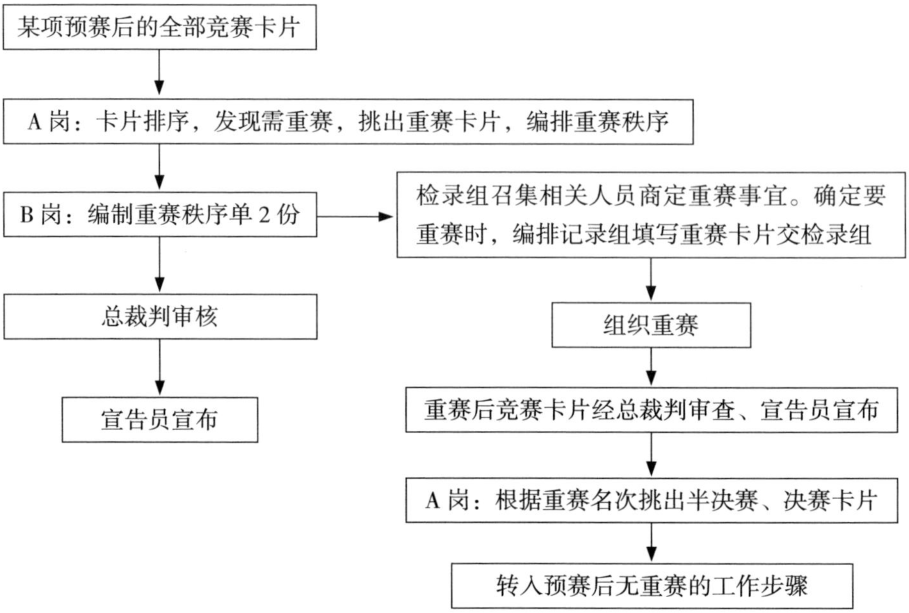

图 3-6　预赛、半决赛后需重赛时的工作步骤

4. 临场需替补时的工作步骤

在半决赛、决赛检录第 1 次点名时或之前，如果有运动员弃权，且替补运动员已到场，根据规则精神应进行替补，编排记录组应立即重编该项半决赛、决赛秩序。此时的工作步骤如图 3-7 所示。

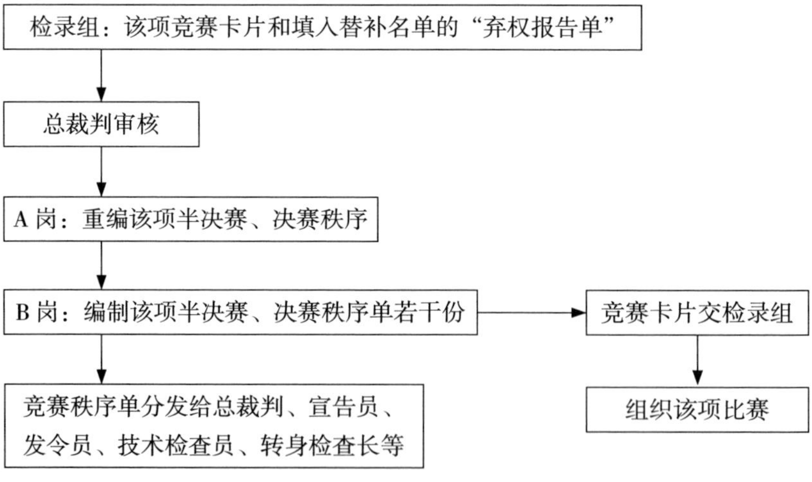

图 3-7　临场需替补时的工作步骤

5. 每项决赛结束后的工作步骤

每项决赛结束后，需要公布该项比赛成绩、名次等，其工作步骤如图 3–8 所示。

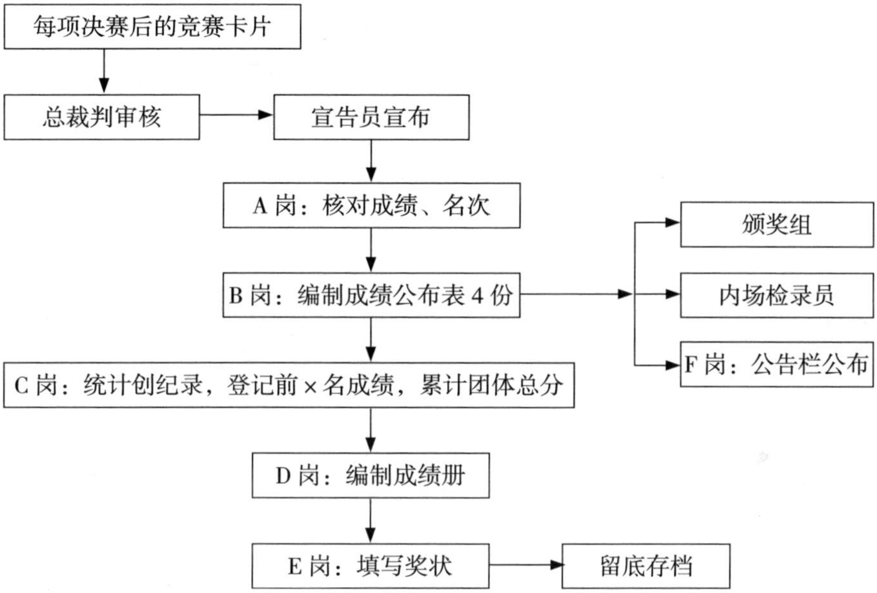

图 3–8　每项决赛结束后的工作步骤

（二）采用人工计时且采用计算机“编排记录系统”处理成绩时的工作方法

1. 任何赛次每一组结束后的工作步骤

不论什么赛次，每一组结束后，都需要登录该组比赛成绩，其工作步骤如图 3–9 所示。

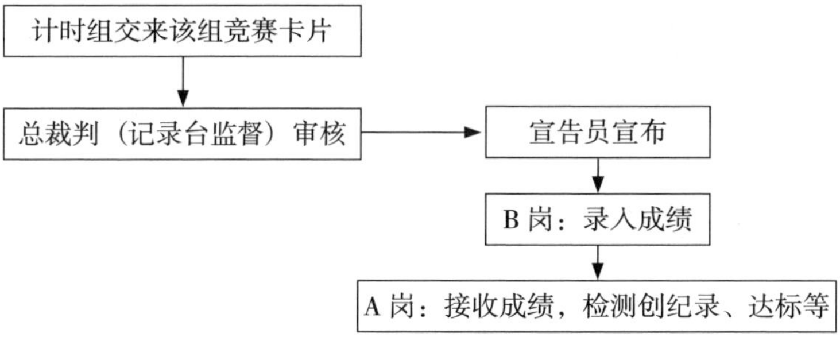

图 3–9　任何赛次每一组结束后的工作步骤

2. 每项预赛、半决赛结束后的工作步骤

预赛、半决赛各组全部结束后，需要公布该项比赛成绩，编排后续赛次的竞赛秩序，其工作步骤如图 3–10 所示。

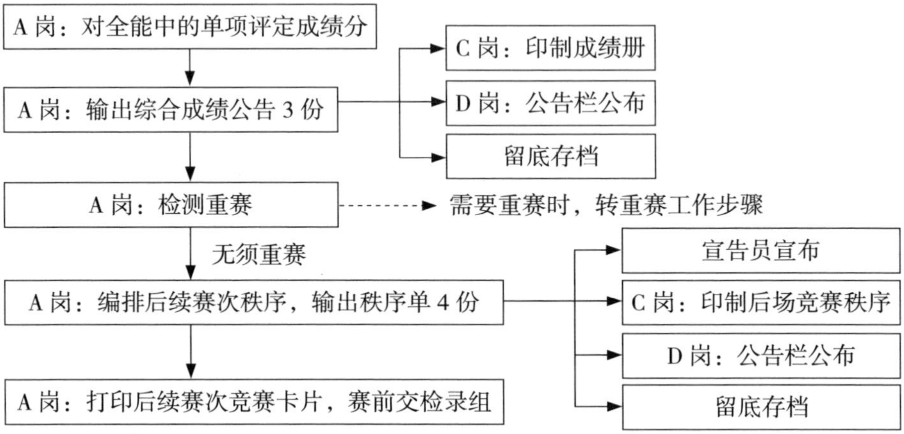

图 3–10　每项预赛、半决赛结束后的工作步骤

综合成绩公告如表 3–25 所示。

表 3–25　综合成绩公告

05–03 女子 200 米个人混合泳　预赛　　10:56.00

排序	组次	泳道	姓名	单位	成绩	50m	100m	150m	200m	R.T.	备注
1	4	4	叶诗文	浙　江	02:13.01	00:28.42	01:01.56	01:40.73	02:13.01	0.75	Q
2	3	4	周　敏	上　海	02:14.93	00:29.95	01:04.09	01:43.18	02:14.93	0.77	Q
3	4	5	陈欣怡	上　海	02:15.55	00:28.47	01:02.66	01:43.13	02:15.55	0.70	Q
4	2	4	张文清	山　东	02:16.24	00:29.24	01:03.96	01:43.85	02:16.24	0.69	Q
5	3	5	张思诗	上　海	02:16.48	00:29.23	01:04.80	01:44.16	02:16.48	0.65	Q
6	3	7	王歆雅	广　东	02:16.58	00:29.68	01:04.13	01:44.74	02:16.58	0.69	Q
7	2	3	李佳星	解放军	02:16.89	00:29.28	01:04.20	01:44.43	02:16.89	0.73	Q
8	2	1	朱莹莹	上　海	02:16.94	00:29.30	01:04.41	01:45.02	02:16.94	0.75	Q
9	4	3	郑蓉蓉	浙　江	02:17.05	00:29.04	01:04.08	01:45.05	02:17.05	0.82	Q
10	2	5	何雨哲	浙　江	02:18.27	00:29.94	01:05.42	01:43.96	02:18.27	0.71	Q
11	2	6	乔　侨	河　北	02:18.63	00:30.25	01:05.86	01:46.34	02:18.63	0.72	Q
12	2	2	张晨瑶	河　南	02:18.76	00:29.61	01:05.29	01:45.96	02:18.76	0.71	Q
13	3	3	朱晓雅	江　苏	02:19.04	00:30.27	01:06.31	01:46.46	02:19.04	0.68	Q
14	4	8	王子潇	天　津	02:19.09	00:30.95	01:06.12	01:46.96	02:19.09	0.80	Q
15	2	7	章力丹	河　北	02:19.30	00:30.60	01:05.70	01:46.93	02:19.30	0.68	Q

16	1	4	卓伊欣	解放军	02:19.59	00:30.53	01:06.80	01:46.74	02:19.59	0.73	Q
17	4	2	刘　京	北　京	02:20.16	00:29.69	01:05.40	01:46.91	02:20.16	0.75	
18	4	7	陈清雯	上　海	02:20.52	00:29.83	01:05.77	01:46.83	02:20.52	0.74	
19	4	1	陈晓彤	解放军	02:24.47	00:31.32	01:09.09	01:50.34	02:24.47	0.85	
20	3	8	李　清	广　东	02:25.86	00:30.99	01:08.67	01:50.74	02:25.86	0.69	
21	1	3	邝松惠	香　港	02:26.77	00:32.63	01:09.31	01:52.32	02:26.77	0.79	
22	3	6	张佳琦	北　京	02:31.14	00:32.35	01:11.21	01:55.81	02:31.14	0.72	
23	3	2	方　艺	北　京	02:32.32	00:32.70	01:11.66	01:56.90	02:32.32	0.76	
24	1	5	温婧文	香　港	02:33.77	00:31.86	01:07.36	01:58.93	02:33.77	0.73	
25	3	1	丁梦琪	辽　宁	02:33.81	00:32.78	01:11.95	01:56.58	02:33.81	0.82	
	4	6	索　冉	解放军							DNS

世界纪录：02:06.15　阿丽亚娜·库克斯　美国
亚洲纪录：02:07.57　叶诗文　中国
全国纪录：02:07.57　叶诗文　浙江

3. 预赛、半决赛后需重赛时的工作步骤

某项预赛、半决赛后，如果需要通过重赛来确定参加后续赛次的运动员，则工作步骤如图 3–11 所示。

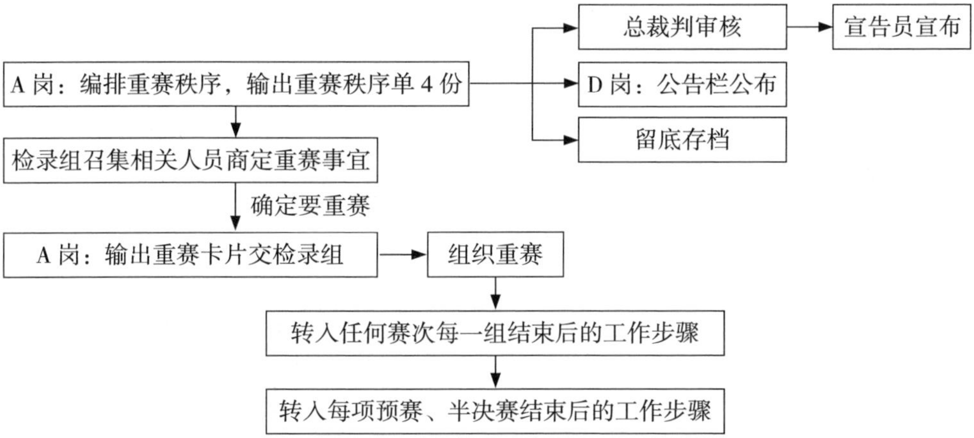

图 3–11　预赛、半决赛后需重赛时的工作步骤

4. 临场需替补时的工作步骤

在半决赛、决赛检录第 1 次点名时（或之前），如果有运动员弃权，且替补运动员已到场，根据竞赛规则的精神应进行替补。此时，编排记录组应立即重编

该项半决赛、决赛秩序，工作步骤如图 3–12 所示。

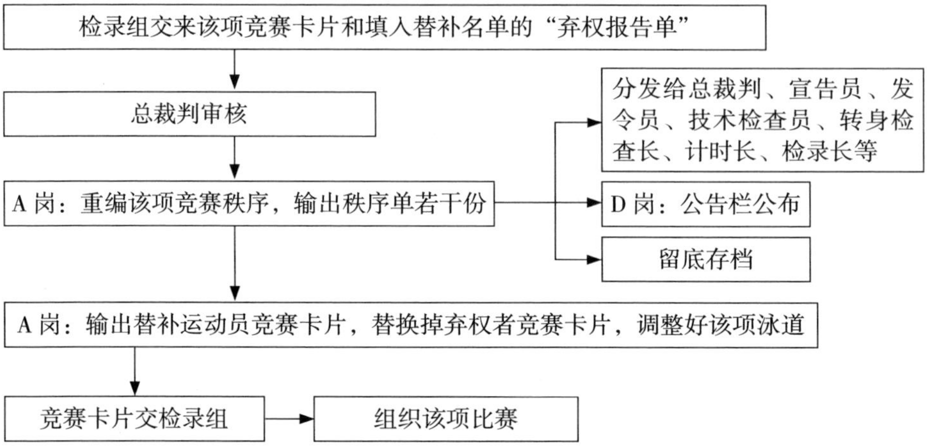

图 3–12　临场需替补时的工作步骤

如果有运动员在半决赛、决赛第 2 次点名时提出弃权且需要进行替补，则不再重编该项竞赛秩序，直接将替补运动员安排在弃权者的泳道进行比赛。

5. 每项决赛结束后的工作步骤

每项决赛结束，在完成成绩登录之后，需要公布该项决赛的成绩、名次等，其工作步骤如图 3–13 所示。

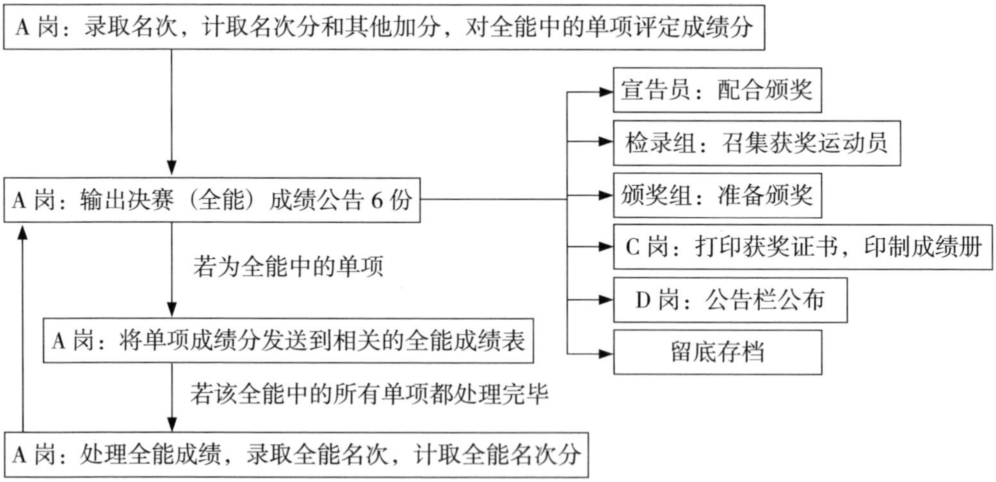

图 3–13　每项决赛结束后的工作步骤

决赛成绩公告如表 3–26 所示。

表 3–26　成绩公告

08–06 女子 200 米个人混合泳　决赛　　19:32.00

名次	组次	泳道	姓名	单位	成绩	50m	100m	150m	200m	R.T.	备注
1	1	4	叶诗文	浙　江	02:09.28	00:28.26	01:00.88	01:39.29	02:09.28	0.65	
2	1	1	陈欣怡	上　海	02:09.55	00:28.13	01:00.92	01:39.40	02:09.55	0.68	
3	1	5	周　敏	上　海	02:12.19	00:29.13	01:02.51	01:41.45	02:12.19	0.72	
4	1	7	张文清	山　东	02:12.62	00:28.59	01:02.55	01:41.96	02:12.62	0.66	
5	1	3	张思诗	上　海	02:13.10	00:28.78	01:03.07	01:42.11	02:13.10	0.60	
6	1	6	李佳星	解放军	02:14.66	00:28.85	01:02.89	01:42.48	02:14.66	0.71	
7	1	2	王歆雅	广　东	02:15.31	00:29.33	01:03.84	01:43.94	02:15.31	0.68	
8	1	8	郑蓉蓉	浙　江	02:17.51	00:28.95	01:03.90	01:45.50	02:17.51	0.84	

世界纪录：02:06.15　阿丽亚娜·库克斯　美国
亚洲纪录：02:07.57　叶诗文　中国
全国纪录：02:07.57　叶诗文　浙江

全能成绩公告如表 3–27 所示。

表 3–27　全能成绩公告

男子 12 岁组　蛙泳全能

名次	姓名	出生年	单位	全能成绩	平均成绩	名次分	备注
1	郭　旭	2002	济南皇亭	306.9	76.725	9.0	
2	陈一宝	2002	天　津	294.9	73.725	7.0	
3	于　森	2002	北　京	292.1	73.025	6.0	
4	朱倍乐	2002	上　海	291.9	72.975	5.0	
5	杨骐宇	2002	厦　门	291.3	72.825	4.0	
6	穆　芃	2002	天　津	288.7	72.175	3.0	
7	谌业顺	2002	厦　门	285.8	71.450	2.0	
8	王子龙	2002	天　津	284.8	71.200	1.0	

范雨鑫	2002	淄　博	284.6	71.150
范培文	2002	云　南	278.7	69.675
夏铭远	2002	湖　北	277.2	69.300
魏一鸣	2002	东营育才	275.9	68.975
梅芝昊	2002	上海闵行	275.1	68.775
焦　硕	2002	青岛军体	269.9	67.475
刁鹏霖	2002	淄　博	269.6	67.400
李泽铖	2002	济南皇亭	267.6	66.900
陈　权	2002	重　庆	264.0	66.000
尹增强	2002	云　南	260.2	65.050
勉　旭	2002	银川体校	249.3	62.325
田天健	2002	济南皇亭	229.3	57.325
汪展鹏	2002	天　津	195.9	48.975
霍乾荣	2002	济南皇亭	172.7	43.175

（三）重赛运动员的确定

预赛、半决赛结束后，如果有运动员成绩相同而涉及参加半决赛、决赛人选的确定时，应区分不同情况分别处理。

1. 如采用自动计时装置，或采用人工计时，每条泳道有 3 块秒表但未设终点裁判，则同组或不同组的运动员成绩相同者，都必须重赛。按重赛的名次确定参加半决赛、决赛的人选。

2. 如采用人工计时并设置了终点裁判，且成绩相同者都为同组的运动员，则不重赛，按终点裁判组判定的名次确定参加半决赛、决赛的人选。

3. 如采用人工计时并设置了终点裁判，且成绩相同者有不同组的运动员，则可采用下述“简明判定法”确定参加重赛的运动员，再按重赛的名次确定参加半决赛、决赛的人选。

4. 重赛事宜由有关方面协商确定，由编排记录组或由计算机随机安排泳道。重赛后若名次仍相同则再重赛，直到分出先后。

例：某项预赛后要按成绩录取 8 人参加决赛，但第 7 名有 4 人成绩相同，A1、A2、A3 来自第 1 组且按其终点名次排列；B1 来自第 2 组。现需从 4 人中选

2 人参加决赛。具体步骤如下：

(1) 将所有成绩相同者按组列出，各组按终点名次的顺序从左向右依次排列。

(2) 需要取几名参加下一赛次的比赛，就在第几列的右边画一条“淘汰线”。位于该线右边的运动员是“绝对无资格者”，将其划掉。

(3) 分别将除本组以外其他各组所剩运动员人数标在各组第 1 人之前。这一步骤是假设当剩下的所有运动员都参加重赛时，出现了“其他各组所有运动员的重赛名次都优于该组第 1 名”的极端情况。

(4) 根据所需人数分别对各组进行试录取（即处理各种极端情况）。在每一行，按从左到右的顺序，先录取以数字代表者，若还有余，再录取本组运动员。各组中凡是能被录取上的是“绝对有资格者”，不必重赛，将其圈出。

(5) 各组剩下的运动员必须重赛。重赛后按名次取若干名，与被圈出的“绝对有资格者”一起参加下一赛次。

本例判定结果：A3 属于“绝对无资格者”，不参加重赛；A1 属于“绝对有资格者”，不必重赛；A2、B1 要重赛，取其优胜者与 A1 一起进入决赛，如图 3–14 所示。

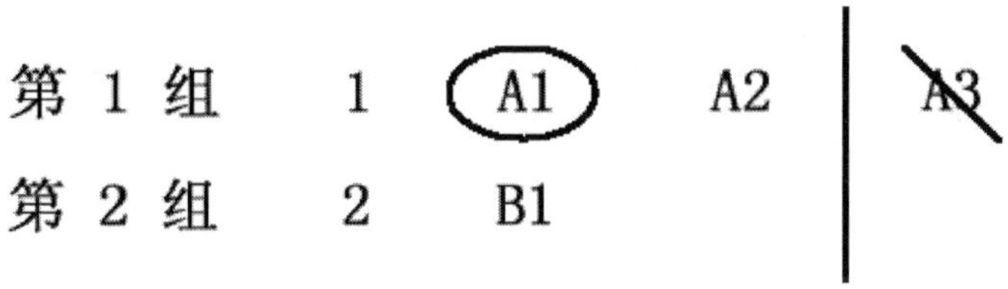

图 3–14　重赛人选简明判定法

(四) 启用第 9、第 0 泳道的编排

如果游泳池设有 10 条泳道，当 800 米和 1500 米自由泳预赛出现第 8 名有 2 人成绩相同时，不重赛，成绩相同者都参加决赛。决赛将启用第 9 泳道，由编排记录组（或计算机）随机安排第 8 和第 9 泳道的运动员。

当 800 米和 1500 米自由泳预赛出现第 8 名有 3 人成绩相同时，不重赛，成绩相同者都参加决赛。决赛将启用第 9 和第 0 泳道，由编排记录组（或计算机）随机安排第 8、第 9 和第 0 泳道的运动员。

三、赛后工作

（一）每场比赛结束后的工作

1. 处理各单组团体总分（处理加分和扣分，录取名次），输出各单组团体总分表，张贴公布。

2. 输出前×名成绩表、新创纪录表、达标名单、达运动等级名单、达锻炼等级名单等，张贴公布。

3. 如果比赛分预赛场和决赛场，则预赛场结束后，生成并输出下一场竞赛日程和竞赛秩序，尽快印制并分发各有关单位。

4. 及时办理运动员《成绩证明单》，请总裁判签名并盖组织委员会章后，分发给各有关单位。

5. 及时打印（或填写）获奖证书，分发给各有关单位。

6. 各岗裁判员认真清理、核查各自负责的工作，总结经验，做好下一场工作的准备。

（二）全部比赛结束后的工作

1. 根据实际需要，输出最终的前×名成绩表（表 3–28）、新创纪录表、达标名单、达运动等级名单、达锻炼等级名单等。

表 3–28　前×名成绩表

女子 12 岁组前八名成绩表

项目	第 1 名	第 2 名	第 3 名	第 4 名	第 5 名	第 6 名	第 7 名	第 8 名
50 米自由泳	刘效菡	陈元烨	王艺文	苏　洁	曹沥文	徐沐汐	杨逸涵	许　欣
	济南皇亭	蚌埠	重庆	济南皇亭	上海	湖北	北京	安徽
	00:28.08	00:29.02	00:29.04	00:29.30	00:29.43	00:29.56	00:29.63	00:29.82
	9.0 分	7.0 分	6.0 分	5.0 分	4.0 分	3.0 分	2.0 分	1.0 分
100 米自由泳	刘效菡	曹沥文	王艺文	苏　洁	陈元烨	常艺璇	于培钊	尹哲琳
	济南皇亭	上海	重庆	济南皇亭	蚌埠	上海	淄博	济南皇亭
	01:00.82	01:02.09	01:03.04	01:03.48	01:03.82	01:03.88	01:04.15	01:05.72
	9.0 分	7.0 分	6.0 分	5.0 分	4.0 分	3.0 分	2.0 分	1.0 分

续表 3–28

项目	第 1 名	第 2 名	第 3 名	第 4 名	第 5 名	第 6 名	第 7 名	第 8 名
400 米自由泳	苏　洁	曹沥文	孟　琪	刘效菡	常艺璇	叶　扬	雷　蕾	姜　桦
	济南皇亭	上海	济南皇亭	济南皇亭	上海	安徽	北京	江苏
	04:40.06	04:40.43	04:40.50	04:43.59	04:43.75	04:45.02	04:46.08	04:46.82
	9.0 分	7.0 分	6.0 分	5.0 分	4.0 分	3.0 分	2.0 分	1.0 分
50 米仰泳	叶　扬	雷　蕾	王静波	徐沐汐	徐佳琪	王艺文	孙小涵	杨逸涵
	安徽	北京	安徽	湖北	北京	重庆	东营育才	北京
	00:32.80	00:33.15	00:33.37	00:33.86	00:33.97	00:34.08	00:34.39	00:34.54
	9.0 分	7.0 分	6.0 分	5.0 分	4.0 分	3.0 分	2.0 分	1.0 分
100 米仰泳	曹沥文	叶　扬	黄越韵	王静波	雷　蕾	常艺璇	孙小涵	徐佳琪
	上海	安徽	上海	安徽	北京	上海	东营育才	北京
	01:09.39	01:09.83	01:11.21	01:11.29	01:11.37	01:12.60	01:14.31	01:15.87
	9.0 分	7.0 分	6.0 分	5.0 分	4.0 分	3.0 分	2.0 分	1.0 分
……								
混合全能	杨逸涵	徐沐汐	孙　叶	刘嘉怡	张涣然	张安琪	徐子雅	张佳慧
	北京	湖北	江苏	天津	天津	北京	湖北	湖北
	80.320	80.200	78.660	77.060	75.600	75.460	75.080	72.860
	9.0 分	7.0 分	6.0 分	5.0 分	4.0 分	3.0 分	2.0 分	1.0 分

2. 处理单组团体总分，输出最终的各单组团体总分表（表 3–29），必要时报总裁判宣布。

表 3–29　单组团体总分表

男子 12 岁组团体总分

名次	单位	总分	各项合计	加分	扣分
1	北　京	142.5	142.5		
2	天　津	117.0	117.0		
3	济南皇亭	91.0	91.0		
4	上　海	76.0	76.0		
5	湖　北	75.0	75.0		
6	淄　博	73.0	73.0		

续表 3–29

名次	单位	总分	各项合计	加分	扣分
7	山　西	64.5	64.5		
8	厦　门	24.0	24.0		
	东营育才	18.0	18.0		
	云　南	8.0	8.0		
	蚌　埠	7.0	7.0		
	辽　宁	6.0	6.0		
	黑龙江	1.0	1.0		

3. 处理小类团体总分（计算总分，录取名次），输出各小类团体总分表（表3–30），必要时报总裁判宣布。

表 3–30　小类团体总分表

男子团体总分

名次	单位	总分	各组合计	加分	扣分
1	北　京	353.5	353.5		
2	天　津	267.0	267.0		
3	上　海	195.0	195.0		
4	济南皇亭	186.0	186.0		
5	江　苏	155.5	155.5		
6	湖　北	127.0	127.0		
7	上海敬业	97.0	97.0		
8	淄　博	89.0	89.0		
	山　西	87.5	87.5		
	辽　宁	78.0	78.0		
	广　西	77.0	77.0		
	福　建	42.0	42.0		
……					

4. 处理大类团体总分（计算总分，录取名次），输出各大类团体总分表（表3–31），必要时报总裁判宣布。

表 3–31　大类团体总分表

男女团体总分

名次	单位	总分	各类合计	加分	扣分
1	北　京	647.5	647.5		
2	上　海	399.0	399.0		
3	济南皇亭	341.0	341.0		
4	天　津	328.0	328.0		
5	湖　北	284.0	284.0		
6	江　苏	226.5	226.5		
7	江西体校	139.5	139.5		
8	广　西	134.0	134.0		
	上海敬业	133.0	133.0		
	淄　博	129.0	129.0		
	辽　宁	129.0	129.0		
	安　徽	93.0	93.0		
……					

5. 编制完整的《成绩册》，尽快印刷并分发给有关单位，或交给大会竞赛部门另行印刷与分发。

（1）《成绩册》的内容及顺序：

①封面；

②总裁判、副总裁判签名；

③目录；

④获体育道德风尚奖名单（代表队、运动员、裁判员）；

⑤新创纪录表；

⑥团体总分表；

⑦各单项成绩表。

各项目比赛成绩排列的顺序为：

A. 男子项目在前，女子项目在后，男女（混合）项目排最后。

B. 年龄组比赛，同性别中，小年龄组在前，大年龄组在后。

C. 同组别中，单项成绩在前，全能成绩在后。

D. 各项目按自由泳、仰泳、蛙泳、蝶泳、个人混合泳、自由泳接力、混合泳接力的顺序排列。

E. 每一种泳式中，短距离项目在前，长距离项目在后。

F. 每个项目中，先排决赛成绩，再排半决赛、预赛综合成绩。

《成绩册》的封面、总裁判和副总裁判签名、目录、获体育道德风尚奖名单等，需预先准备好，其他内容由编排记录系统生成。基层比赛可根据实际需要确定《成绩册》的内容。

(2) 编制《成绩册》的方法：

采用计算机处理成绩时，编制《成绩册》的方法主要有以下两种：

①根据比赛进程，每个项目结束后现场打印出各项目的成绩表，不编页码，复印一定份数备用。待比赛全部结束后，再生成并复印新创纪录表、团体总分表等。然后将所有复印件按规定顺序排列好，再一次性分拣装订成册。这种方式简便易行，《成绩册》出得快，一般在小型比赛中采用；但编排记录组的工作量较大，且很难做到双面复印，比较费纸。

②全部比赛结束后，一次性生成包含所有需要内容的 Word 文件，调整好字形、字号、行间距等，再付印和装订。这种方式可以编制出比较理想的《成绩册》，一般在大型正规比赛中采用；但赛后处理文本和付印需要较长的时间。

6. 生成竞赛成绩汇总文件（Excel 格式），上报竞赛主办单位。

7. 整理好全部竞赛资料，送交大会竞赛部门存档。

8. 及时归还借用的器材设备和文具。

四、编排记录工作注意事项

编排记录组在赛会期间主要应注意以下一些问题：

（一）各个岗位的人员在自己所负责工作的每个环节都要加强核对，达到准确无误后才能进行下一步的工作。

（二）确保计算机信息的安全。比赛期间不要在专用计算机上处理与比赛无关的事务，每场比赛结束后都必须将之前的相关信息备份保存。

（三）根据需要，请大会配备专门的复印（速印）设备，并配备复印员和机器维护人员，确保工作的正常进行。

（四）根据大会的要求和裁判工作的需要，确定各种竞赛文件（主要是秩序单、成绩册等）的印制数量，明确发放对象、发放时间、发放方式和具体联系人。有条件时，可通过公共电子邮箱、无线网络、电脑拷贝服务等形式发布各种竞赛信息，尽量做到无纸化操作，避免浪费。

（五）编排记录长应随同总裁判、副总裁判参加赛前的技术会议，协助分发有关材料，回收各单位的《报名信息汇总表》，接受有关报名问题的咨询。

（六）比赛期间，编排记录组一般都早于其他裁判组开始每场的工作。但应派人参加每场赛前的裁判员准备会，分发竞赛材料，并及时向全组传达准备会的有关精神。

（七）在大型比赛中，要加强与大会相关部门的联系与沟通，如大会新闻中心、兴奋剂检测中心、电视转播单位、颁奖组等，及时提供有关的竞赛信息。

（八）根据总裁判的要求，编制实习场的竞赛秩序，并通过实习场检验本组内部工作流程及与其他裁判组的工作配合是否合理。

（九）比赛期间，编排记录组通常要早出晚归。必要时，在赛前就应与大会有关部门联系，为编排记录组准备专用的交通工具。

（本章执笔：梅雪雄）

第四章　检录

检录工作是保证比赛按计划进行的重要环节。检录员工作时要热情诚恳，和蔼可亲，认真细致，积极主动，有条不紊。

第一节　检录组的职责、工作位置和分工

一、检录组的职责

（一）赛前布置检录室（处），核对运动员竞赛卡片（人工计时）。

（二）检查运动员泳装是否符合规定、广告标识是否符合组织委员会的要求。

（三）在每组比赛前点名，及时向执行总裁判报送未参加检录的运动员名单。

（四）引领运动员入场参加比赛。比赛完毕后，引领运动员离场。

（五）有颁奖时，在决赛后负责召集和引领获奖运动员参加颁奖仪式。

（六）有兴奋剂检测时，协助检测人员确认相关运动员。

二、检录组的工作位置

检录组的工作位置在检录室（处）。检录室（处）应根据赛场的实际情况来确定，通常设在游泳池出发端附近，以便于运动员就近入场比赛；需要比较大的空间以容纳多组运动员；应有便利的通道通往训练池和运动员休息区。

检录室一般划分为第 1 检录室和第 2 检录室。第 1 检录室（图 4–1）用于检查参赛运动员的泳装，其空间大小可根据场地情况灵活设置。第 2 检录室（图 4–2）用于点名，一般应设置 3 ~ 5 排座椅，标上泳道号。

图 4-1　第 1 检录室

图 4-2　第 2 检录室

如果检录室离游泳池出发端比较远，则可在出发端的一侧设内场候赛席，安放 2 ~ 3 排座椅并标上泳道号（图 4-3①）。在 50 米池举行的比赛，如果 50 米项目是从转身端出发，通常需要在转身端一侧设内场候赛席（图 4-3②）。

①　②

图 4-3　内场候赛席

大型比赛，还可在运动员退场位置设立赛后控制台（图 4-4），以便于运动员起水后取回参赛证件退场，并方便兴奋剂检测人员现场抽查运动员的工作。

图 4-4　赛后控制台

三、检录组的分工

检录组一般设检录长 1 人，副检录长 1 ~ 2 人，检录员 5 ~ 8 人。检录长领导和分配检录员的工作，副检录长协助检录长工作。根据检录室的设置情况，检录组内可进行分工，指定专人分别负责第1检录室和第2检录室的工作；必要时，指定专人分别负责内场候赛席和赛后控制台的工作。

第二节　检录组的赛前准备工作

检录组的赛前准备工作主要包括检录的准备和志愿者的培训两部分。

一、检录的准备

（一）组织学习竞赛规程、竞赛规则和裁判方法，明确检录员的职责，重点理解规则中有关参赛、弃权、泳装、广告标志等的规定；根据场地情况研究并设定比赛时运动员的流线。

（二）根据比赛场地情况，布置好第1检录室和第2检录室，必要时布置好内场候赛席和赛后控制台；准备检录组使用的器材，如屏风、信息栏、扩音器、桌椅、时钟、运动员衣箱、号码贴、文具等。

（三）根据需要，做好检录员的分工，指定专人负责召集运动员、检查服装、点名、入场引领、退场引导、赛后控制、颁奖引领等工作，明确各岗位的工作方法。

（四）向编排记录组领取“弃权报告单”，熟悉填写方法。采用人工计时时，还须向编排记录组领取运动员竞赛卡片，并准备若干空白竞赛卡片。

二、志愿者的培训

举行大型游泳竞赛时，为了使比赛隆重、有序，组织委员会通常会为检录组配备一定数量的志愿者协助工作。为保证检录工作顺利、圆满，需要在赛前对志愿者进行必要的培训。

（一）对志愿者工作提出要求，根据志愿者人数和性别进行分工，可分为引导、检录、搬运衣箱和引领获奖者等工作团队。

（二）根据分工对志愿者进行培训，使各团队志愿者熟悉各自的活动区域、工作流程及工作方法。各团队的任务和工作方法如下：

1. 负责引导的志愿者。其任务是在每组比赛前引导运动员上场。一般设2～4人，2人1组，工作路线为从检录室到泳池出发端，工作时要求前引后送。通常，男运动员由女性引导员引导，女运动员由男性引导员引导。

引导运动员上场的动作要大方、规范，在运动员座椅之前行进（图4–5①）。上道后，两名引导员分别位于0道和9道外侧（如无0道和9道，则位于两侧泳道外侧），相向站立（图4–5②），注意观察运动员上道情况。运动员出发后再返回检录处，准备引导下一组运动员上场。

①　　②

图4–5　志愿者引导运动员上场

2. 负责检录的志愿者。其任务是赛前协助检录员布置检录室；赛中配合检录员开展检录工作。负责检录的志愿者的工作尤其要认真仔细，有条不紊。第1检录室的志愿者协助检录员检查运动员的泳装是否符合规定；第2检录室的志愿者协助检录员检查和收取运动员的参赛证件，密切关注运动员第1次点名后的动向，提醒运动员按时参加第2次点名。

3. 负责搬运衣箱的志愿者。其任务是将参赛运动员的衣物从各泳道移至退场位置，以方便运动员赛后取回。搬运衣箱的志愿者通常需要2～3组，每组人数为比赛使用的泳道数。

每组运动员出发后，搬运衣箱的志愿者即进场搬移运动员的衣物（图4–6）。进场、退场和搬箱的动作应当规范、整齐，按照口令完成。口令一般由第4道或第5道的志愿者发出，可使用诸如“走、转、放、提、转、走”等简短的口令。搬运衣箱的志愿者一般在运动员座椅之后行进，上道收纳完运动员的衣物后按原路返回。收纳运动员衣物时，应将鞋放在衣箱底部，衣服、毛巾等放在鞋的上方，注意不要遗漏。搬运衣箱宜用双手，将衣箱置于胸腹之间。

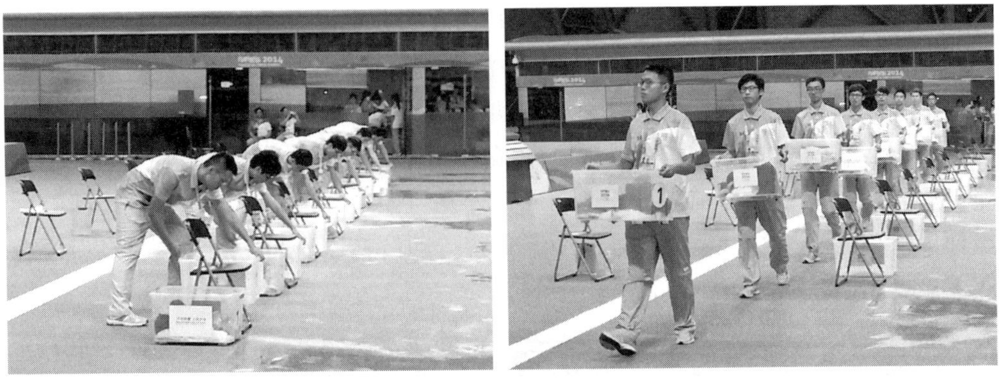

图 4–6　志愿者搬运衣箱

搬回的衣箱要按泳道号整齐摆放在退场位置（图 4–7），以方便运动员取回衣物。

图 4–7　衣箱摆放整齐

4. 负责引领获奖者的志愿者。其任务是及时将获奖的运动员（队）引领到颁奖等候区交给颁奖组。一般设 6 人，2 人 1 组负责引领 1 名运动员（队）。引领工作要认真细致，态度要亲切友好，积极寻求获奖运动员的配合。

每项决赛结束后，负责引领获奖者的志愿者应分别记住前 3 名运动员（队）的泳道、姓名和单位，掌管其参赛证件，引领运动员去更换领奖服。整个过程要紧跟获奖运动员（队）。如获奖运动员需要在水中放松，则应在池边跟随，并督促其及时起水参加颁奖仪式。运动员更换领奖服后，迅即将获奖运动员（队）带到颁奖等候区交给颁奖组，然后返回准备下一项的引领工作。

如果没有配备志愿者，则入场引领和颁奖引领的工作由检录员担任，具体要求不变。参赛运动员的衣物则不搬移，运动员起水后到各自泳道取走。

第三节　检录组的临场工作方法

检录组的临场工作可分为赛前、赛中和赛后三个阶段。

一、赛前工作

（一）赛前 1 小时到达赛场。抵达检录室后立即整理工作环境，检查器材设备，将当前室温、水温及该场比赛的项目、组数、比赛时间（点名时间）等信息公布在信息栏上，并核准时间，按计划做好各项赛前准备。

（二）比赛如采用人工计时，应指定专人从编排记录组领取本场竞赛卡片，与竞赛秩序单核对后妥善保管。

（三）有参赛队递交“弃权报告单”时，如该项是预赛，则将“弃权报告单”和弃权运动员的竞赛卡片一起上报执行总裁判，由执行总裁判通知编排记录组和自动计时组调整相关信息；如该项是半决赛或决赛，则先落实替补运动员，再将注明替补运动员的“弃权报告单”和该项全部竞赛卡片一起上报执行总裁判，由执行总裁判通知编排记录组重新编排该项竞赛秩序。

（四）安排 2 名检录员负责运动员赛前训练场地的管理（图 4–8）。运动员在水中做准备活动时不允许戴划手掌、脚蹼等容易引起伤害事故的器具，并须按指定的方向游进。

图 4–8　赛前训练管理

中间的各条泳道为循环游进泳道，禁止跳水。可在中间各条泳道两端的出发台上放置“循环游进，禁止跳水”的指示牌（图 4–9①）。

两侧的泳道为冲刺泳道，允许跳水，但只能单向游进，不得逆游。可在两侧泳道的一端池边放置“冲刺泳道，单向游进”的指示牌（图 4–9②），在另一端的出发台上放置“禁止入池”的指示牌（图 4–9③）。

①　　②　　③

图 4–9　泳道游进指示牌

二、赛中工作

（一）每项比赛前 20 分钟，检录员（志愿者）开始召集该项运动员。参赛运动员首先进入第 1 检录室接受对泳装的检查（图 4–10）。运动员应出示泳装标识受检。检录员在检查泳装时还应注意运动员服装上的广告标志是否符合组织委员会的要求。检查合格后，运动员方可进入第 2 检录室参加检录。

（二）在第 2 检录室进行该项第 1 次点名（图 4–11），采用人工计时时用竞赛卡片点名，采用自动计时时用竞赛秩序单点名。检录员在点名时应按竞赛规程的要求检查运动员的参赛证件，提醒运动员不要离开检录室。

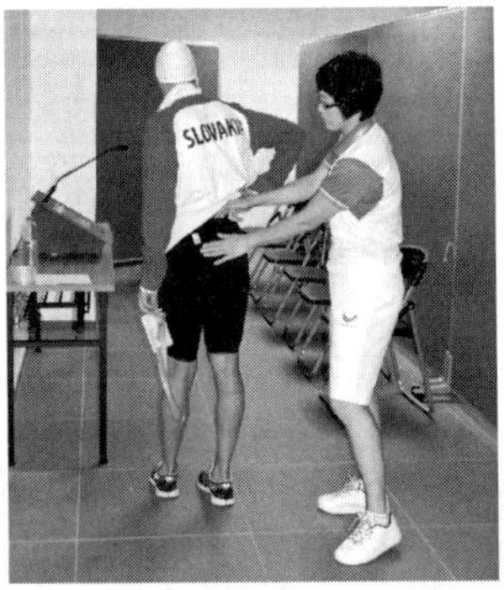

图 4–10　运动员出示泳装标识受检

图 4–11　检录室点名

（三）每项比赛开始前 5 分钟进行第 2 次点名。此时，要求运动员按泳道顺序就座，再次检查并统一收取运动员的参赛证件。

第 2 次点名未到者作为弃权对待。对于第 2 次点名时的弃权，处理方法为：

1. 预赛第 2 次点名时如有运动员弃权，检录员应及时报告并迅速填写“弃权报告单”（表 4–1）上交执行总裁判。若采用人工计时，则应将弃权运动员的竞赛卡片抽出一并上交。

表 4–1 弃权报告单

弃 权 报 告 单

单 位		姓 名		性 别	
组 别		项 目		赛 别	
年 月 日第 场第 项第 组第 道					
弃权原因	申请人：＿＿＿＿＿ ＿＿年＿＿月＿＿日				

递交时间 ：＿＿＿＿年＿＿＿月＿＿＿日＿＿＿时＿＿＿分

替补运动员：＿＿＿＿＿＿＿　　　　检录长：＿＿＿＿＿＿

2. 半决赛或决赛第 2 次点名时如有运动员弃权，检录员应及时报告执行总裁判，迅速填写“弃权报告单”，并根据执行总裁判的指令做好运动员的替补工作。此时不再重编竞赛秩序，而是将替补运动员直接安排在弃权运动员的泳道进行比赛。检录员应先点第 1 替补；如第 1 替补未到场，则点第 2 替补；如第 2 替补也未到场，则不进行替补。

如果无人替补，就按预赛的方法处理。

如果有人替补，则在“弃权报告单”上注明替补运动员后上交执行总裁判。若采用人工计时，检录员还应当在一张空白竞赛卡片上填写替补运动员信息，替换掉弃权运动员的竞赛卡片，然后将弃权运动员的竞赛卡片一并上交。执行总裁判随即通知编排记录组和自动计时组做相应调整。

（四）如果设有内场候赛席，在第 2 次点名后，即可将运动员带到内场候赛席按泳道顺序就座，准备入场。内场检录员应再次用竞赛卡片或竞赛秩序单核对运动员（图 4–12）。此时如有运动员弃权，则不再进行替补，但须立即将情况报告执行总裁判。随后，迅速填报“弃报报告单”，并抽出弃权运动员的竞赛卡片一并上交（人工计时）。

图 4–12　在内场候赛席核对运动员

（五）检录长（或指定专人）根据比赛进程，准确把握每组运动员入场的时间。入场前，检录员（或负责引导的志愿者）应整好队伍并再次核对人数（图 4–13），然后将本组运动员的参赛证件交给赛后控制台人员，再按要求带领运动员入场。

图 4–13　运动员准备入场

如果运动员退场位置（赛后控制台）是在泳池的另一侧，则可由在前的检录员（或负责引导的志愿者）携带运动员的参赛证件引导运动员入场（图 4–14），在本组运动员出发后将运动员的参赛证件交给赛后控制台人员。

图 4–14　引导运动员入场

如采用人工计时，检录员（或负责引导的志愿者）在带领运动员入场前，还须将本组竞赛卡片交给副计时长；如有经执行总裁判批准的分段成绩破纪录申请，应口头提醒副计时长。

接力比赛时，将每队参赛的 4 棒运动员一起带入赛场。如在长池进行 4 × 50 米接力项目的比赛，应将 1、3 棒运动员带至起点端，将 2、4 棒运动员带至转身端。

引导运动员入场的时机为：

1. 每场的第 1 项第 1 组若是预赛，则在执行总裁判发出手势后再引导运动员入场。

2. 后续预赛组，若为 50 米项目，则在运动员出发后（衣箱搬移后）即引导下一组运动员入场；若为 100 米及以上距离项目，则当前一组最后一名运动员最后 50 米折返后，即引导下一组运动员入场。预赛时，运动员座椅在计时员座椅的后面，提前带入不会影响计时员的工作。

3. 半决赛或决赛时，为使比赛气氛隆重、热烈，提高运动员的兴奋性，应根据宣告员的语言提示和引导音乐将运动员带入各自的泳道就座。

（六）每组比赛运动员起水后，检录员（或负责检录的志愿者）应引导运动员到赛后控制台取走自己的参赛证件，然后迅速退场（图 4–15）。赛后控制台的检录员（或负责检录的志愿者）应预先将运动员证件按泳道顺序摆放好，以方便运动员取回。

图 4–15　引导运动员退场

（七）每项决赛后，检录员（负责引领获奖者的志愿者）应及时将需参加颁奖仪式的运动员带到颁奖等候区交给颁奖组。

三、赛后工作

（一）每场比赛结束后，做好小结，查找各岗位工作中的不足，拟定改进措施。

（二）全部比赛结束后，做好本组工作总结。

（三）及时归还借用的器材设备。

（本章执笔：曹巍）

第五章　发令

发令是游泳比赛的重要环节。发令工作主要是为运动员提供一个公平的出发环境，以保证公正地开始比赛。

一名合格的发令员，不仅要有严肃认真、公正无私的职业道德，吃苦耐劳、爱岗敬业的团队精神，还应具备稳定的心理素质和敏捷的观察力。在执行发令工作中，要做到及时、果断、准确。

第一节　发令员的职责、工作位置和分工

一、发令员的职责

（一）负责管理由执行总裁判发出手势信号后至比赛开始的运动员。

（二）在每组比赛开始时发出出发信号，保证运动员公平地开始比赛。

（三）判定运动员出发时是否犯规。如取消运动员比赛资格或录取资格，须经执行总裁判同意。

（四）发现运动员延误比赛、蓄意不服从命令或在出发时有任何犯规行为时，应向执行总裁判报告，由执行总裁判决定是否取消该运动员的比赛资格。

二、发令员的工作位置

发令员应站在游泳池的侧面，离出发端 5 米以内（一般为 3 米左右）处发令，应保证能全面观察到所有泳道运动员的情况，并使所有运动员和计时员都能听到或看到出发信号。采用自动计时装置发令时，发令员与执行总裁判在游泳池的同一侧，以方便工作联系。

当设有发令台时（图 5–1），发令员应站在发令台上发令。

图 5–1　发令台

三、发令员的分工

发令员一般设 2 ~ 3 人。每场比赛由 2 人执场，分别担任男子项目和女子项目发令，也可按项目轮流担任发令。

工作时，一名发令员执行发令任务，另一名发令员应协助观察运动员出发情况，核实抢跳运动员的泳道，并协同填写“犯规检查表”和“发令正、误及运动员犯规登记表”。

第二节　发令员的赛前准备工作

发令员的赛前准备工作，重点是调试好发令的器材设备，确保发令工作正常进行。

一、常用发令器材设备

目前，在我国的游泳竞赛中，所使用的自动计时系统主要有瑞士生产的欧米伽系统（OMEGA）、美国生产的科罗拉多系统（COLORADO）和山东数智体育设备有限公司生产的游泳比赛自动计时系统。这些系统配备的发令设备如图 5–2 所示。

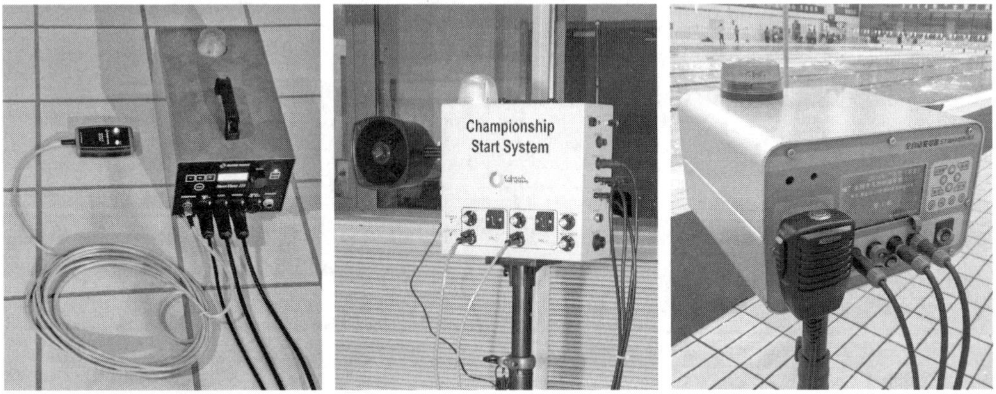

欧米伽发令器　　科罗拉多发令器　　山东数智体育发令器

图 5–2　目前国内主流自动计时系统的发令装置

自动计时系统发令设备的主要部件是电笛，其基本结构如图 5–3 所示。采用人工计时时，发令的主要器材是发令枪，如图 5–4 所示。

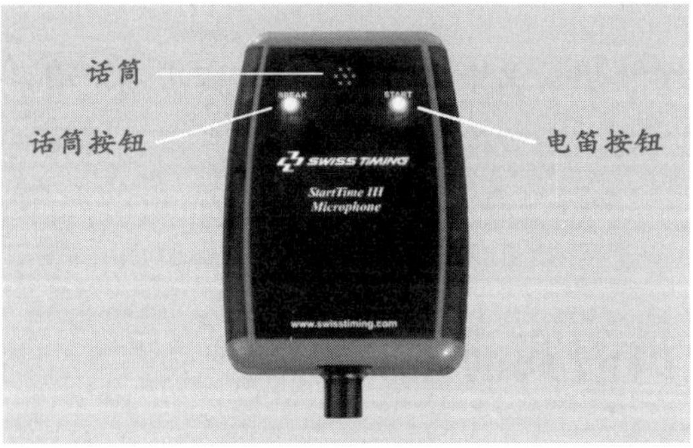

图 5–3　电笛

图 5–4　发令枪

二、发令的准备

（一）深入学习竞赛规程、竞赛规则和裁判方法，明确发令员的职责，重点理解规则中有关出发的规定，研究发令的要领和方法，统一判罚认识。

（二）根据竞赛日程和发令员特点，做好分工和执场安排，并将发令员执场安排名单提交总裁判审定。

（三）熟悉比赛场地，调整发令台位置。

（四）准备好发令的器材设备，如发令枪、子弹、口哨、烟屏（50米比赛使用）和维护工具等，熟悉发令器材设备的功能和操作方法。

如比赛采用发令枪发令，应根据比赛组数准备足够的子弹。发令枪和子弹要由专人管理，严防事故，确保安全。

如比赛采用自动计时系统的电笛发令，发令员应与自动计时系统操作人员密切配合调试设备，熟悉电笛的操作方法，调整好扩音器的音量和效果，并确保计时员可以清晰地看到出发指示灯。

【注意事项】

要做好发令工作的应急预案。如果自动计时系统在比赛中出现故障而影响比赛正常进行时，应根据执行总裁判的意见，及时改为人工计时。因此，尽管比赛采用自动计时，发令员在赛前也必须备好发令枪和一定数量的子弹。

（五）向编排记录组领取“犯规检查表”和“发令正、误及运动员犯规登记表”，熟悉填写方法。

（六）领取所需的文具（笔、夹板等）。

（七）在赛前学习阶段，与自动计时组和人工计时组密切配合，进行现场演练，使计时员熟悉发令员的口令，掌握好开、停表技术。

第三节　发令员的临场工作方法

发令员的临场工作可分为赛前、赛中和赛后三个阶段。

一、赛前工作

（一）每场比赛，发令员应提前至少40分钟到达赛场，与自动计时系统操作人员配合，仔细检查发令装置，确保设备能正常使用。可通过在游泳池两端“试枪”来检查自动计时系统能否正常启动、扩音器音量是否合适、出发指示灯是否清晰可见。

如采用发令枪发令，则应在每场比赛前检查发令枪，准备好发令子弹。

（二）领取本场竞赛秩序单。

（三）裁判员入场时，发令员应跟随执行总裁判走到预定位置。宣告员在介绍本场执行总裁判后，将介绍本场发令员（图 5–5）。

图 5–5　介绍发令员

二、赛中工作

（一）每组比赛开始时，发令员应集中精力，注意执行总裁判的动作和参赛运动员的情况。当执行总裁判走向池边准备开始组织出发时，发令员应走上发令台（图 5–6①），未设立发令台时即走到发令位置。执行总裁判发出连续短哨声示意运动员脱外衣时，发令员应做好发令准备。此时，若使用电笛发令，须将电笛稳定地置于胸前（图 5–6②）。

①　　②

图 5–6　发令员上发令台

若使用发令枪发令，则应在比赛前将枪、弹准备就绪。

（二）当执行总裁判发出长哨声时（仰泳为第 2 声长哨），发令员应观察所有运动员是否在出发台上（或水中）做好出发准备，并注意执行总裁判的手势。若使用电笛发令，此时应将其提至口前，对准话筒（图 5–7①）；若使用发令枪发令，则举枪至侧上方 45° 左右（图 5–7②）。

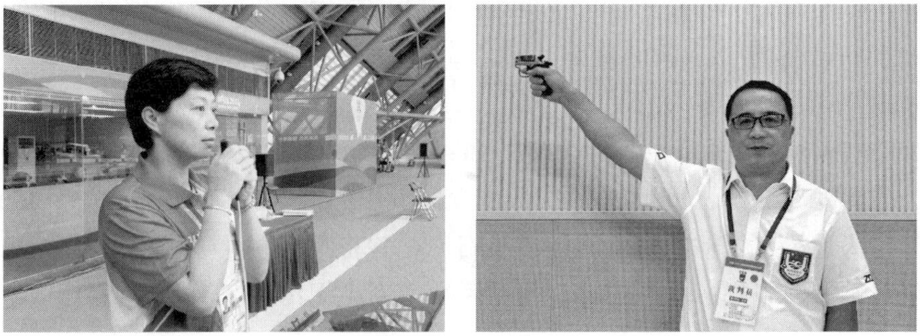

①　　②

图 5–7　发令姿势

（三）当执行总裁判向外伸展手臂后，发令员即开始掌控参赛运动员。此时，发令员要全面观察各泳道运动员情况，及时用清晰、平稳的声音发出“各就位”的口令，并注意观察出发台上的运动员是否至少有一只脚置于出发台的前沿做好出发姿势（图 5–8①），水中出发的运动员是否做好出发姿势（图 5–8②）。当所有运动员都处于静止状态时，发令员应抓住时机，立即按动电笛或鸣枪发出“出发信号”（图 5–8③）。

①　　②　　③

图 5–8　发令员发出“出发信号”

【注意事项】

①发“各就位”口令时，不要有尖声和拖音等异常声音；发“出发信号”时，要及时、果断。

②发令时，比赛现场应处于安静状态，以避免意外声音干扰比赛。如现场嘈杂声较大，发令员应暂缓发令。必要时，可通过执行总裁判示意宣告员提醒观众保持安静。

③近年来，为了使运动员尽快适应国际比赛环境，我国在重大游泳比赛（全国运动会游泳比赛、全国游泳冠军赛、全国游泳锦标赛）中都采用英语“Take your marks”（各就位）发令。

（四）游泳比赛采用一次性出发。如果有运动员在出发信号发出前出发（图5–9），应判抢跳犯规。此时，发令员应立即发出召回信号（自动计时为电笛声；人工计时为连续、短促哨声）将运动员召回，并将犯规情况报告执行总裁判，由执行总裁判取消犯规运动员的比赛资格后，重新组织出发。

图 5–9　出发抢跳犯规

如果出发信号已经发出，但发现有运动员抢跳，则不召回，继续比赛。发令员应迅速记下抢跳运动员的泳道，并将犯规情况报告执行总裁判，由执行总裁判决定在该组比赛结束后取消犯规运动员的录取资格。

【注意事项】

①凡在出发信号发出前出发的运动员都应判为抢跳犯规，不论是“主动”还

是“被动”，有几名抢跳者就判几名犯规。

②如果是因裁判员的失误或器材失灵而导致运动员抢跳，发令员应将运动员召回重新出发，不作为抢跳犯规。

③如果在池壁设水槽的游泳池比赛，仰泳出发时，发令员还要注意观察各泳道运动员是否将两脚蹬在水槽里、水槽上，或将脚趾勾在水槽沿上。如发现有上述情况，出发后要及时报告执行总裁判，判其犯规。

（五）发令时，如果发现运动员延误比赛、蓄意不服从命令或有任何其他犯规行为，发令员应立即报告执行总裁判，待执行总裁判处理后再重新组织出发。

（六）发令员应及时向执行总裁判报告出发犯规的情况。若执行总裁判判定为犯规，应迅速填写“犯规检查表”交执行总裁判（“犯规检查表”的填写方法和要求见第六章第三节）。

（七）每次发令后，发令员应及时填写“发令正、误及运动员犯规登记表”（表 5–1），作为检查核对和工作总结之用。

表 5–1　发令正、误及运动员犯规登记表

第 ____ 场　　　　　　　　　　　　　　　　　　　______ 年 ___ 月 ___ 日

项次	性别组别	项目	赛别	组次	及时	过早	过迟	故障	犯规运动员				执行发令员
									泳道	姓名	单位	犯规情况	

发令员：____________________

三、赛后工作

（一）每场比赛后应及时小结，重点分析发令正、误及判罚情况，不断提高发令水平。

（二）及时与执行总裁判、自动计时组和人工计时组沟通，听取意见，改进工作，保持最佳配合状态。

（三）全部比赛结束后，做好本组工作总结。

（四）及时归还借用的器材设备。

（本章执笔：曲明）

第六章　技术检查

技术检查工作主要是检查运动员在比赛游进中的技术动作是否符合竞赛规则的要求，是保证比赛公平进行的重要环节。

技术检查员必须非常熟悉竞赛规则中关于各种泳式的比赛规定和犯规判罚规定，工作时要求全神贯注，仔细观察，公正、准确地做出判断。

第一节　技术检查员的职责、工作位置和分工

一、技术检查员的职责

（一）检查运动员在游进中的泳式和动作是否符合规则。

（二）协助两端转身检查员检查运动员转身、到达终点和接力交接棒的动作是否符合规则。

（三）兼管召回线。当听到召回信号后，应迅速放下召回线拦住运动员。

二、技术检查员的工作位置

技术检查员一般设 4 人，称为 A、B、C、D 岗。A、B 岗在一侧，C、D 岗在另一侧，入场后分别在游泳池两侧靠近 15 米召回线的地方就座（图 6–1）。

技术检查员的相对位置为：A、C 岗靠近终点端，B、D 岗在 A、C 岗旁边，如图 6–2 所示。

图 6–1　技术检查员工作位置

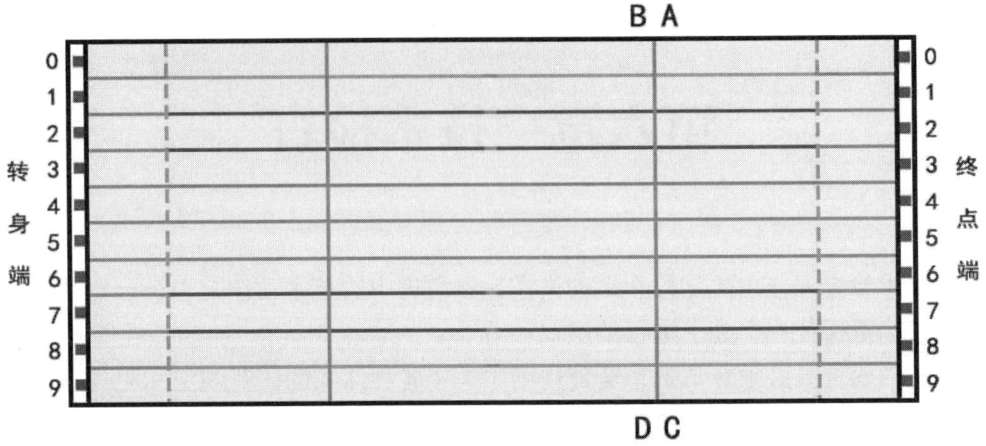

图 6-2　技术检查员工作位置示意

三、技术检查员的分工

技术检查员在总裁判直接领导下进行工作，总裁判可在 4 名技术检查员中指定 1 人做召集人。技术检查员按分工独立观察和做出判断，但要注意协同配合，不留盲点。每天或每个场次适当轮岗会更有利于做好工作。

（一）运动员同步游进时技术检查员的分工

当运动员游进速度相差不大，基本上齐头并进时，技术检查员每人固定观察两条泳道的运动员，如图 6-3 所示。

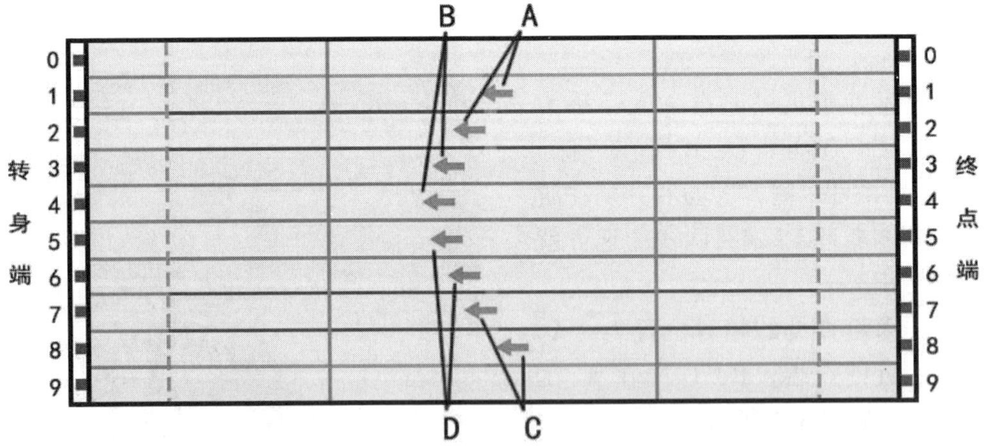

图 6-3　运动员同步游进时技术检查员的分工

A 岗：观察第 1、2 泳道的运动员（如使用 10 条泳道则增加 0 泳道运动员）。

B 岗：观察第 3、4 泳道的运动员。

C 岗：观察第 7、8 泳道的运动员（如使用 10 条泳道则增加 9 泳道运动员）。

D 岗：观察第 5、6 泳道的运动员。

（二）运动员前后游进时技术检查员的分工

如果运动员游进速度相差较大，前后距离拉得比较长，则同侧的技术检查员，一人观察相对游在前面的运动员，另一人观察相对游在后面的运动员（图 6–4）。

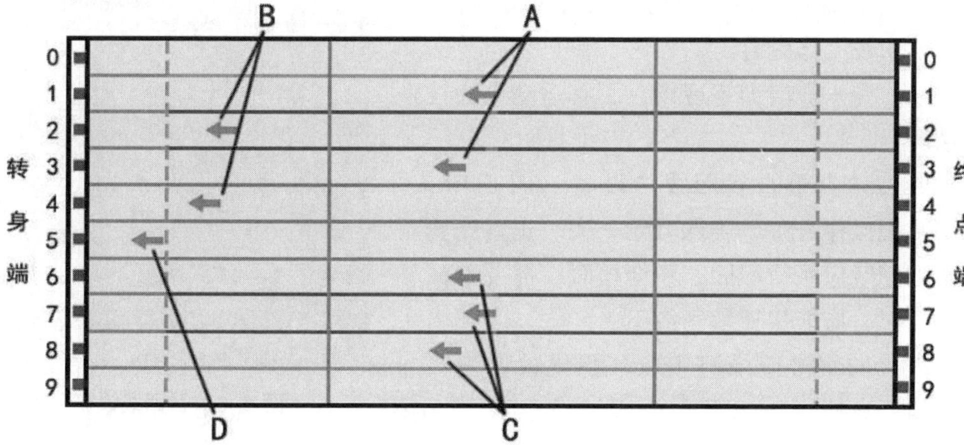

图 6–4　运动员前后游进时技术检查员的分工

当游在前面的运动员转身后，两人交换观察对象（图 6–5）。

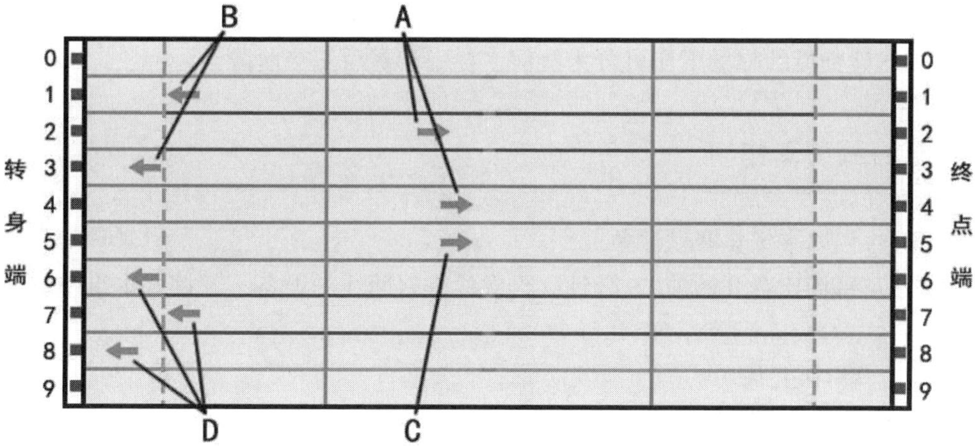

图 6–5　运动员前后游进时技术检查员交换观察对象

第二节　技术检查员的赛前准备工作

一、认真学习竞赛规程、竞赛规则和裁判方法，明确技术检查员的职责，重点理解规则中有关犯规判罚的规定和各种泳式比赛的规定，熟悉各泳式的犯规动作，统一判罚认识。

二、明确分工和不同比赛项目时的站位、巡视要求及工作配合。

三、深入赛前训练现场，了解运动员的技术情况。

四、认真检查召回线的设备（图 6–6），熟练掌握操作方法，确保万无一失。正常比赛时，召回线应系得牢固，不会松脱；需要召回运动员时，应能快速解开放下。

图 6–6　召回线设备

五、向编排记录组领取“犯规检查表”，熟悉填写方法。

六、领取所需的文具（笔、夹板等）。

第三节　技术检查员的临场工作方法

技术检查员的临场工作可分为赛前、赛中和赛后三个阶段。

一、赛前工作

（一）领取本场竞赛秩序单。

（二）每场比赛开始前 15 分钟，再次检查召回线的设备，并摆好本组座位。

二、赛中工作

（一）每组比赛开始前，当执行总裁判发出长哨声信号时，技术检查员应迅速起立，根据泳式前往各自的观察位置，准备履行技术检查员的职责。

站在距出发端 15 米召回线处的技术检查员，应注意观察运动员出发后头部是否在 15 米前（含 15 米）露出水面（图 6–7①）；前往距出发端 6 ~ 8 米处的技术检查员（图 6–7②），应注意观察运动员出发后的水下动作是否符合规则。

①

②

图 6–7　技术检查员观察出发

各泳式出发时技术检查员的具体站位方法如下：

1. 自由泳、仰泳和蝶泳：A、B、C、D 岗都站在距出发端 15 米处召回线的位置，各自观察所分工负责泳道的情况（图 6–8）。

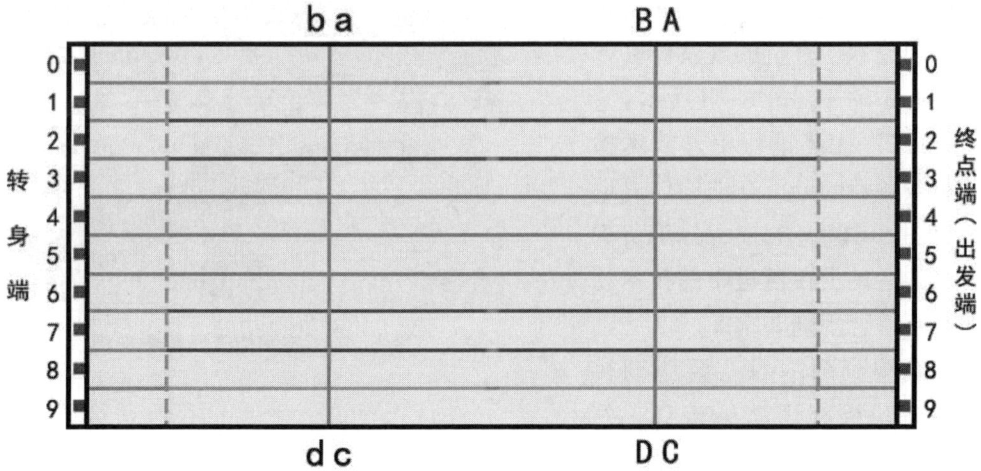

图 6–8　技术检查员在自由泳、仰泳和蝶泳出发时的观察位置

在50米池进行50米自由泳、仰泳、蝶泳比赛时，如果运动员从转身端出发，则技术检查员的观察位置如图6–8中的a、b、c、d所示。

2. 蛙泳：A、B、C、D岗都站在距出发端6～8米处，各自观察所分工负责泳道的情况（图6–9）。

图6–9　技术检查员在蛙泳出发时的观察位置

在50米池进行50米蛙泳比赛时，如果运动员从转身端出发，则技术检查员的观察位置如图6–9中的a、b、c、d所示。

（二）比赛进行中，技术检查员按各自的分工在池边认真巡视（图6–10），检查所分工负责泳道的运动员在游进中的技术动作是否符合规则要求。

图6–10　技术检查员赛中巡视

巡视到两端时，要协助转身检查员检查运动员转身、到达终点和接力交接棒的动作是否符合规则。

自由泳、仰泳和蝶泳比赛中，在距两端15米处观察的技术检查员还要注意检查运动员转身后（或接棒运动员出发后）的潜泳距离是否符合规则要求。

各泳式的巡视路线如下：

1. 自由泳：在 100 米及以上距离自由泳比赛中，运动员出发后，A、C 岗留在距出发端 15 米处，B、D 岗跟随运动员走到距转身端 15 米处站立（图 6–11），4 人 4 位定点观察，不再来回走动。B、D 岗在本组本侧最后一名运动员最后一趟游过 15 米线后，跟随运动员返回原位。

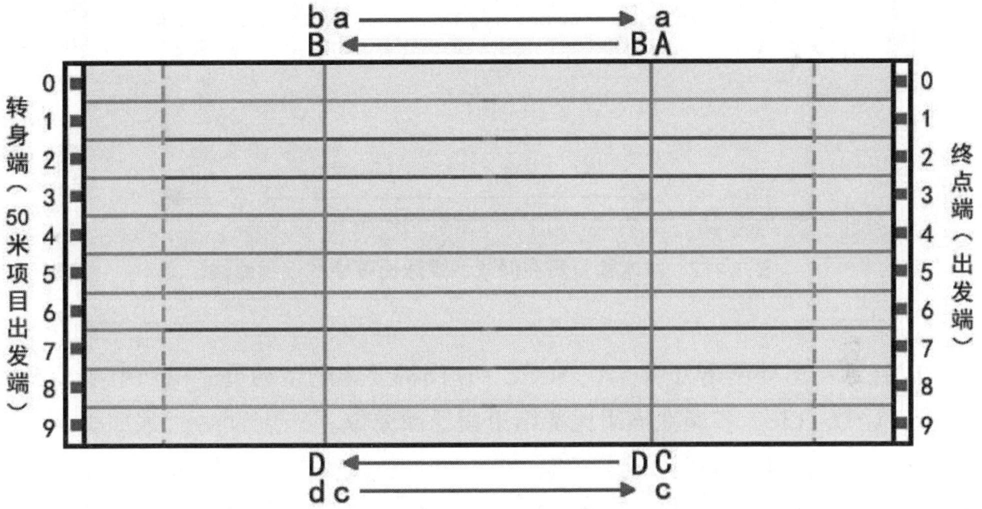

图 6–11　技术检查员在自由泳比赛中的巡视路线

50 米自由泳比赛从转身端出发时，技术检查员的巡视路线如图 6–11 中的 a、b、c、d 所示。因每组时间短，从第 2 组开始，a、b、c、d 岗都是 4 位定点观察，不来回走动。若后续项为 50 米项目，a、c 岗在本项最后一组运动员抵达终点后返回离转身端 15 米的位置；若后续项为 100 米及以上距离项目，b、d 岗在本项最后一组运动员出发游过 15 米线后跟随运动员返回离终点端 15 米的位置。

2. 仰泳、蝶泳：运动员出发后，在终点端，A、C 岗应巡视到距池端 5 米左右处，B、D 岗技术检查员应巡视到距池端 15 米处；在转身端，B、D 岗应巡视到距池端 5 米左右处；A、C 岗应巡视到距池端 15 米处（图 6–12）。各岗在该组比赛结束后返回原位。

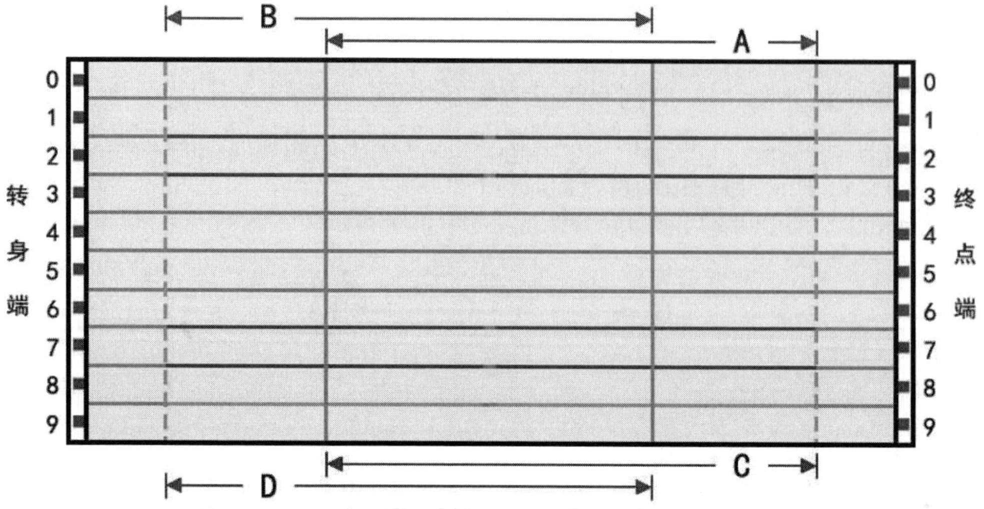

图 6–12　技术检查员在仰泳、蝶泳比赛中的巡视路线

3. 蛙泳：运动员出发后，A、B、C、D 岗都要跟随运动员巡视到距池端 5 米左右处（图 6–13）。各岗在该组比赛结束后返回原位。

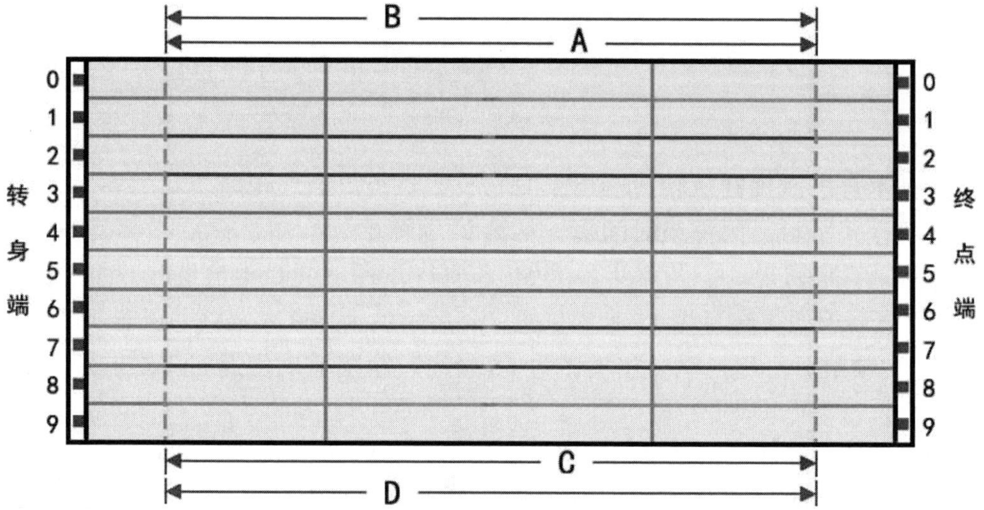

图 6–13　技术检查员在蛙泳比赛中的巡视路线

4. 个人混合泳：个人混合泳比赛时，技术检查员按各段相应泳式的要求巡视。

5. 接力：自由泳接力比赛时，技术检查员按 100 米及以上距离自由泳的要求巡视。混合泳接力比赛时，技术检查员按各棒相应泳式的要求巡视，重点观察运动员在游进中的泳式和动作以及接棒运动员出发后潜游出水的情况。

【注意事项】

①技术检查员在观察动作时，视野要广，发现问题时注意力要集中，尤其要注意各种泳式最易犯规的动作。

②技术检查员在巡视的过程中应注意选择最佳观察位置，避免受水面反光干扰，通常在所分工负责检查的运动员的侧后方观察效果最好（图 6–14）。

图 6–14　技术检查员最佳观察位置

③技术检查员在协助两端转身检查员观察运动员转身、接力交接棒和到达终点的情况时，如发现有犯规现象，可与转身检查员沟通，以便准确地做出判断。

（三）每组比赛最后一名运动员抵达终点后，技术检查员应及时回应执行总裁判的联络手势，示意是否发现犯规（图 6–15、图 6–16）。

图 6–15　无犯规的手势

图 6–16　有犯规的手势

如果有运动员犯规，技术检查员在通过手势与执行总裁判联系后，应立即到执行总裁判处报告犯规的详细情况（哪条泳道、什么距离、什么动作、违反了哪条规则）。技术检查员的判定必须明确，不能模棱两可。

如果配备了无线对讲机，技术检查员一旦发现犯规，应立即向执行总裁判报告，而不必等到该组比赛结束。

（四）执行总裁判在了解情况后，如果判定犯规，技术检查员应迅速填写“犯规检查表”，签名后交给执行总裁判。

填写“犯规检查表”要准确、扼要，一定要将犯规运动员的性别、组别、项目、赛别、组次、泳道写清楚，对犯规情况的表述应尽可能使用规则中的规范用语。

目前，我国在国内比赛中均使用选择填空式的“犯规检查表”（表 6–1），填表时只需在相应条款上打钩并简单填写有关信息即可。这种方法准确、快捷、方便，可以大大提高工作效率。

表 6–1 犯规检查表

____ 场 ____ 项 ____ 组 ____ 道　　　　______ 年 ____ 月 ____ 日

□ 男　□ 女	□ 50 米　□ 400 米　□ 4 × 50 米 □ 100 米　□ 800 米　□ 4 × 100 米 □ 200 米　□ 1500 米　□ 4 × 200 米	□ 自由泳　□ 个人混合泳 □ 仰泳　□ 自由泳接力 □ 蛙泳　□ 混合泳接力 □ 蝶泳	□ 预赛 □ 半决赛 □ 决赛 □ 重赛
年龄组：______			

出发	
	出发抢跳（□延误出发 / □蓄意不服从命令）
自由泳	
	____ 米处转身时，身体任何部分未触壁
	出发（□____ 米转身）后，头部未在 15 米标志线处或之前露出水面
	____ 米处，身体完全没入水中
	____ 米处在池底行走
仰泳	
	____ 米处，身体未成仰卧姿势
	____ 米处站立池底
	出发（□____ 米转身）后，头部未在 15 米线处或之前露出水面
	____ 米处，身体完全没入水中
	____ 米处转成俯卧姿势后，做多于一次的单臂划水（□双臂同时划水）动作才开始转身
	____ 米处转成俯卧姿势后,未立即开始做转身动作
	____ 米转身蹬离池壁时，身体未呈仰卧姿势
	____ 米处转身时，身体任何部分未触壁
	到达终点前改变仰卧姿势触壁
蛙泳	
	出发（□____ 米转身）后第 1 次蹬腿动作前做多于一次的蝶泳打水
	____ 米处，身体未呈俯卧姿势
	____ 米处站立池底
	____ 米处，动作周期未按 1 次臂 1 次腿的顺序完成
	____ 米处，两臂动作不同时
	____ 米处，两臂动作不在同一水平面
	____ 米处，两手未同时从胸前伸出
	____ 米处，两手向后划水超过臀线
	____ 米处，两肘露出水面
	____ 米处，两腿动作不同时
	____ 米处，两腿动作不在同一水平面
	出发（□____ 米转身）后第 2 次划水至最宽点两手向内划水前，头部未露出水面
	____ 米处的 ___ 个完整动作周期内，头部未露出水面
	____ 米处蹬腿时，两脚（□左脚 / □右脚）未外翻
	____ 米处，两腿交替打水（□做向下的蝶泳打水）
	到达终点（□____ 米转身）时，两手未同时（□未分开）触壁
	到达终点（□____ 米转身）时，左（□右）手单手触壁

蝶泳	
	____ 米处，身体未呈俯卧姿势
	____ 米处站立池底
	____ 米处，两臂未经空中前摆
	____ 米处，两臂未同时前摆（□向后划水）
	____ 米处，两腿动作不同时
	____ 米处，两腿交替打水（□蹬蛙泳腿）
	到达终点（□____ 米转身）时，两手未同时（□未分开）触壁
	到达终点（□____ 米转身）时，左（□右）手单手触壁
	出发（□____ 米转身）后，头部未在 15 米线处或之前露出水面
	出发（□____ 米转身）后，在水下做划水动作超过 1 次
	____ 米处，身体完全没入水中
个人混合泳	
	____ 米处自由（□仰 / □蛙 / □蝶）泳段游错泳式
	仰泳转蛙泳时，触壁前改变仰卧姿势
	蝶泳转仰泳（□蛙泳转自由泳）时，两手未同时（□未分开）触壁
	蝶泳转仰泳（□蛙泳转自由泳）时，左（□右）手单手触壁
	____ 米处自由（□仰 /□蛙 /□蝶）泳段，动作不符合规则
接力	
	____ 米处自由（□仰 /□蛙 /□蝶）泳段游错泳式
	____ 米处自由（□仰 /□蛙 /□蝶）泳段，动作不符合规则
	第 2（□3 / □4）棒运动员的脚在本队前一运动员触壁前蹬离出发台（交接棒时间为 ____）
	第 1（□2 / □3 / □4）棒运动员（非本棒次）在各队所有运动员游完之前进入水中
	游错棒次
其他	
	没有游完全程
	运动员未在其出发的同一泳道内游完全程
	____ 米处转身时未触及池壁
	____ 米处，左（□右）手拉分道线
	阻碍（干扰）其他运动员
	未经许可在身上使用胶带

发令员、技术检查员、转身检查员　　　　转身检查长　　　　总裁判

【注意事项】（适用于所有岗位判犯规）

①判犯规必须100%地确定。

②只要判断准确，就不要害怕报告犯规。

③先报告，后填表。

（五）每组比赛出发时，如果有运动员抢跳，在听到发令员或执行总裁判发出召回信号后，位于召回线处的技术检查员应迅速放下召回线，将运动员拦回。召回线放下后，必须完全覆盖所有泳道，避免因两侧出现悬垂斜角而让运动员游出。待本组所有运动员都停下返回后，重新拉紧并系牢召回线。

三、赛后工作

（一）每场比赛结束后，及时做好小结，交流比赛中出现的情况，分析判罚案例，提高观察判断能力，改善配合方法。

（二）全部比赛结束后，做好本组工作总结。

（三）及时归还借用的器材设备。

（本章执笔：熊发州）

第七章　转身检查

转身检查工作是保证比赛公平进行的重要环节。转身检查员必须非常熟悉规则中关于各种泳式的出发、接力交接棒、转身和到达终点的有关规定，工作时要求全神贯注，仔细观察，公正准确地做出判断。

第一节　转身检查组的职责、工作位置和分工

一、转身检查组的职责

（一）转身检查员负责检查运动员从触壁前最后一次手臂动作开始至转身后第 1 次手臂动作结束的整个转身动作是否符合规则。

（二）出发端的转身检查员还要负责检查运动员从出发入水后至第 1 次划水结束的动作是否符合规则。在接力项目比赛中检查出发运动员是否在前一名运动员触及池壁后离开出发台。使用仰泳出发器时，出发端的转身检查员负责安装并在运动员出发后拆卸该装置。

（三）两端的转身检查员在 800 米和 1500 米项目中负责记录该泳道运动员完成的趟数；转身端的转身检查员要用报趟牌向运动员显示所剩趟数；终点端的转身检查员在运动员到达终点前 105 米（25 米泳池为 55 米）时，应用铃声或哨声向运动员发出信号，直至运动员转身后到达 5 米处。。

（四）终点端的转身检查员还要负责检查运动员到达终点的动作是否符合规则，可兼做计时员的工作。

（五）转身检查员如发现运动员犯规，应及时报告本端转身检查长。转身检查长根据自己的观察发现运动员犯规或有转身检查员报告犯规时，应及时报告执行总裁判。

二、转身检查组的工作位置

转身检查长设 2 人，分别为终点端转身检查长（图 7–1）和转身端转身检查长（图 7–2），工作位置在执行总裁判对侧距游泳池两端 2 ~ 4 米处。

图 7–1　终点端转身检查长

图 7–2　转身端转身检查长

每条泳道设转身检查员 2 人，分别位于各泳道两端出发台后 2 ~ 5 米处，称为终点端转身检查员（图 7–3）和转身端转身检查员（图 7–4）。

图 7–3　终点端转身检查员

图 7–4　转身端转身检查员

如果采用半自动计时或人工计时，则终点端转身检查员（兼做计时员）坐在每条泳道计时小组 3 表的位置上（图 7–5）。

图 7–5　终点端转身检查员兼 3 表计时员

三、转身检查组的分工

（一）终点端

终点端转身检查长领导和分配终点端转身检查员的工作。

终点端转身检查员在比赛中负责检查本泳道运动员的出发、转身、接力交接棒和到达终点的动作是否符合规则的要求；在 800 米和 1500 米自由泳比赛中向运动员发出只剩 105 米（50 米池）或只剩 55 米（25 米池）的信号；使用仰泳出发器时，负责安装和拆卸该装置；若采用半自动计时或人工计时，则兼做计时工作。

（二）转身端

转身端转身检查长领导和分配转身端转身检查员的工作。

转身端转身检查员在比赛中负责检查本泳道运动员的转身以及在本端的出发和接力交接棒的动作是否符合规则的要求；在 800 米和 1500 米自由泳比赛中向运动员报趟。

第二节　转身检查组的赛前准备工作

一、认真学习竞赛规程、竞赛规则和裁判方法，明确转身检查员的职责，重点理解规则中有关犯规判罚的规定和各种泳式比赛的规定，熟悉各泳式的犯规动作，统一判罚认识。

二、转身检查长分配转身检查员的工作，必要时安排好各场比赛岗位的轮换，明确工作配合方法。

三、向编排记录组领取“犯规检查表”，熟悉填写方法。

四、领取所需的文具（笔、夹板等）；准备好铃铛（终点端）和报趟牌（转身端），熟悉使用方法。

五、深入赛前训练现场，了解运动员的技术情况，熟悉各种泳式出发、转身、接力交接棒和到达终点的动作。

六、终点端转身检查长还要与计时长联系，组织本端转身检查员与计时组配合，熟悉计时工作方法。

第三节　转身检查组的临场工作方法

转身检查组的临场工作可分为赛前、赛中和赛后三个阶段。

一、赛前工作

（一）领取本场竞赛秩序单。

（二）每场比赛开始前 15 分钟，摆好本组座位。

（三）如果该场有 800 米或 1500 米自由泳比赛，终点端应备好铃铛（图 7–6），确认铃铛完好可用；转身端应备好报趟牌（图 7–7），并须检查报趟牌号码是否齐全，顺序是否正确。

图 7–6　铃铛

图 7–7　报趟牌

二、赛中工作

（一）转身检查长

1. 每组比赛开始前，执行总裁判发出长哨声信号时，两端转身检查长都起立。比赛从哪一端出发，该端的转身检查长要走到靠近池端处（图 7–8、图7–9），注意观察运动员出发入水后至第 1 次划水结束的动作是否符合规则，并要注意是否有转身检查员报告犯规情况。运动员出发后，两端转身检查长回原位就座。

图 7–8　终点端转身检查长观察出发

图 7–9　转身端转身检查长观察出发

在决赛场也可采用全程站立的工作方式，即两端转身检查长在执行总裁判发出长哨声信号时起立走到靠近池端处观察运动员的动作，比赛过程中始终站立，待本组比赛结束后再回原位就座。

2. 在每组比赛中，当运动员游到距离本池端 15 米左右时，该端转身检查长应起立走近池边（图 7–10、图 7–11），全面观察运动员转身、接力交接棒和到达终点的动作是否符合规则。同时，要密切注意是否有转身检查员报告犯规情况。

图 7–10　终点端转身检查长赛中观察

图 7–11　转身端转身检查长赛中观察

如果有转身检查员报告犯规，转身检查长应立即与有关转身检查员联系，了解具体情况。

3. 在 800 米和 1500 米自由泳比赛时，运动员上道后，终点端转身检查长要提醒本端转身检查员向本泳道运动员询问报趟牌放置的位置，并以手势通知对面的转身检查员；转身端转身检查长要提醒本端转身检查员回应手势。

4. 在 800 米和 1500 米自由泳比赛中，终点端转身检查长应提醒本端转身检查员在运动员还剩 105 米（25 米池为 55 米）时按要求摇铃；转身端转身检查长要注意本端转身检查员的报趟是否正确、符合要求。

5.每组比赛最后一名运动员到达终点后，转身检查长应及时回应执行总裁判的联络手势，示意是否发现犯规（见图 6–15、图 6–16）。如无犯规，则回原位就座；如有犯规，则立即到执行总裁判处报告犯规情况。如执行总裁判判定犯规，转身检查长立即通知转身检查员填写“犯规检查表”，审核后签名，然后迅速交执行总裁判。

在使用无线对讲机时，转身检查长一旦发现犯规，应立即向执行总裁判报告，而不必等到该组比赛结束。

（二）终点端转身检查员

1. 在 800 米和 1500 米自由泳每组比赛开始前，运动员上道后，终点端转身检查员应向本泳道运动员询问“在对面池端的哪一侧报趟？”然后站在出发台后，以手势通知本泳道对面的转身检查员：一臂侧举表示报趟牌置于手臂所指一侧（图 7–12①、图 7–12②），两臂同时侧举表示报趟牌可置于任意一侧（图 7–12③）。

①

②

③

图 7–12　终点端转身检查员示意报趟位置

2. 每组比赛开始时，执行总裁判发出长哨声信号（仰泳为第 1 声长哨）后，终点端转身检查员应起立，走到本泳道出发台的左侧后方站立（图 7–13）。如果本道没有运动员，则不走上前，待运动员出发后即可坐下。如果比赛采用人工计时，则终点端转身检查员应在发令员发出“出发信号”后立即按动计时表。

图 7–13　终点端转身检查员站于出发台左后方

3. 运动员出发后，终点端转身检查员应迅速向前站到出发台左侧（图 7–14），观察运动员出发入水后至第 1 次划水结束的动作是否符合规则。观察结束后回原位就座。

图 7–14　终点端转身检查员观察出发后动作

在决赛场也可采用全程站立的工作方式，即观察运动员动作时站到出发台左侧，观察结束退到出发台左侧后方站立，待本组比赛结束后再回原位就座。

4. 运动员转身时，终点端转身检查员应向前站到出发台左侧，两脚前后开立，上体略前倾（图 7–15），仔细观察运动员从触及池壁前的最后一次手臂动作开始至转身后第 1 次手臂动作结束的整个转身动作是否符合规则，然后按要求退回。

图 7–15　终点端转身检查员观察转身动作

5. 接力比赛交接棒时，终点端转身检查员应向前站到出发台左侧（图 7–16），仔细观察本泳道前一名运动员到达终点的动作是否符合规则、后一名运动员是否抢跳以

图 7–16　终点端转身检查员观察接力交接棒

及出发入水后至第 1 次划水结束的动作是否符合规则。

6. 在 800 米和 1500 米自由泳比赛中，终点端转身检查员应用“长距离项目记趟表”（表 7–1）记录本泳道运动员完成的趟数，在运动员到达终点前 105 米（25 米池为 55 米）时，用铃声（或哨声）向运动员发出信号（图 7–17），信号应持续到运动员转身后游出到达 5 米时才停止。

表 7–1　终点端转身检查员 800 米自由泳记趟表（50 米池）

第 ____ 场第 ____ 项　性别组别：________________ 赛别：______ 泳道：____

剩余趟数	完成距离	组	组	组	组	组	组	组	组
14	100 米								
12	200 米								
10	300 米								
8	400 米								
6	500 米								
4	600 米								
2	700 米（摇铃）								
0	800 米								

裁判员：________________

说明：

终点端转身检查员使用的“长距离项目记趟表”有 4 份，分别对应于 50 米池和 25 米池、800 米自由泳和 1500 米自由泳。4 份表格的结构相同，仅在剩余趟数和完成距离两列有所差异，应根据具体情况选用。比赛时，根据运动员完成的距离，在表中相应单元格内划记。

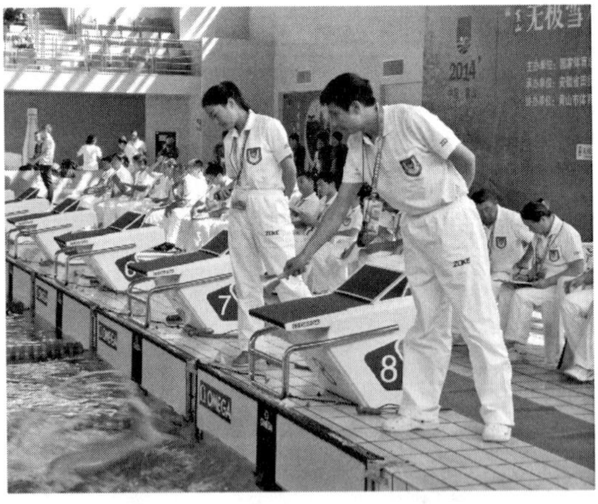

图 7–17　终点端转身检查员摇铃

7. 运动员到达终点时，终点端转身检查员应向前站到出发台左侧，仔细观察运动员到达终点的动作是否符合规则（图 7–18）。如果比赛采用人工计时（或半自动计时），则终点端转身检查员在运动员到达终点时须按要求按停计时表，回原位就座后将人工计时表计取的成绩报给 2 表计时员。

8. 终点端转身检查员如发现运动员犯规，应立即举手（见图 6–16）向本端转身检查长示意并详细报告犯规情况。转身检查长向执行总裁判报告后，若执行总裁判判定犯规，转身检查员应迅速填写“犯规检查表”并签名，然后将检查表交给转身检查长（填写“犯规检查表”的方法与要求见第六章第三节）。

图 7–18　终点端转身检查员观察运动员到达终点

9. 接力比赛中，终点端转身检查员应站在出发台左侧及时引导已完成比赛的前 3 棒运动员从就近的一侧起水。如果采用自动计时，则还要注意观察其他泳道前 3 棒运动员在起水过程中经过本泳道时是否把本泳道的触板触停。如发生上述情况，应立即认准该运动员并报告本端转身检查长。

图 7–19　终点端转身检查员引导运动员起水

预赛时，终点端转身检查员在本泳道运动员抵达终点后，应站在出发台左侧等待该组全部运动员到达终点，然后引导运动员起水（图 7–19）。引导起水的动作应大方、规范。决赛时，一般不需督促运动员起水。

10. 在仰泳比赛或混合泳接力比赛中使用仰泳出发器时，终点端转身检查员负责安装和拆卸本泳道的装置。具体方法如下（图 7–20）：

（1）未使用时，仰泳出发器应整齐、平稳地放置于各个出发台的正后方，贴近出发平台，尽量不影响运动员行走。

图 7–20　安装仰泳出发器

(2) 仰泳出发前，终点端转身检查员双手握住出发器的提把，将出发器水平提起。

(3) 站在出发台的右侧方，从出发台一侧将出发器的踏板水平放入池中。

(4) 将出发器主杆上的卡脚插入出发台面两侧的滑槽，双手向前将主杆推至滑槽前端（听到“咔”的一声）。

(5) 将主杆右侧的挡位调节器归零（运动员可根据需要自行调节档位）。

(6) 拆卸仰泳出发器时，先向后拉动提把，再将主杆向上提出滑槽，放回出发台后方。

运动员出发后，终点端转身检查员应根据具体情况进行操作：如果后续组是50米仰泳，则仰泳出发器保持不动；如果后续组是100米或200米仰泳，则应将出发器垂入池中的踏板提起置于台面上，以免影响运动员的转身和终点触壁动作；如果是进行混合泳接力比赛，则应将出发器卸下，以免影响后3棒运动员从出发台上出发。

（三）转身端转身检查员

1. 在800米和1500米自由泳每组比赛开始前，运动员上道后，当终点端转身检查员用手势示意运动员要在哪一侧报趟时，转身端转身检查员要起立并以镜面动作回应，表示已知。

2. 每组比赛开始时，执行总裁判发出长哨声信号后（仰泳为第1声长哨），转身端转身检查员应起立（图7-21），待运动员出发后坐下。

在决赛场也可采用全程站立的工作方式，即转身端转身检查员在比赛过程中始终站立，待本组比赛结束后再回原位就座。

3. 运动员转身时，转身端转身检查员应向前站到出发台一侧，两脚前后开立，上体略前倾（图7-22），仔细观察运动员从触及池壁前的最后一次手臂动作开始至转身后第1次手臂动作结束的整个转身动作是否符合规则，然后按要求退回。

图7-21　转身端转身检查员起立

图7-22　转身端转身检查员观察转身

4. 如果在 50 米泳池进行 4×50 米的接力比赛，在转身端交接棒时，转身端转身检查员应向前站到出发台左侧，仔细观察本泳道前一名运动员到达终点的动作是否符合规则、后一名运动员是否抢跳以及出发入水后至第 1 次划水结束的动作是否符合规则。

5. 在 800 米和 1500 米自由泳比赛中，转身端转身检查员应用“长距离项目记趟表”（表 7–2）记录本泳道运动员完成的趟数，并在运动员于本端转身的前后，在指定的一侧，用报趟牌向运动员报所剩的趟数（图 7–23）。

表 7–2　转身端转身检查员 800 米自由泳记趟表（50 米池）

第 ____ 场第 ____ 项　性别组别：________________ 赛别：______ 泳道：____

剩余趟数	完成距离	组	组	组	组	组	组	组	组
15	50 米								
13	150 米								
11	250 米								
9	350 米								
7	450 米								
5	550 米								
3	650 米								
1	750 米								

裁判员：________________

说明：

转身端转身检查员使用的“长距离项目记趟表”有 4 份，分别对应于 50 米池和 25 米池、800 米自由泳和 1500 米自由泳。4 份表格的结构相同，仅在剩余趟数和完成距离两列有所差异，应根据具体情况选用。比赛时，根据运动员完成的距离，在表中相应单元格内划记。

图 7–23　转身端转身检查员报趟

报趟的顺序如表 7–3 所示。

表 7–3　报趟顺序

池长	距离	报趟顺序
50 米	800 米	15、13、11、9、7、5、3、1
	1500 米	29、27、25、23、21……9、7、5、3、1
25 米	800 米	31、29、27、25、23……9、7、5、3、1
	1500 米	59、57、55、53、51……9、7、5、3、1

6. 转身端转身检查员如发现运动员犯规，应立即举手（见图 6–16）向本端转身检查长示意并详细报告犯规情况。转身检查长向执行总裁判报告后，若执行总裁判判定犯规，转身检查员应迅速填写“犯规检查表”并签名，然后将检查表交给转身检查长（填写“犯规检查表”的方法与要求见第六章第三节）。

7. 在 50 米泳池进行 50 米项目的比赛时，如果运动员从转身端出发（此时的转身端为出发端），每组运动员上道后，如果需要，转身端转身检查员应按要求检查运动员的参赛证件。此外，转身端转身检查员还应完成运动员出发的检查工作（见本节“二、”之“(二) 终点端转身检查员”工作方法的“ 2. ”和“ 3. ”）。

三、赛后工作

(一) 每场比赛结束后，及时做好小结，交流比赛中出现的情况，分析判罚案例，提高观察判断能力，改善配合方法。

(二) 全部比赛结束后，做好本组工作总结。

(三) 及时归还借用的器材设备。

四、转身检查工作注意事项

(一) 转身检查员检查运动员转身、接力交接棒和到达终点的动作时，注意力要高度集中，时间应充裕，当运动员游到距离池端 15 米左右时，就应起立走上前。

（二）转身检查员观察接力交接棒时，站立的位置应离出发台稍远一点，以免妨碍台上运动员的出发动作。

（三）比赛若采用自动计时，转身端检查员站立池端时不要踩踏自动计时触板上沿，放置报趟牌时不要碰到触板。

（四）转身检查员在观察运动员转身、接力交接棒和到达终点的情况时，如发现有犯规现象，可与技术检查员沟通，以便准确地做出判断。

（五）比赛采用自动计时系统且有录像计时装置时（只设转身检查员，不设人工计时员），为避免遮挡终点端上方的摄像镜头，终点端转身检查员在池端的站位为（面对泳池）：第 1、2、5、6 泳道者站在出发台右侧，第 3、4、7、8 泳道者站在出发台左侧。（图 7–24）

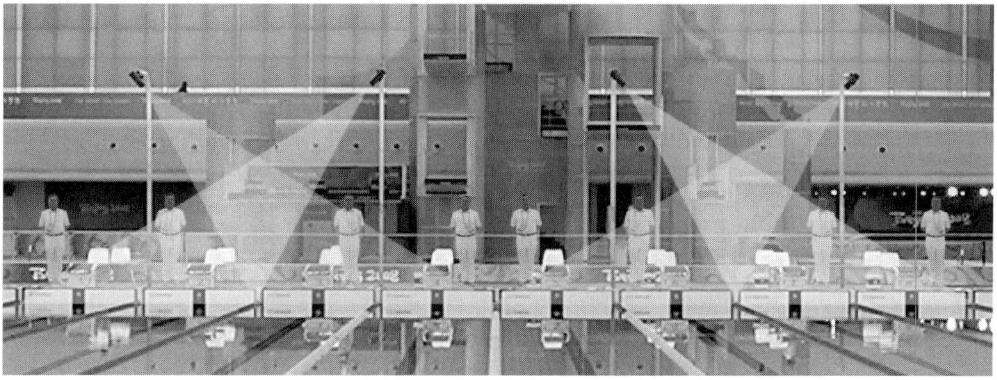

图 7–24　设录像计时装置时终点端转身检查员在池端的站位

（六）如果比赛有电视转播，为了尽量减少对摄像镜头的遮挡，在由仰泳、个人混合泳及混合泳接力转为其他项目时，通常应摘掉仰泳转身标志线；而在由其他项目转为仰泳、个人混合泳及混合泳接力时，应重新挂上仰泳转身标志线（图 7–25）。必要时，此项工作可由游泳池两端最外侧泳道的转身检查员担任。

图 7–25　摘、挂仰泳转身标志线

（七）如果颁奖台设在游泳池终点端或转身端且颁奖仪式需要裁判组配合以腾出空间时，则在颁奖仪式开始前，该端转身检查员（计时员）在转身检查长（计时长）的带领下朝预定方向退出场地，在场下待命；当下一组运动员入场并介绍运动员时，再统一上场就位。

（本章执笔：熊发州）

第八章　自动计时

自动计时比传统的人工计时更准确、快捷，已经成为现代游泳竞赛中常规的计时方式。《游泳竞赛规则》明确规定，我国的综合性运动会游泳比赛、全国游泳冠军赛、全国游泳锦标赛，必须使用自动计时。只有自动计时装置或半自动计时装置记录的成绩，方可申请全国纪录。随着我国游泳事业的蓬勃发展，自动计时及半自动计时必将越来越多地应用到各级游泳竞赛中。

自动计时裁判员必须具备认真负责的工作态度，严谨细致的工作作风，一丝不苟的工作精神；必须非常熟悉比赛流程和自动计时的工作原理。

第一节　自动计时组的职责、工作位置和分工

一、自动计时组的职责

（一）比赛前协助专业技术人员安装、调试全部自动计时装置；比赛时协助、监督专业技术人员操作主机及有关设备。

（二）比赛时准确记录运动员的成绩、弃权及犯规等情况，提交自动计时成绩记录单。

（三）在某项、某组比赛结束后，如发现自动计时装置失灵，应及时报告执行总裁判，并按有关规定处理。

（四）接力比赛时，如发现自动计时装置有抢跳犯规显示，应及时报告执行总裁判。

二、自动计时组的工作位置

自动计时系统工作台通常设在距离终点端 3 ~ 5 米的池边，应能清晰观察到所有泳道、出发台以及电子公告板的情况。如有条件，自动计时工作台可设在

高出池岸 0.30～0.50 米的地台上。

当场馆内有专用控制室时，自动计时系统主机应设在控制室内（图 8-1），但必须保证从控制室内能清晰观察到所有泳道、出发台以及电子公告板的情况，并能随时与执行总裁判互通信息。

图 8-1　控制室

三、自动计时组的分工

自动计时组一般设自动计时长 1 人，自动计时员 1～2 人，自动计时设备操作人员若干人（分别操作主机和电子公告系统）。

自动计时长统一领导自动计时组的工作。

比赛时，自动计时长（或自动计时员 1 人）一般位于自动计时系统主机旁边，负责监控主机的运行，并及时与执行总裁判沟通；另一自动计时员负责监控电子公告系统的运行。

第二节　自动计时组的赛前准备工作

自动计时组赛前准备工作的重点在于安装和调试设备，确保自动计时系统能正常运行以准确计取比赛的成绩和名次。

一、自动计时系统概况

（一）自动计时系统的构成

自动计时系统一般由主机、发令器、出发指示灯、触板、接力出发判断器、盲表、打印机及电子公告板等构成。目前，我国游泳竞赛中常见的自动计时系统主要有瑞士生产的欧米伽（OMEGA）ARES-21 型自动计时系统（图 8-2）、美国生产的科罗拉多（COLORADO）TIME SYSTEMS-6 型自动计时系统

（图 8–3）、山东数智体育设备有限公司研发生产的 H3 型全自动计时系统（图 8–4）。

发令器和出发指示灯如图 8–5 所示。

自动计时触板如图 8–6 所示。

出发台和半自动计时盲表如图 8–7 所示。

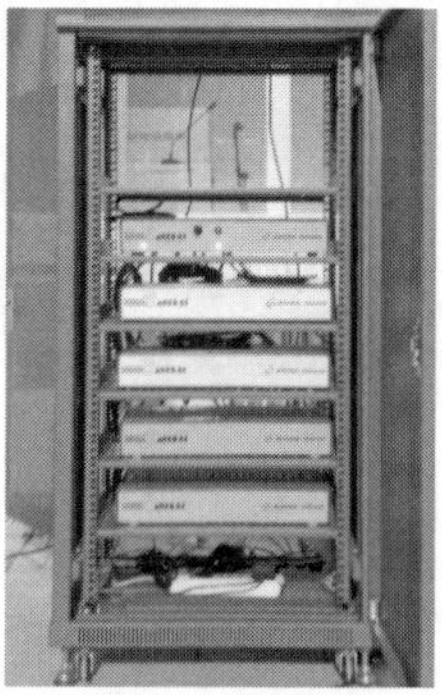

图 8–2　欧米伽自动计时系统主机

图 8–3　科罗拉多自动计时系统主机

图 8–4　数智体育自动计时系统主机

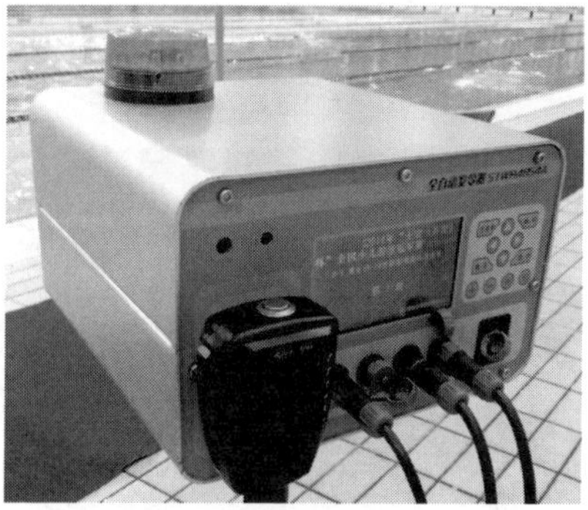

图 8–5　发令器和出发指示灯

图 8–6　自动计时触板

图 8–7　出发台和半自动计时盲表

电子公告板如图 8-8 所示。

图 8-8　电子公告板

完备的自动计时系统还包括一套相对独立的录像计时装置，由架设在终点端上方的 4 台摄像机和监控设备构成，如图 8-9 所示。

图 8-9　录像计时装置

如果在比赛中使用自动计时装置而未使用录像计时装置，则应开通半自动计时装置作为自动计时失灵时的一种补救。此时应配备相应数量的计时员，在运动员到达终点时按要求按停盲表。

（二）自动计时与半自动计时的工作原理

自动计时装置是在发令员发出“出发信号”时自动启动，并在运动员到达终点触动触板时自动停止计时，由主机记录下运动员完成比赛所使用的时间及名次。

半自动计时装置同样是在发令员发出“出发信号”时自动启动，但在运动员到达终点触壁时，须由计时裁判员按下装置上的按钮停止计时（图 8–10），由主机记录下运动员完成比赛所使用的时间及名次。由于设备是自动启动而人工停止，故称为“半自动计时”；由于所计取的成绩只能在主机上读出而不能像人工计时表一样显示，故又称为“盲表”。

由山东数智体育设备有限公司研制的 S2 型半自动计时系统（图 8–11）是通过无线信号传输信息，不用触板，无须布线，其多用途智能计时表除具有“盲表”的所有功能外，可显示记取的成绩，亦可作为数字秒表使用。该系统比较适合中、小型和基层比赛采用。

图 8–10　盲表操作

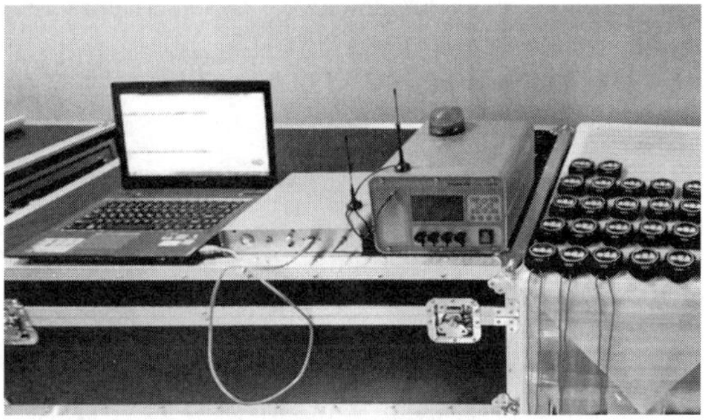

图 8–11　数智体育 S2 型半自动计时系统

（三）自动计时系统常用名词

1. 出发反应时间（reaction time）：指从自动计时装置启动至运动员蹬离出发台（仰泳为触板）的时间。

2. 接力交接棒时间（relay time）：指接力比赛时，前一棒运动员触壁的时间与后一棒运动员蹬离出发台的时间的差值。接力交接棒时间在 –0.03 秒（含）

以内为符合要求，超出该值则应判为接力抢跳（运动员二次触板除外）。–0.03 秒是瑞士欧米伽公司为 FINA 提供的自动计时装置判断接力交接棒是否抢跳的临界值。

出发反应时间和接力交接棒时间都简记作 R.T.。

二、自动计时准备工作

（一）配合自动计时设备操作人员，安装、调试自动计时设备（图 8–12），反复检查，确保设备正常、稳定运行。重点内容为：

图 8–12　安装、调试自动计时设备

1. 配合发令员在泳池出发端、转身端设置发令器和出发指示灯，确定发令台（发令器）位置，调试电笛，调整好扩音器的音量和效果。

2. 对主机、触板及接力出发判断器进行调试，确保每块触板安装稳固，反应灵敏。触板的不应期，对 50 米分段建议调为 20 秒，对 100 米分段建议调为 40 ~ 45 秒。

3. 对出发台踏板进行调试，保证其能正常使用。

4. 对盲表进行调试，保证其灵敏度。每条泳道的 3 块盲表，必须按顺序编号，或用不同颜色加以区别，以方便计时员使用。

5. 合理、整齐地布设线路，并进行有效覆盖，避免人为因素影响设备正常运行；确保各连接缆线无损，各接口牢固插接；确保电源（主机应独立使用单一电源并配备不间断电源）引入可靠、稳定。

（二）配合电子公告系统操作人员，对电子公告相关设备进行调试。重点内容为：

1. 了解电子公告板的供电方式、空气开关位置、数据传输方法以及除湿、防高温方式等。

2. 对电子公告板显示的格式（竞赛日程、竞赛秩序、成绩显示、各项纪录）、顺序进行审核，提出修改意见；检测纪录处理功能，保证创造新纪录后能自动、正确地调整纪录信息。

3. 准备好开场版面、介绍技术代表、执行总裁判、发令员版面和颁奖版面备用。可预先录入经总裁判审定的执行总裁判、发令员执场名单。

（三）与编排记录组配合，进行信息传输测试，确保编排信息能正确导入电子公告系统，成绩数据能正确导入编排记录系统和电子公告系统。如有电视转播，应配合电视转播人员进行成绩数据传输测试。

（四）与场地器材组沟通，落实比赛时场馆电源、电子公告设备的保障人员。

（五）认真学习竞赛规程、竞赛规则和裁判方法，明确自动计时组的职责，重点理解规则中有关计时和自动计时装置的规定，研究确定自动计时工作流程，做好自动计时员分工。

（六）与总裁判及编排记录、检录、发令、人工计时、宣告等岗位裁判员充分沟通，明确有关裁判组间的配合方法；制定紧急预案。

（七）向编排记录组领取“犯规检查表”和“自动计时技术统计表”，熟悉填写方法。

（八）组织相关人员认真参加赛前实习，通过联合测试，及时发现问题和解决问题。

第三节　自动计时组的临场工作方法

自动计时组的临场工作可分为赛前、赛中和赛后三个阶段。

一、赛前工作

（一）每场比赛前 1 小时，全体自动计时人员应到位，检查和调试自动计时装置的所有设备、线路、接口和网络，保证设备正常待用。

（二）读取编排记录系统的赛前信息；仔细核对电子公告板每一屏显示的内容是否与竞赛秩序单完全一致（尤其要注意核对现场录入的接力名单）；对输入计算机系统的各项纪录进行检查和确认（图8–13）。

图 8–13　自动计时员赛前核对竞赛信息

（三）核对本场电子公告板介绍技术代表、执行总裁判、发令员的内容是否正确。

（四）在有颁奖仪式的场次，与颁奖组联系，落实各项颁奖嘉宾名单（姓名、职务）并及时录入电子公告系统。

（五）赛前 15 分钟，运动员在比赛池热身结束起水后，再次对所有设备做一次检查，主要检查触板、盲表、出发判断器、出发指示灯、电笛等是否已开启并能正常使用。

（六）比赛开始前，应在电子公告板上滚动介绍本场比赛项目（图 8–14）；也可配合大会组织委员会穿插进行广告、赛场花絮、地方景色等的宣传。

2014年全国游泳锦标赛
第一场

1	女子 200米仰泳	预赛	09:00
2	男子 100米蛙泳	预赛	09:20
3	女子 100米自由泳	预赛	09:35
4	男子 200米个人混合泳	预赛	10:02
5	女子 50米蛙泳	预赛	10:26
6	男子 1500米自由泳	决赛慢组	10:32
7	女子 200米蝶泳	预赛	12:02
8	男子 4X200米自由泳接力	预赛	12:14

图 8–14　赛前介绍本场项目版面

（七）裁判员入场时，电子公告板应显示比赛名称、场次（图 8–15）；所有裁判员就位后，适时切换到介绍技术代表的版面（图 8–16）、介绍执行总裁判和发令员的版面（图 8–17）。

2014 年全国游泳锦标赛

第　一　场

图 8-15　介绍比赛名称、场次版面

技术代表

袁昊然

国家体育总局游泳运动管理中心游泳部部长

赵与龄

中国游泳协会游泳裁判委员会主任

图 8-16　介绍技术代表版面

执行总裁判

男子项目：白　钢　国际级

女子项目：熊发州　国际级

发令员

男子项目：李立新　国家级

女子项目：于　荣　国家级

图 8-17　介绍执行总裁判、发令员版面

二、赛中工作

在比赛进行中，自动计时组所有人员的注意力应高度集中，根据自动计时长的指令进行操作，各岗位协调配合，保证比赛顺利进行。自动计时长应全面观察场上赛况和设备运行情况，提醒操作人员规范操作，防止人为的操作失误（图 8-18）。

图 8-18　自动计时组赛中工作

（一）每组比赛开始前，根据比赛节奏或执行总裁判的手势，主机和电子公告板应回至待用状态（电子公告板计时器显示“0.0”，以示设备就绪可以开始比赛），并显示该组竞赛秩序版面（图 8–19）。该组如果有运动员（队）弃权，应在备注列做出标示（弃权、DNS 或 NS）。此时，自动计时长应注意全面观察，提醒主机操作员根据比赛项目、距离及各泳道情况开启或关闭有关泳道计时装置；如发现运动员（队）与竞赛秩序单不符，应立即报告执行总裁判。

2. 女子200米个人混合泳预赛　第3组　　0.0
WR 2:06.15　AR 2:07.57　CR 2:07.57

名次	泳道	姓名	单位	成绩	备注
	1	李特特	广东体彩		
	2	张思琪	浙江		
	3	朱莹莹	海军		
	4	刘子歌	上海		
	5	王歆雅	广东体彩		
	6	程海花	北京水立方		DNS
	7	赵　珊	北京水立方		
	8	孙敏婕	上海		

图 8–19　每组竞赛秩序版面

接力比赛运动员上道后，电子公告板应首先显示各队 4 名运动员的名单（图 8–20，也可 1 队 1 版显示），待执行总裁判发出长哨声信号后再切换回第 1 棒竞赛秩序版面。

7. 女子4X100米混合泳接力决赛
WR 3:52.05　AR 3:52.19　CR 3:52.19

泳道	单位	姓名			
1	海军	刘　璐	赵　莹	宋雨潼	刘怡汝
2	辽宁	王星允	刘晓宇	王靖卓	王施佳
3	广东体彩	汪雪儿	张芳玮	徐淑仪	唐雨婷
4	浙江	傅园慧	何雨哲	马婕妤	朱梦惠
5	北京水立方	程海花	庆文怡	刘　婧	韩婷如
6	河南斐尼斯	李　媛	张馨予	李　爽	辛　敏
7	上海	陈婧婧	孙敏婕	陈欣怡	张思诗
8	山东浩沙	王冰清	宋嘉宝	张琦媛	郑雅楠

图 8–20　接力比赛运动员名单版面

比赛中，某队某棒运动员出发后，应将该队的运动员姓名换成游该棒的运动员（图 8–21）。

7.女子4X100米混合泳接力决赛　　3:22.36
WR 3:52.05　AR 3:52.19　CR 3:52.19

名次	泳道	姓名	单位	成绩	备注
	1	刘怡汝	海军		
	2	王施佳	辽宁		
	3	唐雨婷	广东体彩		
	4	朱梦惠	浙江		
	5	韩婷如	北京水立方		
	6	辛　敏	河南斐尼斯		
	7	张思诗	上海		
	8	郑雅楠	山东浩沙		

图 8-21　接力比赛中每棒运动员名单版面

（二）每组运动员出发后，电子公告板上应立即显示各泳道运动员的出发反应时（图 8-22）。该信息应保持 10 秒左右再清除，电子公告板上继续显示比赛运行时间。

2.女子200米个人混合泳预赛　第3组　　3.0
WR 2:06.15　AR 2:07.57　CR 2:07.57

名次	泳道	姓名	单位	成绩	备注
	1	李特特	广东体彩		0.75
	2	张思琪	浙江		0.69
	3	朱莹莹	海军		0.64
	4	刘子歌	上海		0.87
	5	王歆雅	广东体彩		0.71
	6	程海花	北京水立方		DNS
	7	赵　珊	北京水立方		0.69
	8	孙敏婕	上海		0.79

图 8-22　出发反应时版面

（三）在 100 米及以上距离项目的比赛中，运动员每游完一趟，电子公告板应依次显示运动员该分段的名次和成绩（图 8-23）。各泳道的分段名次和成绩显示约 10 秒后再依次消除。

2.女子200米个人混合泳预赛　第3组　　30.5
WR 2:06.15　AR 2:07.57　CR 2:07.57

名次	泳道	姓名	单位	成绩	备注
	1	李特特	广东体彩		
	2	张思琪	浙江		
3	3	朱莹莹	海军	29.44	
1	4	刘子歌	上海	28.67	
2	5	王歆雅	广东体彩	29.31	
	6	程海花	北京水立方		DNS
4	7	赵　珊	北京水立方	30.00	
	8	孙敏婕	上海		

图 8-23　分段成绩版面

（四）接力比赛中，自动计时长和主机操作员应注意观察各泳道接力交接棒的时间数据。如接力交接棒时间出现负数（显示“–”号）且其绝对值大于 0.03 秒（不包括 0.03 秒），则意味着运动员抢跳（图 8–24），应立即报告执行总裁判。

图 8–24 接力交接棒犯规

当出现接力交接棒抢跳时，如果比赛设了录像计时系统，则在该组比赛结束后，可调出录像供技术代表和执行总裁判核查。如执行总裁判判定运动员犯规，自动计时长应立即通知主机操作员进行犯规处置，并迅速填写“犯规检查表”（填入犯规泳道的接力交接棒时间），签名后交执行总裁判。

接力比赛时，自动计时长和主机操作员还应注意观察前 3 棒运动员是否在退场过程中触停了其他泳道的触板。如出现这种情况，应立即报告执行总裁判。

（五）每组比赛运动员全部到达终点后，电子公告板应显示该组按泳道顺序排列的成绩。如有超、平纪录，则在备注列应出现 NNR、NAR、NCR 等相应的标示并闪烁显示以引起注意（图 8–25）。

3. 男子100米自由泳决赛　47.65
WR　46.91　AR　47.70　CR　47.70

名次	泳道	姓名	单位	成绩	备注
8	1	何健彬	广东体彩	50.57	
3	2	张麒斌	山东浩沙	50.15	
4	3	何添奇	浙江	50.26	
2	4	林永庆	辽宁	49.23	
1	5	宁泽涛	海军	47.65	NAR
7	6	蒋海琦	上海	50.43	
5	7	钱智勇	浙江	50.37	
6	8	刘俊午	解放军	50.38	

图 8–25 按泳道顺序排列的成绩版面

每组比赛结束后，自动计时长应密切注意执行总裁判的手势，并及时予以回应（图 8–26）。

图 8-26　自动计时长回应执行总裁判手势

如执行总裁判通知有运动员（队）犯规，自动计时长应立即指示主机操作员消除相关泳道的成绩，并在备注列做出标示（犯规、DSQ 或 DQ，图 8-27）。

3.女子400米个人混合泳预赛　第3组　04:50.51

WR 4:28.43　AR 4:28.43　CR 4:28.43

名次	泳道	姓名	单位	成绩	备注
1	1	柳雅欣	浙江	4:50.51	
4	2	罗　月	四川洲克	5:01.19	
2	3	张晨瑶	海军	4:52.39	
6	4	刘子歌	上海	5:03.06	
3	5	方　艺	北京水立方	4:54.10	
	6	林鑫澜	福建洲克		DSQ
5	7	陈婧婧	上海	5:01.45	
7	8	李恬瑶	浙江	5:07.63	

图 8-27　处理犯规后的成绩版面

执行总裁判确认成绩后，电子公告板即切换至按名次排列的成绩版面（图 8-28）。该版面一般应保持 10 秒左右，以利于教练员、运动员和观众了解成绩，然后再切换至下一版面。

3.女子400米个人混合泳预赛　第3组　04:50.51

WR 4:28.43　AR 4:28.43　CR 4:28.43

名次	泳道	姓名	单位	成绩	备注
1	1	柳雅欣	浙江	4:50.51	
2	3	张晨瑶	海军	4:52.39	
3	5	方　艺	北京水立方	4:54.10	
4	2	罗　月	四川洲克	5:01.19	
5	7	陈婧婧	上海	5:01.45	
6	4	刘子歌	上海	5:03.06	
7	8	李恬瑶	浙江	5:07.63	
	6	林鑫澜	福建洲克		DSQ

图 8-28　按名次排列的成绩版面

如果该组是决赛，则电子公告板切换至按名次排列的成绩版面后，应等待宣告员宣布该项比赛成绩，然后再切换至下一版面。

（六）每组比赛结束后，主机操作员应立即打印出该组成绩记录单。如主机未与成绩处理计算机联网，则自动计时长应将成绩记录单转给编排记录组输入计算机，进行后续处理。如无电子公告板，则自动计时长应先将成绩记录单交给宣告员宣布成绩，然后再转给编排记录组进行后续处理。

（七）每项预赛或半决赛结束后，电子公告板应滚动显示该项成绩的大排序（图 8-29）。其中，在获得半决赛或决赛资格的运动员（队）的备注列应标示“Q”（Qualified），在需要参加重赛的运动员（队）的备注列应标示“?”。

1.女子50米自由泳预赛

WR　23.73　AR　24.51　CR　24.51

名次	组/道	姓名	单位	成绩	备注
1	7/6	李淑一	辽宁	25.60	Q
2	8/4	朱梦惠	浙江	25.64	Q
3	6/4	刘　湘	广东体彩	25.71	Q
4	6/5	陆　滢	上海	25.83	Q
5	8/3	韩婷如	北京水立方	25.87	Q
6	4/2	唐雨婷	广东体彩	25.91	Q
6	7/5	刘　昭	北京水立方	25.91	Q
8	7/3	孙美晨	河北	25.94	?
8	7/7	吴　越	浙江	25.94	?
10	6/3	索　冉	海军	26.06	

图 8-29　每项预赛（半决赛）结束后的大排序版面

大排序滚动显示结束后，如后续项是决赛，则返回大排序第 1 版，以便宣告员宣布参加决赛名单；如后续项是半决赛，则在显示大排序第 1 版之后继续显示第 2 版，以便宣告员完整宣布参加半决赛名单。然后再切换至下一版面。

在电子公告板滚动显示该项成绩的大排序时（以采用 8 条泳道比赛为例），如后续项是决赛，自动计时长应特别注意第 8、9、10、11 名是否成绩相同需要重赛（争决赛、争第 1 替补或争第 2 替补）；如后续项是半决赛，则自动计时长应特别注意第 16、17、18、19 名是否成绩相同需要重赛。如发现上述情况，应及时报告执行总裁判并提醒编排记录组，准备启动重赛工作程序。

（八）对于以分组决赛模式比赛的项目（如 800 米、1500 米自由泳慢、快组比赛），应于该项比赛全部结束（快组结束）后在电子公告板上滚动显示该项全部参赛运动员的成绩大排序，然后返回显示大排序第 1 至第 8 名的版面（图 8-30），待宣告员宣布该项前 8 名成绩后，再切换至下一版面。

5. 女子800米自由泳决赛

WR 8:13.86　AR 8:19.43　CR 8:19.43

名次	组/道	姓名	单位	成绩	备注
1	4/4	毕易榕	浙江	8:35.00	
2	4/7	陈诗韵	江西	8:40.24	
3	3/8	王国玥	浙江	8:45.20	
4	4/3	许丹露	宁夏	8:45.28	
5	4/2	侯雅雯	辽宁	8:47.44	
6	2/4	杨　畅	山西	8:47.58	
7	3/4	田沐冉	山东浩沙	8:47.70	
8	4/5	屈　芳	陕西	8:48.13	
9	3/5	吴天其	江苏	8:48.70	
10	2/3	董馥玮	解放军	8:51.48	

图 8–30　分组决赛全部结束后的大排序版面

（九）每组比赛结束后，如发现有触板失灵或操作失误情况发生，自动计时长应立即向执行总裁判报告情况，并按规则规定补入成绩和调整名次。

如无触板成绩和名次，应立即从主机中提取盲表成绩补入。如果比赛设了录像计时系统，则可调看录像，以判定运动员的最终成绩。如无盲表成绩，则立即通知人工计时长提交该泳道人工计时的正式成绩（填在备用竞赛卡片上）用于补入。

如果发现自动计时成绩慢于半自动计时成绩（盲表计取的成绩）过多（通常为超过 0.5 秒）且 3 块盲表成绩接近，则应立即报告执行总裁判，并按指令进行调整。

（十）举行颁奖仪式时，电子公告板应首先显示颁奖前导版面（图 8–31），然后根据颁奖进程，适时切换到介绍颁奖嘉宾的版面（姓名、职务，图 8–32）和介绍获奖运动员的版面（名次、姓名、单位，图 8–33）。颁奖结束后，应根据获奖运动员退场情况或执行总裁判的手势，及时切换至下一版面。

2014 年全国游泳锦标赛

颁奖仪式

图 8–31　颁奖前导版面

颁奖嘉宾

XXX　XXXXXXXX
XXX　XXXXXXXX

图 8-32　介绍颁奖嘉宾版面

男子 1500 米自由泳

第一名	孙　杨	浙江
第二名	王柯成	湖南
第三名	张　杰	上海

图 8-33　介绍获奖运动员（队）版面

（十一）每场比赛结束后，根据执行总裁判的手势，在电子公告板上显示结束版面（图 8-34），直至裁判员退场完毕。

2014 年全国游泳锦标赛

本场比赛结束

谢谢观看

图 8-34　比赛结束版面

（十二）比赛中，自动计时长应及时将自动计时的异常情况（如无出发反应时、无接力交接棒时间数据、无触板成绩、二次触板等）和处理办法填入“自动计时技术统计表”（表 8-1），以利工作总结。

表 8-1　自动计时技术统计表

第＿＿场　　　　　　　　　　　　　　　　　　＿＿＿年＿＿月＿＿日

项次	性别组别	项　目	赛别	组次	泳道	失灵失误情况	处理办法	备注

自动计时长：＿＿＿＿＿＿

三、赛后工作

（一）每场比赛结束后，主机操作员要将本场比赛的成绩记录单整理好，交给自动计时长。自动计时长签名后，交编排记录组存档。

（二）每场比赛结束后，全组要及时进行小结，对比赛中出现的问题，特别是设备失灵的情况要认真分析，查明原因，及时修复。如出现人为的操作失误，更要强调集中注意力，规范操作，减少差错，保证比赛顺利进行。

（三）全部比赛结束后，做好本组工作总结。注意对设备运行情况做全面评估，对各环节的配合及计算机软件提出完善和改进的意见。

（四）及时归还借用的器材设备。

四、自动计时工作注意事项

（一）每组比赛开始前，如果自动计时装置尚未准备就绪，则电子公告板不可切换至待用状态，以免误导场上裁判。

（二）每组比赛结束，出现犯规后在主机上消除犯规运动员（队）成绩时，要注意保留原始成绩数据，以便必要时恢复。

（三）接力比赛时，如果接力交接棒时间显示“– –”或数值过大，可能有几种情况：前一棒运动员触壁时未触停触板，或出现“二次触板”；触板失灵；运动员确实抢跳太多。对这种情况，必须仔细分析，慎重处理。

（四）预赛或半决赛后，不得因个别泳道自动计时失灵而全部改用人工计时成绩进行大排序。应按各组运动员正式成绩（失灵泳道为补入的成绩）的优次顺序进行大排序，确定半决赛或决赛人选。正式成绩相同者名次并列。

（五）自动计时长对人工干预的成绩必须反复核对，并按规则中关于自动计时正式成绩和名次判定的方法进行处理；同时要检查纪录的更新情况，确保无误。

（六）举办游泳比赛时，由于各场馆配备的电子公告板规格、型号不尽相同（如全彩、三基色等），除应保证电子公告板的显示内容满足比赛的基本需求外，还可对显示格式及方式进行美化，以提升比赛的观赏性。

（本章执笔：高岩）

第九章　人工计时

人工计时是指计时员手工操作计时表以计取运动员比赛的成绩。我国《游泳竞赛规则》规定，自动计时、半自动计时与人工计时，均为正式的计时方法。在任何游泳比赛中，如果没有使用自动或半自动计时装置，就需要采用人工计时；如果采用自动计时装置而未使用录像计时系统时，也须使用半自动计时装置或人工计时做替补，当自动计时和半自动计时装置失灵时，以人工计时的成绩作为正式成绩。

在采用人工计时的比赛中，若每条泳道采用3块计时表计时而未设置终点裁判，则人工计时计取的正式成绩是录取名次的根本依据。

计时工作是客观反映运动员成绩的重要环节。计时员必须具备高度的工作责任感、实事求是的工作态度和认真细致的工作作风，工作时应精神贯注，动作规范，准确地计取运动员的成绩。

第一节　人工计时组的职责、工作位置和分工

一、人工计时组的职责

（一）计时员负责计取运动员在比赛中的成绩及计取100米以上距离项目的分段成绩，并将成绩登记在竞赛卡片上交计时长。

（二）计时长应计取运动员在比赛中的成绩。当每条泳道仅有1名计时员时，计时长必须计取每组最快运动员的成绩。计时长计取的成绩可作为检查、核对和补充之用。

（三）每组比赛完毕，计时长收集各泳道的竞赛卡片，核对比赛成绩，必要时与终点裁判长核对名次；然后将竞赛卡片交执行总裁判（记录台监督）审核。

（四）使用半自动计时装置时，计时员还要负责计取本泳道的半自动计时成绩。

二、人工计时组的工作位置

人工计时组一般设计时长 1 人，副计时长 1 ~ 2 人，计时员每条泳道 3 人。当每条泳道仅有 1 名计时员时，应设 1 名替补计时员以防计时表发生故障。

人工计时组位于终点端后 3 ~ 5 米处（图 9–1）。

图 9–1　计时组工作位置

每条泳道的 3 名计时员组成 1 个计时小组（图 9–2），分别称为 1 表、2 表和 3 表计时员。2 表计时员正对本泳道出发台，1 表计时员在其右侧，3 表计时员在其左侧。

1 表　　2 表　　3 表

图 9–2　计时小组

计时长位于第 4 泳道 3 表计时员的左侧，副计时长位于第 5 泳道 1 表计时员的右侧；另 1 名副计时长可位于整个人工计时组的一端，以方便与检录组的联络。

一般情况下，预赛场，计时组位于运动员座椅的前面（图 9–3）；决赛场，计时组位于运动员座椅的后面（图 9–4）。

图 9–3 预赛场计时组座椅在前

图 9–4 决赛场计时组座椅在后

三、人工计时组的分工

（一）计时长和副计时长的分工

计时长：全面领导计时组的工作，负责计时组的分工、学习、实习和总结；比赛时负责收取、检查、核对竞赛卡片。

副计时长：协助计时长工作，负责领取、分发计时组所需的计时表、笔、夹板等用具，保管计时表；比赛时负责保管、分发竞赛卡片和“计时存查表”。

（二）计时小组的分工

1 表计时员（小组长）：负责小组全面工作。赛前领取本组工作器具，核对运动员参赛证件；赛中计取运动员成绩，兼计取分段成绩；每组赛后，在检查、核对竞赛卡片记录无误后，将竞赛卡片交计时长。

2 表计时员：计取运动员成绩，并负责小组记录和统计工作。每组赛后将 3 块计时表的成绩记在竞赛卡片上，核对 1、3 表计时员所报成绩是否正确，确定正式成绩，同时填写“计时存查表”；每场比赛结束后负责“计时存查表”的统计工作。

3 表计时员：由终点端转身检查员兼任。比赛中除履行转身检查员职责外，兼计取本泳道运动员的成绩。

第二节　人工计时组的赛前准备工作

一、认真学习竞赛规程、竞赛规则和裁判方法，明确计时员的职责，重点理解规则中有关人工计时的规定，熟悉四种泳式的触壁和转身技术。

二、计时长做好计时员（1 表、2 表）的分工；明确计时长、副计时长之间的分工与配合。

三、领取所需的计时表和笔、夹板等文具。

四、计时长检查所用的计时表，向计时员介绍计时表的性能、特点及使用方法，尤其是计取分段成绩的方法。所使用的计时表必须精确至 1/100 秒。当使用半自动计时装置时，计时长还应向计时员介绍半自动计时装置（盲表）按钮的操作方法（图 9–5）。

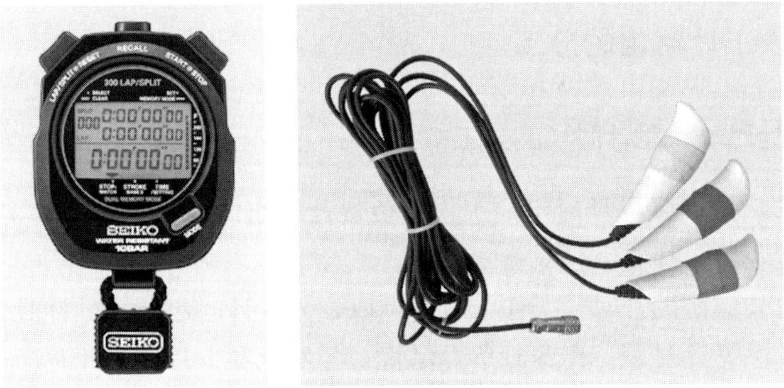

图 9–5　计时表与盲表

每位计时员只能操作 1 块计时表。当使用半自动计时装置时，每位计时员可以同时操作 1 块计时表和 1 块盲表。

五、向编排记录组领取空白“竞赛卡片”和“计时存查表”，熟悉填写方法。填写时要求准确、清晰、快速，成绩的标准格式为 8 位，如“01:07.40”（两端和中间的“0”均不能省略）。

六、与终点端转身检查长联系，安排本端转身检查员与计时组配合，使其熟悉计时工作方法。

七、与发令员密切配合，组织好现场练习，使全体计时员掌握好听（看）信号开表和看运动员触壁停表的技术，并明确“回表”信号。

图 9-6　开表姿势

（一）开表

开表的正确姿势：直立，两眼平视前方，右手（或左手）持表于身体右侧（或左侧），腕部固定在腰部（图 9-6）。听到“各就位”的口令后，将拇指第 1 指节放在开表钮上；集中注意力，听到（或看到）“出发信号”后立即按动计时表。

（二）停表

停表的正确姿势：在出发台旁边，两脚前后开立，上体稍前倾，眼部对齐池壁垂直面，右手（或左手）持表于身体右侧（或左侧），腕部固定在腰部，拇指第 1 指节放在停表钮上（图 9-7①），注意力高度集中，视线跟随运动员的最后一个动作，当运动员触及池壁后立即按停计时表。

同时采用半自动计时装置时，计时员应当用优势手持盲表，非优势手持计时表，腕部分别固定于身体两侧腰部（图 9-7②），当运动员触及池壁后立即同时按停盲表和计时表。

①

②

图 9-7　停表姿势

(三) 回表

比赛中，当听到执行总裁判发出连续短哨声信号后，应及时回表，并立即查看计时表，确认计时表回归“00:00.00”。

第三节　人工计时组的临场工作方法

人工计时组的临场工作可分为赛前、赛中和赛后三个阶段。

一、赛前工作

(一) 领取本场竞赛秩序单和各泳道的“计时存查表”。

(二) 每场赛前，计时长向全体计时员介绍本场比赛项目的特点，提出要求，必要时再进行薄弱环节的练习；副计时长将计时表、竞赛秩序单和“计时存查表”分发到各计时小组；全体计时员再次检查计时表，熟悉使用方法。

(三) 使用自动计时装置时，计时长应准备若干空白竞赛卡片以备补入成绩之用。

(四) 每场比赛开始前 15 分钟，按要求摆好本组座位。

二、赛中工作

(一) 计时长、副计时长

1. 每组比赛开始前，副计时长将检录组交来的竞赛卡分发给各泳道计时小组长；如该组有运动员申请单项分段成绩创纪录，则应通知计时长，并提醒相关泳道计时小组做好计取分段成绩的准备。

2. 每组比赛，计时长、副计时长要注意观察运动员上道的情况，一旦有计时小组发现与竞赛秩序单不一致的情况，应立即报告执行总裁判。副计时长应协助计时长与检录组、编排记录组联系，及时解决竞赛秩序有误的各种问题。

3. 每组比赛，计时长、副计时长均应按要求开表。运动员出发后，注意检查计时员开表情况。如有计时员报告计时表出现故障，计时长应迅速安排替补计时员上岗，或将空道的计时员调整过来计时，或自己替该泳道计时。

4. 接力比赛时，提醒计时小组 3 名计时员都要计取第 1 棒运动员的成绩。

5. 运动员到达终点时，计时长、副计时长需分别计取第 1、2 名运动员的成绩以及名次相近的运动员成绩，作为检查、核对、补充之用。

6. 运动员到达终点后，计时长即开始收取各泳道的竞赛卡片，边收边检查计时员计取的成绩、填写的栏目和内容是否准确、清楚，正式成绩的确定是否有误，发现错误或不清楚时要求计时员立即更正，必要时核查计时员的计时表。同时，将竞赛卡片按正式成绩的优次顺序排好。可采用“五指分夹法”（图 9–8）将竞赛卡片排序。

图 9–8　五指分夹法

7. 计时长收齐竞赛卡片后即交给记录台监督。如果比赛设了终点裁判，则先到终点组与终点裁判长核对名次（计时长按成绩的优次顺序报泳道号），然后将竞赛卡片与“比赛名次报告表”一起交给记录台监督；如果终点名次与计时成绩顺序不一致，则应口头告知记录台监督。

（二）计时员

1. 每组比赛开始前，计时小组长接到副计时长分发的竞赛卡片后，应立即根据《秩序册》或竞赛秩序单核对组别、项目、泳道及运动员姓名、单位；使用自动计时装置时则根据电子公告板的信息核对。运动员上道后，要认真检查核对运动员的参赛证件（图 9–9），发现问题（如有卡无人、有人无卡、姓名错误、无参赛证件、接力棒次错误等）应立即报告计时长。

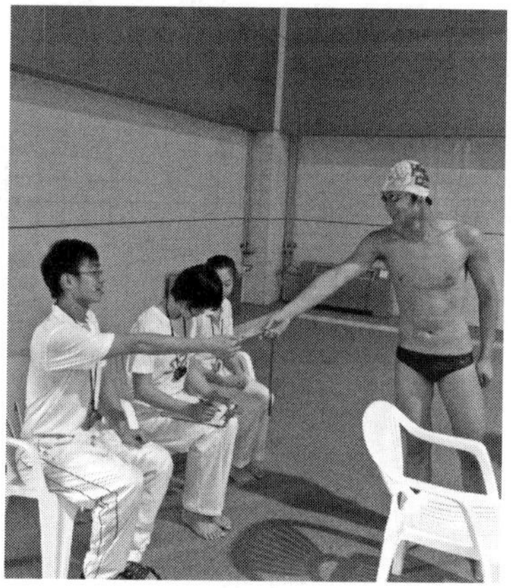

图 9–9　检查核对运动员参赛证件

2. 计时小组长检查核对完毕，将竞赛卡片交给 2 表计时员。2 表计时员随即在竞赛卡片的计时员一栏签上本计时小组成员姓名。

3. 听到执行总裁判发出短哨声信号（或出发犯规召回信号）时，计时员应立即回表。此时，计时长或各小组长可以稍予提示以减少失误。

比赛中，计时员不得随意回表。当执行总裁判或计时长需要检查计时表时必须出示受检。

4. 在执行总裁判发出长哨声信号时（仰泳项目为第 1 声长哨），全体计时员迅速起立，集中注意力，准备开表（图 9–10）；听到发令员发出“出发信号”后立即按动计时表。

图 9–10　出发时计时员起立准备开表

在 50 米池进行 50 米项目的比赛时，如果使用自动计时装置且泳池两端都配备了同步扩音器，计时员仍然是在听到“出发信号”后立即按动计时表；如果未使用自动计时装置或泳池两端未配备同步扩音器，则应在看到“出发信号”（闪光或枪烟）后立即按动计时表（图 9–11）。

图 9–11　扩音器、出发指示灯与烟屏

运动员出发后，计时员立即坐下，各自检查开表情况。如计时表出现故障，应及时报告计时长处理。

5. 在 100 米以上距离项目的比赛中，运动员在终点端每次转身或接力交接棒前距池端 15 米左右时，1 表和 3 表计时员应同时起立走到池端，1 表计时员计取分段成绩，3 表计时员履行转身检查员的职责（图 9–12）。2 表计时员随即将 1 表计时员计取的分段成绩填入竞赛卡片。

图 9–12　计取分段成绩

接力比赛第 1 棒，或执行总裁判批准运动员个人项目分段成绩创纪录申请时，计时小组 3 名计时员都要在该分段计取分段成绩。2 表计时员随即将 3 块计时表计取的成绩和正式成绩填写在竞赛卡片备注栏（接力第 1 棒）或创纪录申请表（个人项目）上。

6. 当本泳道运动员游到终点前 15 米左右时，计时小组 3 人应互相提醒，同时起立走到池端（图 9–13①），1、2 表在出发台右侧，3 表在出发台左侧（图 9–13②），做好计取成绩的准备。当运动员到达终点（触壁）后立即按停计时表。

①　②

图 9–13　计取最终成绩

7. 停表后，1 表、2 表计时员先返回座位，3 表计时员引导运动员起水后再返回。3 人出示秒表，由 2 表计时员将成绩填入竞赛卡片（按 2 表、1 表、3 表的顺序填写），并确定正式成绩。在填写成绩时，小组长要认真检查，防止记错。

人工计时正式成绩的确定方法为：

在 3 块计时表中，有两块计时表计取的成绩相同时，该成绩即为正式成绩。

如果 3 块计时表计取的成绩都不相同，则应以中间的成绩为正式成绩。

如果 3 块计时表中只有两块正常运行，则应以平均成绩为正式成绩（平均成绩只取到 2 位小数，在千分位上不做四舍五入）。

填写竞赛卡片的方法如表 9–1 所示。

表 9–1　竞赛卡片填写示例

表号	计时员	竞赛成绩	正式成绩
①	× × ×	01:09.03	01:08.99
②	× × ×	01:08.95	
③	× × ×	01:08.99	

8. 随后，2 表计时员立即填写“计时存查表”（表 9–2），其中的“误差”是指 3 块计时表中最差成绩与最优成绩之差。如发现人工计时的正式成绩与自动计时成绩相差超过 0.5 秒，小组长应立即报告计时长，计时长应立即报告执行总裁判，由执行总裁判和自动计时长沟通后处理。

表 9–2　计时存查表

第 ____ 场　第 ____ 道　　　　______ 年 ___ 月 ___ 日

项次	组次	性别组别	项目	赛别	距离	成绩			人工计时正式成绩	误差
						1 表	2 表	3 表		
						: .	: .	: .	: .	
						: .	: .	: .	: .	
						: .	: .	: .	: .	
						: .	: .	: .	: .	
						: .	: .	: .	: .	
						: .	: .	: .	: .	
						: .	: .	: .	: .	
						: .	: .	: .	: .	
						: .	: .	: .	: .	
						: .	: .	: .	: .	
						: .	: .	: .	: .	
						: .	: .	: .	: .	

	共计	全同	误差				个人有效成绩		
			0.01 ~ 0.10	0.11 ~ 0.20	0.21 ~ 0.30	0.30 以上	1 表	2 表	3 表
合计（次）									
%									

计时员：1 表 ______________　2 表 ______________　3 表 ______________

9. 竞赛卡片和“计时存查表”填写完毕，2表计时员即将竞赛卡片交给小组长。小组长检查无误后，在计时长收取竞赛卡片时将其交出。

三、赛后工作

（一）每场比赛结束，副计时长及时收齐各泳道计时表，妥善保管。全部比赛结束后，收齐计时表和文具交回有关部门。

（二）每场比赛结束，2表计时员及时做好“计时存查表”的统计工作，然后将“计时存查表”交副计时长保管。全部比赛结束后，副计时长将全部“计时存查表”交编排记录组存档。

（三）每场比赛结束后，计时长应及时进行小结，分析出现的失误和存在的问题，提出改进意见，努力提高计时准确性和工作速度。必要时可对计时小组进行调整，或更换计时表。

（四）全部比赛结束后，做好本组工作总结。

四、人工计时工作注意事项

（一）每组比赛，替补计时员和空道计时员也要按要求开表，并在本组运动员全部抵达终点后自行停表。必要时，替补计时员或空道计时员将受计时长的指派替换其他泳道计时表出故障的计时员。

（二）开表时要求身体正直，抬头挺胸，仪表大方。开、停表时严禁手臂做上下或左右摆动的动作；在池端停表时严禁腿部做摆动避水的动作。

（三）在整个工作过程中要精神饱满，注意力集中，保持良好的坐姿、站姿，不要闲聊，以免影响工作。

（四）计时员在计取成绩时必须找准运动员触壁的瞬间，避免被一些假象所迷惑。例如：运动员最后一次手臂前伸、抬头后停止了动作，与池壁仍相差一定距离，需要滑行后才能触壁，但由于瞬间浪花很大，计时员往往误以为运动员已触壁而停表。因此，计时员在赛前应多观察运动员四种泳式的触壁动作，找准触壁瞬间，避免此类错误。

（五）不论运动员（队）是否因犯规或其他原因被取消资格，计时员都应如实记录运动员（队）的成绩；不得抄录其他计时员或自动计时的成绩，更不得编造成绩。

（六）计时员不能为运动员加油，不能向运动员透露成绩、名次、是否被取消资格等敏感问题。

（七）比赛若采用自动计时，则计时员上出发平台时脚不要踩踏自动计时触板上沿。半自动计时的盲表在使用前和使用后都要按 1、2、3 号的顺序摆放好，避免拿错。

（八）在采用自动计时的比赛中，人工计时组一般不填竞赛卡片而只填“计时存查表”。在参赛人数很多而采用“快节奏”的比赛中，为了节省时间，甚至可以不填“计时存查表”；只是在自动计时装置和半自动计时装置都发生故障时，人工计时长才根据自动计时长的要求，通知相关计时小组迅速在备用竞赛卡片上填写人工计时的正式成绩，再交给自动计时组用于补入成绩。

（本章执笔：倪小焰）

第十章　终点

终点裁判组的任务是观察并判断比赛运动员到达终点的名次。目前国际、国内重大游泳赛事已广泛使用自动计时装置，不再设置终点裁判。未采用自动计时装置时，可设置终点裁判。

设置终点裁判时，终点裁判员要熟练掌握观察方法，在比赛中做到注意力高度集中、沉着冷静、反应迅速、准确判断名次。

第一节　终点裁判组的职责、工作位置和分工

一、终点裁判组的职责

（一）终点裁判员按分工准确地判断每组比赛的名次。

（二）终点裁判长观察运动员游进的全部情况，综合终点裁判员的判断，确定每组比赛名次。

二、终点裁判组的工作位置

终点裁判员应坐在梯形架上（图10–1），以便在比赛中清楚地看到全部运动员的整个游程和到达终点的情况。梯形架应设在总裁判席同侧的终点延长线上（可稍内移一点，以形成较佳观察角度），一般设 4 ~ 5 层，其前沿距池边约 3 米。

图 10–1　终点裁判梯形架

如果赛场条件有限，经总裁判同意，也可将终点裁判组的工作位

置设在看台上。

三、终点裁判组的分工

终点裁判组一般设终点裁判长 1 人，副终点裁判长 1 人，终点裁判员 6 人。终点裁判长领导和分配终点裁判员的工作，副终点裁判长协助终点裁判长工作。

终点裁判组通常采用“跟随观察法”进行工作。

（一）分工

1. 终点裁判长：全面观察运动员到达终点的情况，综合终点裁判员的判断结果，确定各组的名次，填写“比赛名次报告表”，并负责与计时长核对名次。

2. 副终点裁判长：在比赛中主要观察并判断运动员到达终点的相近名次，供终点裁判长综合名次时作为校正之参考。

3. 终点裁判员 6 人的岗位和任务如表 10–1 所示。

表 10–1　采用“跟随观察法”时终点裁判员的岗位和任务

岗位	任　务
小号岗	判断基础名次，即 1、2、3、4 道运动员抵达终点的相对顺序（判断 4 人）
大号岗	判断核对名次，即 5、6、7、8 道运动员抵达终点的相对顺序（判断 4 人）
5 道岗	判断 5X，即 1、2、3、4 道运动员中谁紧随在 5 道运动员之后抵达终点（判断 2 人）
6 道岗	判断 6X，即 1、2、3、4 道运动员中谁紧随在 6 道运动员之后抵达终点（判断 2 人）
7 道岗	判断 7X，即 1、2、3、4 道运动员中谁紧随在 7 道运动员之后抵达终点（判断 2 人）
8 道岗	判断 8X，即 1、2、3、4 道运动员中谁紧随在 8 道运动员之后抵达终点（判断 2 人）

5 道岗至 8 道岗的判定结果应当用两位数字记写：第 1 位为本道岗号（5、6、7 或 8），第 2 位为 1 ~ 4 泳道中紧随本道运动员抵达终点的那个运动员的泳道号（1、2、3 或 4），例如 52、64、73、81 等。如果 5、6、7 或 8 道的运动员是本组最后一个抵达终点的（即 1、2、3、4 道中没有运动员跟随其后），则判定结果的第 2 位记为 0，例如 50、60、70 或 80。

（二）座位

终点裁判长坐在终点裁判梯形架第 1 层靠近总裁判席一侧，以方便与计时长和执行总裁判联系。副终点裁判长坐在终点裁判长旁边，以便于相互沟通。终点裁判员分别坐在梯形架的第 2、3、4 层。（图 10–2）

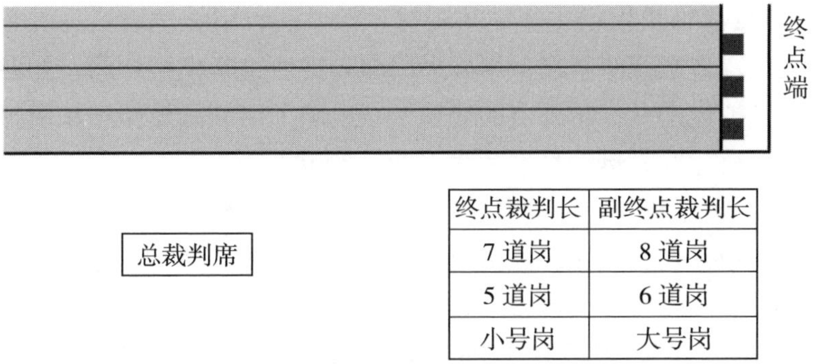

图 10–2　终点裁判组座位

当终点裁判员人数比较少不足以采用“跟随观察法”时，通常安排 1～2 人观察全部名次，安排 1～2 人主看相近名次，最后由终点裁判长综合得出各组名次。

第二节　终点裁判组的赛前准备工作

终点裁判组赛前准备工作的重点是熟练掌握选定的观察方法，确保准确无误地判定各组名次。

一、终点裁判的准备

（一）认真学习竞赛规程、竞赛规则和裁判方法，明确终点裁判员的职责；熟悉各种泳式运动员抵达终点的触壁技术。

（二）终点裁判长确定比赛中使用的观察方法，分配终点裁判员的岗位，明确正、副终点裁判长之间的分工与配合。

（三）领取所需的笔、夹板等文具。

（四）向编排记录组领取“终点存查表”“终点综合名次登记表”“比赛名次报告表”“长距离项目记趟表”等，熟悉填写方法。

（五）熟悉并适应赛场环境（如灯光照度、终点池壁反光、分道线颜色、泳道号及位置等），调整好终点梯形架的位置，明确各自的座位，熟悉各自的观察角度。

（六）终点裁判长根据比赛中使用的观察方法，组织全组认真研究，反复练习，不断强化，直至熟练掌握。可以采用多种方法进行模拟训练，如在磁板上摆放磁性棋子模拟运动员抵达终点的场景、在电脑上用动画模拟运动员抵达终点的场景或直接播放比赛时运动员抵达终点的录像等。

（七）组织终点裁判组认真参加赛前实习，熟悉观察和判断名次的完整过程，及时发现工作中存在的问题，提出改进措施，努力提高判断名次的准确性。

二、采用“跟随观察法”时判定名次的方法

（一）各岗独立得出自己的判定结果。

例如：当运动员以图 10-3 的顺序抵达终点时，各岗终点裁判员的判定结果应为：小号岗 3421；大号岗 8657；5 道岗 52；6 道岗 62；7 道岗 70；8 道岗 84。

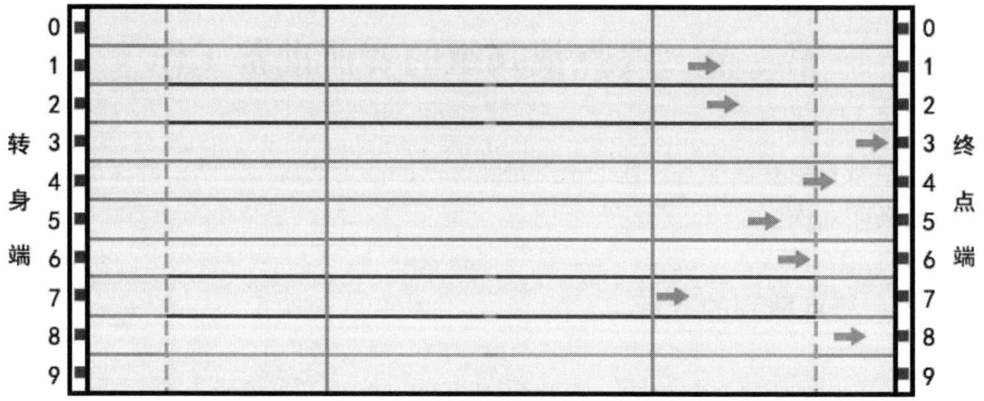

图 10-3　运动员抵达终点范例

（二）终点裁判长将各岗裁判员的判定结果填入“终点综合名次登记表”（表 10-2）的相应栏目，通过逻辑判断，排出名次。

表 10–2　填写“终点综合名次登记表”示例

基础名次	3		4		2		1	
插入记录		8		5 6				7
核对名次			8	6	5	7		
终点综合名次	3	8	4	6	5	2	1	7

具体步骤如下：

1. 在“基础名次”栏内记下小号岗的判定结果。记写时各泳道号之间适当分开。

2. 在“核对名次”栏内记下大号岗的判定结果。

3. 根据 5 道岗至 8 道岗所报出的判定结果（5X、6X、7X、8X），在“插入记录”栏内的相应位置处填入固定泳道号（5、6、7、8）。若 X 为 1—4 之一，即将固定泳道号记在 X 之前的空隙处；若 X 为 0，则将固定泳道号记在所有泳道号之右侧。

4. 根据“基础名次”和“插入记录”两栏的数字，按从左到右的顺序排定综合名次。若在“基础名次”的某个空隙处出现了两个以上固定泳道号，则根据“核对名次”来决定它们的先后顺序。

上例，在基础名次 2 之前，插入了 5 和 6 两个泳道号，而根据核对名次，6 在 5 之前。因此，终点综合名次应为 8、3、4、6、5、2、1、7。

第三节　终点裁判组的临场工作方法

终点裁判组的临场工作可分为赛前、赛中和赛后三个阶段。

一、赛前工作

（一）领取本场竞赛秩序单。

（二）每场赛前，终点裁判长向全体终点裁判员介绍本场比赛项目的特点，提出要求；全体终点裁判员检查工作用具。

（三）每场比赛开始前 15 分钟，整理好终点梯形架座位。

二、赛中工作

（一）每组比赛开始时，运动员上泳道就座后，半决赛、决赛前宣告员介绍运动员时，以及在运动员出发的过程中，终点裁判员应全面了解运动员的情况，明确哪几道是空道，着重注意与本人分工有关泳道运动员的特征（如泳帽颜色、身材大小等）。（图 10–4、图 10–5）

图 10–4　终点裁判员观察运动员上道情况

图 10–5　终点裁判员观察运动员出发

（二）运动员出发后，终点裁判员要全面观察运动员游进的情况。当运动员最后一次转身后，应集中注意力观察，随时调整并默记自己分工负责的泳道的名次（图 10–6）。

图 10–6　运动员赛中情况

（三）在 800 米和 1500 米项目比赛中，终点裁判员应用“长距离项目记趟表”（表 10–3）记录与本岗有关的泳道运动员完成的趟数，并注意与转身端转身检查员的报趟和终点端转身检查员的摇铃核对，确认运动员抵达终点的时刻。

表 10–3 终点裁判员 1500 米自由泳记趟表（50 米池）

第 ____ 场第 ____ 项　　　　性别组别：______________ 赛别：______

剩余趟数	完成距离	组					组					组					组				
28	100m																				
26	200m																				
24	300m																				
22	400m																				
20	500m																				
18	600m																				
16	700m																				
14	800m																				
12	900m																				
10	1000m																				
8	1100m																				
6	1200m																				
4	1300m																				
2	1400m																				
0	1500m																				

岗位：________　　裁判员：________

终点裁判员使用的“长距离项目记趟表”有 4 份，分别对应于 50 米池和 25 米池、800 米自由泳和 1500 米自由泳。4 份表格的结构相同，仅在剩余趟数和完成距离两列有所差异，应根据具体情况选用。

使用表 10–3 时，须先根据岗位分工在每一组表头的各列中依次填入本岗需要记趟的泳道号。

小号岗：小号岗的任务是判定 1、2、3、4 道运动员抵达终点的相对顺序，故应在每一组表头的各列中依次填入泳道号 1、2、3、4。

大号岗：大号岗的任务是判定 5、6、7、8 道运动员抵达终点的相对顺序，故应在每一组表头的各列中依次填入泳道号 5、6、7、8。

5 道岗：5 道岗的任务是判定 1、2、3、4 道运动员中谁紧随在 5 道运动员之后抵达终点，故应在每一组表头的各列中依次填入泳道号 1、2、3、4、5。

6 道岗：6 道岗的任务是判定 1、2、3、4 道运动员中谁紧随在 6 道运动员之后抵达终点，故应在每一组表头的各列中依次填入泳道号 1、2、3、4、6。

7 道岗：7 道岗的任务是判定 1、2、3、4 道运动员中谁紧随在 7 道运动员之后抵达终点，故应在每一组表头的各列中依次填入泳道号 1、2、3、4、7。

8 道岗：8 道岗的任务是判定 1、2、3、4 道运动员中谁紧随在 8 道运动员之后抵达终点，故应在每一组表头的各列中依次填入泳道号 1、2、3、4、8。

比赛时，各岗裁判员根据相关泳道运动员完成的距离，在表中相应单元格内划记。

（四）当运动员距离终点还有 10 ~ 15 米时，终点裁判员应形成初步的名次概念，并继续跟随观察，根据运动员抵达终点的情况调整并最终确定自己分工负责的泳道的名次（图 10–7）。

图 10–7　运动员到达终点情况

（五）运动员抵达终点后，终点裁判员立即将自己的判定结果填入“终点存查表”（表 10–4）；随后，按小号岗、大号岗、5 道岗至 8 道岗的顺序，将各岗的判定结果报给终点裁判长。

表 10–4　终点存查表

第 ____ 场　____ 岗裁判员：______________　　　　　　______ 年 ___ 月 ___ 日

项次	性别组别	项　目	赛别	组次	判断记录	决定名次	误差情况

（六）终点裁判长收集各终点裁判员的判定结果，填写“终点综合名次登记表”（表 10–5），排出终点综合名次。

表 10–5　终点综合名次登记表

第 ____ 场第 ____ 项　____________ 组 ______ 米 ______ 泳 ______ 赛　第 ____ 组

基础名次	
插入记录	
核对名次	
终点综合名次	

（七）终点裁判长与副终点裁判长核对，确认该组名次后，迅速填写“比赛名次报告表”（表 10–6）。当计时长携竞赛卡片前来时，与其核对名次。最后，将“比赛名次报告表”交由计时长转给记录台监督。

表 10–6 比赛名次报告表

第____场第____项 ______________组______米________泳______赛 第____组

名次	第 1 名	第 2 名	第 3 名	第 4 名	第 5 名	第 6 名	第 7 名	第 8 名
道次								

终点裁判长：______________ ________年____月____日

三、赛后工作

（一）每场比赛结束后，及时进行小结，查找不足，分析原因，提出改进意见，努力提高名次判定的准确性。

（二）全部比赛结束后，做好本组工作总结。

（三）及时归还借用的器材。

四、终点裁判工作注意事项

（一）工作要张弛有度，避免长时间紧张而产生精神疲劳。短距离项目比赛时，注意力要高度集中；长距离项目比赛时，要观察全程，不能麻痹松懈。

（二）熟悉各种泳式运动员抵达终点的触壁技术，分清水上、水面、水下触壁，分清快、慢触壁，分清真、假触壁。

（三）在运动员接近终点时，应扩大视野，不能抬头或眨眼，防止相邻泳道混淆，避免因目光集中于一点而出现判断错误（尤其在观察视角跨度大的情况下）。

（四）不受激烈场面的干扰和本位主义的影响，实事求是地报告判断结果。如果运动员终点触壁非常接近，无法分辨先后，也应如实报告，不能猜测臆造。

（五）绝不外传本组内部的争议情况，一切以大会公布的为准。

（本章执笔：李恺宪）

第十一章 宣告

宣告是竞赛工作的重要环节，是激励运动员创造优异成绩、调动观众情绪、营造赛场氛围、调节比赛节奏的有效手段。

宣告员必须思维敏捷，熟悉游泳竞赛流程，口齿清楚，发音准确；工作时注意力应高度集中，沉着冷静，快慢有序、张弛有度；宣布成绩时，应正确无误、简洁明了；介绍相关信息时，语调应饱满热诚、富有吸引力。国际比赛中，宣告员还应具备很好的外语口语交流能力。

第一节 宣告员的职责、工作位置和分工

一、宣告员的职责

（一）在总裁判领导下，向观众介绍比赛项目和进行情况。

（二）宣布经执行总裁判确认的比赛成绩。

（三）必要时，通过宣告配合竞赛部门组织好颁奖仪式。

二、宣告员的工作位置

宣告工作台应紧靠着总裁判席（图 11–1），以便宣告员随时接受执行总裁判的指令，并能全面观察到赛场情况。

宣告工作需要的器材设备主要是话筒、电脑显示屏、音响控制台和音乐播放电脑等（图 11–2）。音响控制台应尽可能设在宣告工作台旁边，以便音响操控人员与宣告员密切配合，或由宣告员直接操控音响系统。

图 11–1　宣告员工作位置

图 11–2　宣告工作器材设备

三、宣告员的分工

宣告员一般设 2 人，最好男、女各 1 人。

每场比赛开始前，一名宣告员在现场工作，介绍赛事和当场比赛项目，催交接力棒次表，通知比赛池结束热身活动等。另一名宣告员出席赛前裁判准备会，返岗后传达并贯彻落实。

比赛中，宣告员可按多种方式分工。例如：可 1 人负责男子项目的宣告，1 人负责女子项目的宣告；或 1 人负责介绍项目和运动员（队），1 人负责宣布比赛成绩和相关信息等。不论如何分工，都应做到任务明确，配合默契。

第二节　宣告员的赛前准备工作

一、认真学习竞赛规程、竞赛规则和裁判方法，明确宣告员的职责；学习赛会《技术手册》《竞赛指南》《秩序册》等材料，了解赛会基本情况，熟悉日程安排。

二、向有关部门索取宣传材料，熟悉优秀运动队和优秀运动员的情况，编写介绍词在适当的时候宣读，以提高运动员的兴奋性，激发观众的热情，活跃场上气氛。

三、明确宣告员之间的分工与配合方法。

四、熟悉赛场环境，了解宣告工作台位置，准备好宣告需要的器材设备，熟悉使用方法。

五、备好《字典》，查实运动员姓名的正确读音；熟悉人工计时竞赛卡片的内容和成绩播报的方法。

六、准备好必要的音乐材料，如裁判员入场、退场音乐，运动员入场音乐，长、短距离项目比赛中的背景音乐，颁奖音乐等；联系音响系统操控人员，落实协调配合事宜（图 11–3）。

图 11–3　音响操控

七、明确宣告程序、宣告时机和宣告内容；与执行总裁判、检录组、自动计时组、编排记录组等联系，了解裁判员入场、退场的要求，明确赛中各种情况下工作配合的方法；与大会有关部门和颁奖组联系，了解开幕式、闭幕式及颁奖仪式的要求，落实具体联系人，明确工作配合的方法。

八、根据赛事的实际需要针对性地编写“宣告用语”，将所有情况下需要播讲的内容都制作成简洁的文字模板，以便在比赛中适时选用，保证有条不紊地进行工作。

九、认真参加赛前实习，熟悉宣告工作的完整过程，及时发现工作中存在的问题，认真改进，努力提高宣告工作水平。

第三节　宣告员的临场工作方法

宣告员的临场工作可分为赛前、赛中和赛后三个阶段。

一、赛前工作

（一）每场比赛前 1 小时，宣告员应到位，协助音响操控人员检查和调试音响设备，保证设备可正常使用。

（二）领取本场竞赛秩序单，熟悉本场竞赛项目和竞赛秩序。

（三）核实本场执行总裁判和发令员的执场名单。

（四）每场赛前 50 分钟左右，正式启动宣告程序（图 11–4）。首先配合电子公告板的显示播讲开场词，向观众介绍本次赛会情况、本场竞赛项目及特点、优秀运动员情况等，宣传游泳运动，激发观众热情。

图 11–4　启动宣告程序

（五）如果本场有接力项目，则在赛前 40 分钟左右广播催促有关代表队递交“接力棒次表”。

【范例】各代表队领队、教练员请注意，请抓紧时间到编排记录台递交本场接力项目棒次表。接收接力棒次表的截止时间为 × × 时 × × 分。谢谢合作！

（六）赛前 15 分钟，通知在比赛池做准备活动的运动员起水，然后继续介绍本场竞赛项目。

【范例】运动员、教练员、场地工作人员请注意，现在比赛池的热身活动已经结束，比赛将在 15 分钟后开始，请在比赛池做准备活动的运动员起水。还需要热身的运动员请到练习池活动。谢谢合作！

本场比赛项目有：……

（七）每场比赛前 3 ~ 5 分钟时，当执行总裁判发出入场手势后，用广播引导裁判员入场（图 11–5）。

图 11–5　广播引导裁判员入场

【范例】××××年××××游泳比赛第×场现在开始，请裁判员入场（播裁判员入场音乐至裁判员就位）。

（八）裁判员就位后，按电子公告板的显示或纸质执场名单，依次介绍技术代表、本场执行总裁判和发令员（图 11-6）。

图 11-6　介绍执行总裁判和发令员

【范例】现在介绍技术代表、执行总裁判和发令员。

本次比赛的技术代表是：

×××（姓名），××××××（身份职务）

×××（姓名），××××××（身份职务）

本场执行总裁判：

男子项目：×××（姓名），×××（裁判等级）

女子项目：×××（姓名），×××（裁判等级）

本场发令员：

男子项目：×××（姓名），×××（裁判等级）

女子项目：×××（姓名），×××（裁判等级）

二、赛中工作

（一）每组比赛开始时，根据不同的赛次，采用不同的方法介绍该组项目和运动员（队）。在介绍运动员（队）前，要核实各泳道是否有弃权，有空道时跳过，不介绍。

1. 预赛时，每组运动员入场按泳道就座后，根据执行总裁判的示意，先介绍该组项目；待运动员出发后，再按泳道顺序介绍运动员（队）。

【范例】现在进行××××××（项目）预赛第××组。

（出发后）运动员（队）介绍：

1 道：×××（姓名），××××（单位）

2 道：×××（姓名），××××（单位）

……

2. 决赛（半决赛）时，根据执行总裁判的示意，先介绍该组项目，并用广播引导运动员入场。待运动员按泳道就座后，再按泳道顺序介绍运动员（队）（图 11–7）。

【范例】 现在进行××××（项目）决赛（半决赛第×组）。请运动员入场（播入场音乐至运动员就位）。

图 11–7　介绍运动员

运动员（队）介绍：

1 道：×××（姓名），××××（单位）

2 道：×××（姓名），××××（单位）

……

接力比赛介绍运动队时，如果电子公告板上只有队名而没有运动员姓名，则应根据编排记录组提供的竞赛秩序单依次介绍各队的 4 名运动员。

（二）一组比赛开始前，如果赛场比较嘈杂，在执行总裁判授意下，可通过广播请观众保持安静；比赛中，在执行总裁判授意下，也可通过广播请观众不要使用闪光灯。

【范例 1】 观众朋友们：在裁判员组织出发时，请保持赛场安静，以免影响运动员出发。谢谢合作！

【范例 2】 观众朋友们：在比赛过程中请不要使用闪光灯，以免影响运动员的比赛。谢谢合作！

（三）每组比赛后，适时宣布该组成绩（自动计时当组宣布，人工计时隔组宣布）。

1. 如果比赛采用自动计时装置，且使用电子公告板，则在预赛、半决赛后不宣布成绩，可提示大家看电子公告板。

【范例】 观众朋友们：×组比赛的成绩已显示在电子公告板上。

决赛后，须待电子公告板切换到成绩确认版后再宣布当组名次、成绩。对犯规的运动员（队）只宣布犯规泳道，不播报具体信息。

【范例】 ××××（项目）××赛（第×组）成绩：

（第 1 名：）×××（姓名），××××（单位），××××（成绩）

（第 2 名：）×××（姓名），××××（单位），××××（成绩）

……

（×道犯规）

2. 如果比赛采用自动计时装置，但无电子公告板，则在一组比赛结束后，根据自动计时成绩单并对照竞赛秩序单宣布当组成绩。

3. 如果比赛采用人工计时，但使用电子公告板，则在一组比赛结束后，编排记录组迅速将该组成绩输入电子公告系统；在下一组比赛结束后，电子公告板显示上一组成绩，宣告员看电子公告板（或该组正式成绩单）宣布成绩。

4. 如果比赛采用人工计时，无电子公告板，则宣告员在接到记录台监督转来的该组竞赛卡片后，将卡片按顺序整理好（按名次、成绩顺序排列，犯规卡片接其后，弃权卡片排最后）；在每组最后一名运动员抵达终点后，根据竞赛卡片宣布前一组成绩；然后将竞赛卡片转给编排记录组。

（四）如运动员（队）在比赛中创造了新纪录，则应先宣布创纪录情况，播报贺词，再按顺序宣布该组成绩。

【范例】 观众朋友们：报告大家一个好消息。在刚刚结束的××××项目××赛（第×组）中，××××的×××以××××的成绩，超过了该项目的××纪录。让我们以热烈的掌声，向创纪录的运动员表示热烈的祝贺！

现在宣布××××（项目）××赛（第×组）成绩。

……

（五）某项预赛、半决赛结束后，及时宣布该项半决赛、决赛名单（自动计时当项宣布，人工计时隔项宣布）。

1. 如果比赛采用自动计时装置，且使用电子公告板，则在一项预赛、半决赛结束后电子公告板从滚动显示切换回大排序第 1 版时，开始宣布该项半决赛、决赛名单。对于采用 8 条泳道的比赛，半决赛名单应宣布正式 16 人及替补 2 人，决赛名单应宣布正式 8 人及替补 2 人。

【范例】 参加××××半决赛（决赛）名单。

×××（姓名），×××（单位）

……

替补：×××（姓名），×××（单位）

×××（姓名），×××（单位）

2. 如果比赛采用自动计时装置，但无电子公告板，则在一项预赛、半决赛结束后，根据编排记录组提供的纸质成绩公告（大排序）宣布该项半决赛、决赛名单。

3. 如果比赛采用人工计时，但使用电子公告板，则在一项预赛、半决赛结束后，编排记录组迅速将该项半决赛、决赛名单输入电子公告系统，并在下一项比赛结束后显示在电子公告板上，宣告员看电子公告板（或编排记录组提供的纸质“竞赛秩序单”）宣布上一项半决赛、决赛名单。

4. 如果比赛采用人工计时，无电子公告板，则宣告员在下一项比赛结束后，根据编排记录组提供的纸质“竞赛秩序单”宣布上一项半决赛、决赛名单。

（六）某项预赛、半决赛结束后，如需重赛，则尽快宣布重赛名单。

如果比赛采用自动计时装置，且使用电子公告板，则在电子公告板切换到大排序重赛运动员（队）信息时，即宣布重赛名单。如果比赛无电子公告板，则根据编排记录组提供的纸质“重赛秩序单”宣布重赛名单。

【范例】 重赛通知：××××队的×××（姓名）和××××队的×××（姓名）需参加××××（项目）重赛，请有关运动员或其教练员立即到检录处商定重赛事宜。

（七）举行颁奖仪式时，应按有关部门赛前制定的程序，用广播进行配合（图 11–8）。如果有电子公告板，则根据电子公告板显示的信息播报；如果没有电子公告板，则应事先要求颁奖组提供颁奖嘉宾名单、编排记录组提供获奖运动员名单，并根据名单播报。

图 11–8　广播配合颁奖

【范例】（播放颁奖音乐 – 前奏）现在举行××××颁奖仪式。

（播放颁奖音乐 – 上场）请获奖运动员和颁奖嘉宾入场。

（播放颁奖音乐 – 颁奖）请××××（身份职务、姓名）为获奖运动员颁奖。

第 3 名：××× (姓名)，××× (单位)。

第 2 名：××× (姓名)，××× (单位)。

第 1 名：××× (姓名)，××× (单位)。

让我们用热烈的掌声向获奖运动员表示祝贺！

(播放颁奖音乐－退场）请获奖运动员和颁奖嘉宾退场。

(八）每场最后一项比赛结束（宣布所有成绩和半决赛、决赛名单，完成所有颁奖）后，根据执行总裁判的示意，用广播引导裁判员退场（图 11–9)。

图 11–9　广播引导裁判员退场

【范例】××××年××××游泳比赛（第×场）到此结束，请裁判员退场。(播放裁判员退场音乐至裁判员退场完毕)

三、赛后工作

(一）每场比赛结束后，及时进行小结，听取多方意见，查找失误点（尤其是配合环节)，积累经验，完善细节，改进播报形式和风格，努力提高宣告工作水平。

(二）全部比赛结束后，做好本组工作总结。

(三）协助音响操控人员整理好音响器材和音乐资料。

四、宣告工作注意事项

(一）宣告员在熟悉竞赛流程的基础上，要注意观察场上情况，特别留意执行总裁判的手势、眼神，形成默契，及时播报。

(二）凡播报的材料都应是书面稿，有关宣传材料必须经赛事领导批准后才能使用；临时增加的播报内容必须先形成规范的文字材料再播报，避免出现语意不清或错误。

（三）介绍重点项目、重点运动员时可加强渲染，既可提高运动员的兴奋性，又能引导观众的兴趣点，调动观众激情，营造赛场良好氛围。

（四）在长距离项目比赛中，可穿插介绍游泳知识和游泳趣闻，宣传游泳运动，提高观众欣赏水平。

（五）介绍运动员、官员、嘉宾时，姓名的读音应正确，不能读错。

（六）宣告成绩时，数字应读全。如 4:01.80，其中有 2 个零，要完整读出，不能省略。

（七）为了活跃赛场气氛，比赛全程都可播放背景音乐，但应根据项目距离选用。短距离项目宜用节奏感较强的音乐，长距离项目宜用比较轻快的音乐。

（八）有可能的话，预先制作一些特色鲜明的音乐片断，长者 20 ~ 30 秒，短者 10 ~ 15 秒；长者可分别作为开场、裁判员入场、裁判员退场、颁奖等的前奏，短者可作为运动员入场的前奏，示意宣告即将开始，以吸引观众注意力。

（九）音响操控应使用独立的电脑，将所有预备好的音乐材料置于一个文件夹中，可随时点击播放。与音响操控人员密切配合，在音乐播放时机上形成默契，控制好音量，并注意音乐切换的淡入与淡出，避免过于突兀。

（十）未经执行总裁判同意，不得随意播报与比赛无关的内容。在不做宣告时，应关闭话筒，以免嘈杂声音传入场内。

（十一）比赛期间，注意休息，养护好嗓子，保持良好的身体和精神状态投入工作。

第四节　体育展示团队的工作

一、体育展示团队的工作特点

目前，在国际国内重大游泳比赛中，宣告工作通常由一个专门的体育展示团队来承担。体育展示团队除了完成一般意义上的宣告任务外，还充分运用各种媒体手段，全方位地开展宣传激励工作，使得赛场气氛更加浓烈，比赛过程更加精彩。（图 11–10）

图 11–10　游泳比赛现场

在设置体育展示团队的情况下，竞赛组织委员会须预先制定详细的《每日竞赛活动日程》（Daily Competition Activity Schedule，简称 DCAS）；体育展示团队在此基础上再设计出按分、秒设置的具体《运行脚本》，针对在各种情况下需要播报的内容准备好相关文字材料。比赛中，各项活动的进程由体育展示团队严格按预定时间掌控，执行总裁判则根据广播的引导来组织比赛。

二、体育展示团队部分播报脚本范例

（一）开场词

【范例 1】女士们、先生们，上午好！欢迎大家来到××××游泳馆现场观看××××游泳比赛。本次游泳比赛，来自全国××支代表队的××名运动员将参加××个项目的角逐。比赛共进行××天××场，上午为预赛，××开赛，晚上为决赛和半决赛，××开赛。

【范例 2】观众朋友们，晚上好！这里是××××游泳馆，是游泳的盛会、荣誉的殿堂，热烈欢迎您光临现场，为拼搏奋斗的运动员助威加油、鼓掌喝彩，共同见证中国泳坛新星、未来奥运冠军的诞生，一起分享游泳运动带来的快乐。

【范例 3】女士们、先生们，晚上好！国际奥林匹克委员会和国际游泳联合会与主办国北京奥运会组织委员会，欢迎大家来到国家水立方游泳馆，现场观看第 29 届奥运会游泳比赛第××场的比赛。今晚将有××个精彩的项目奉献给热情的观众，分别是……

【范例 4】女士们、先生们，晚上好！这里是××××游泳馆，××××游泳比赛的现场，欢迎您的到来。感谢您一如继往地支持和满腔热情地关注游泳比赛，比赛有您参与，将会更加精彩！

【范例 5】观众朋友们，今天是××××游泳比赛的第××天，已经产生的××枚金牌各有归属，分别是：××××队××枚、××××队××枚、……今晚在此还将进行××个项目的决赛，分别是……这××枚金牌最后花落谁家，让我们共同期待。同时也祝福您心中的明星，超越自我、赛出水平、创造历史！

（二）技术官员介绍

【范例 1】第 16 届亚洲运动会游泳比赛第××场比赛现在正式开始。让我们以热烈的掌声，欢迎技术官员入场。

现在介绍到达比赛现场的亚奥理事会官员。亚奥理事会主席×××、亚奥理事会秘书长×××、亚奥理事会司库×××。

现在介绍本次游泳比赛的技术官员。本次游泳比赛的技术代表×××先生（女士）；本场比赛男子项目执行总裁判×××，国际级；女子项目执行总裁判×××，国际级；男子项目发令员×××，国际级；女子项目发令员×××，国际级。

【范例 2】女士们、先生们，××××游泳比赛第××场比赛现在开始，请裁判员入场！

本次游泳比赛技术代表是×××。

本场比赛担任男子项目执行总裁判的是来自××××的×××，国际级；担任女子项目执行总裁判的是来自××××的×××，国际级。

担任男子项目发令员的是来自××××的×××，国际级；担任女子项目发令员的是来自××××的×××，国际级。

（三）预赛介绍

【范例】现在进行××××预赛。这个项目共有××名运动员报名参赛，分××组进行预赛。

下面将要进行这个项目预赛第××组的比赛。

（四）决赛介绍

【范例】观众朋友们，现在进行××××决赛（半决赛），让我们以热烈的掌声，欢迎运动员入场。

现在介绍运动员（队）：1 道，×××（姓名），××××（单位）；…… 4 道运动员是来自××××（单位）的×××（姓名），他（她）在今天上午的预赛中已经创造了××××纪录；5道运动员是来自××××（单位）的×××（姓名），他（她）是目前该项全国纪录的保持者；6道运动员×××（姓名）来自××××（单位），他（她）已经在本次游泳比赛中获得×枚金牌；……

现在开始比赛。

（五）赛况介绍

【范例1】这个项目的世界纪录是中国运动员×××于××××年在××××比赛中创造的，成绩是××××。

【范例2】观众朋友们：××××的全国纪录是××××；游在第×泳道的运动员×××是该项目全国纪录的保持者。

【范例3】观众朋友们：现在领先的是游在第×泳道来自××××队的运动员×××。

【范例4】观众朋友们：正在进行的是男子1500米自由泳，运动员将在游泳池中游15个来回，做29个转身动作，这要求运动员有良好的体能和顽强的毅力。我们重点关注游在第×泳道的×××，他是这个项目全国纪录的保持者；游在第×泳道的×××，今年才××岁，是近年来泳坛耀眼的新星。

（六）赛中鼓动

【范例1】为赶超世界游泳水平，运动员们正以顽强的毅力，调动生理潜能，向终点发起最后的冲刺！让我们为运动员勇于拼搏、勇攀高峰的精神鼓掌喝彩。加油！加油！再加油！

【范例2】大家注意，第×泳道已经摇铃，运动员将进入最后100米的冲刺。加油！

（七）成绩介绍

【范例1】率先触壁的是第×泳道来自××××的运动员×××，用时××××，这一成绩还有待技术官员的确认。

【范例2】第×泳道来自××××的运动员×××第1个触壁，用时××××，这一成绩超过了全国纪录，正式成绩还有待技术官员的确认。

【范例3】经过技术官员的确认，该项（组）比赛的正式成绩正显示在公告板上。

【范例4】该项目的预赛成绩正显示在公告板上，排名前××的运动员将参加今晚这个项目的决赛（半决赛）。

【范例 5】 经过技术官员的确认，这个项目的金牌获得者，来自××××的运动员×××，以×××的成绩创造了新的全国纪录。

（八）祝贺词

【范例 1】 女士们、先生们：馆外冰天雪地，馆内春风送暖。在刚刚结束的××××比赛中，××××队的×××以××××的成绩超过了该项目的世界纪录。让我们以热烈的掌声，向创造优异运动成绩的运动员表示祝贺！向辛勤耕耘的教练员表示深深的敬意！

【范例 2】 游泳健儿们碧波中你追我赶、争先夺冠、捷报频传，现在又传佳音。在刚刚结束的××××决赛中，××××队的×××又以××××的成绩超过了他（她）刚在预赛中创造的全国纪录，可喜可贺！掌声响起来！送给值得骄傲的运动员。

（九）颁奖引导词

【范例】 女士们、先生们：××××游泳比赛××××（项目）颁奖仪式现在开始。欢迎获奖运动员、颁奖嘉宾入场！

为获奖运动员颁发奖牌的是×××；向获奖运动员献上鲜花（吉祥物）的是×××。

铜牌获得者，来自××××的×××；银牌获得者，来自××××的×××；金牌获得者，来自××××的×××。

女士们、先生们：请起立，奏中华人民共和国国歌。

让我们向获奖运动员致敬，并以热烈的掌声表示祝贺！

请获奖运动员和颁奖嘉宾合影留念。

颁奖仪式结束！让我们以热烈的掌声欢送获奖运动员和颁奖嘉宾。

（十）结束词

【范例 1】 女士们、先生们：××××游泳比赛第××场的比赛到此结束，感谢各位观众满怀激情来到××××游泳馆为运动员喝彩加油；感谢提供热情服务的志愿者；感谢辛勤工作的技术官员。现在，请技术官员退场！

【范例 2】 观众朋友们：在您欣赏精彩比赛的同时，您会由衷地敬佩赛场上的裁判员。他们是一支素质高、业务强、纪律严明、作风严谨的队伍，他们来自全国各地，在技术代表和总裁判的带领下，认真履行职责，为创造公平、公正的竞赛环境、促进游泳运动发展而努力工作。让我们以热烈的掌声向辛勤工作的裁判员表示敬意，感谢他们为游泳事业发展做出的不懈努力！

【范例 3】 ××××游泳比赛第××场到此结束。感谢观众朋友们，真诚地欢迎您的再次光临。现在，请裁判员退场！

【范例 4】 女士们、先生们：××××游泳比赛经过××天××场的激烈竞争，到此已全部结束！谢谢各位的光临！感谢裁判员的辛勤工作！现在，请裁判员退场！

（本章执笔：李恺宪）

第十二章　裁判工作流程和配合

游泳竞赛是一个系统工程，需要各个部门、各个裁判组之间协调配合，才能顺利完成竞赛任务。各个部门、各个裁判组都必须了解裁判工作流程，熟悉相互之间的配合方法。

第一节　临场裁判工作流程

一、赛前各时间节点工作流程

（一）每场比赛开始前1小时，执行总裁判、检录组、自动计时组、宣告员、编排记录组要到达赛场，做赛前的准备工作。编排记录组接收各队递交接力棒次表；执行总裁判检查有关赛前的准备工作，接收分段成绩创纪录申请（人工计时），处理各队的询问及比赛的有关问题。

（二）每场比赛前50分钟，宣告员启动宣告程序。

（三）每场比赛前40分钟，宣告员提醒各队交接力棒次表；其他裁判员到达赛场，做赛前的准备。

（四）每场比赛前30分钟，全体裁判员集中开准备会（检录、自动计时、编排记录、宣告等裁判组派代表参加），由执行总裁判小结上一场比赛情况，介绍本场比赛项目特点，提出工作要求和注意事项。会后，裁判组各自做好赛前准备工作。

（五）每场比赛前20分钟，检录组开始第1项的检录。

（六）每场比赛前15分钟，宣告员宣布“请在比赛池做准备活动的运动员起水”。随后向观众介绍本场比赛项目。自动计时组再次检查触板、盲表和电笛等设备。发令、技术检查、转身检查、人工计时、终点等裁判组检查各自的相关器材并摆好座椅。

（七）每场比赛前10分钟，全体入场裁判员到指定地点集合，执行总裁判整理队伍。

（八）赛前3～5分钟，执行总裁判举手示意，宣告员宣布“××××游泳比赛第××场现在开始，请裁判员入场”并播放入场音乐，全体裁判员在执行总裁判带领下以整齐的步伐入场，走到各自的岗位前立定并转为面向泳池。宣告员介绍技术代表、本场执行总裁判和发令员后，执行总裁判用手势示意统一就座（有的比赛要求裁判员在决赛场全程站立）。

二、赛中工作流程

（一）每场第1项（组）比赛开始前，执行总裁判察看全场，在确认各组裁判员已做好准备时，开始组织比赛。

1. 如果第1 项第1组是预赛，执行总裁判举手示意检录员将运动员带入场（如采用人工计时，检录员应提前将该组竞赛卡片交副计时长），运动员就座后，执行总裁判先示意宣告员宣布“现在进行××××（项目）预赛第1组”，然后开始组织出发。运动员出发后，宣告员再介绍运动员。

后续各预赛组，若为50米项目，检录员在运动员出发后（衣箱搬移后）即引导下一组运动员入场；若为100米及以上距离项目，检录员在前一组最后一名运动员最后50米折返后，即引导下一组运动员入场。

2. 如果第1项是决赛或半决赛，执行总裁判示意后，宣告员宣布“现在进行××××（项目）决赛（半决赛第×组），请运动员入场”，并逐道介绍运动员（队）。介绍完毕，执行总裁判再开始组织出发。

（二）每组比赛开始，执行总裁判鸣短哨声时，计时员回表。执行总裁判鸣长哨声时（仰泳出发为第1声长哨），计时员（长）、技术检查员、转身检查员（长）同时起立，进入工作状态。

（三）比赛进行中，各组裁判员按要求进行工作，执行总裁判在池边全面观察比赛情况。

（四）每组最后一名运动员达到终点后，执行总裁判即与技术检查员及转身检查长联系，各技术检查员和转身检查长以手势向执行总裁判示意是否有犯规。然后，执行总裁判向自动计时长示意，如无犯规则确认成绩，电子公告板切换到成绩确认板；如有犯规，则由执行总裁判处理后再确认成绩。

（五）当每组运动员全部到达终点后，如采用人工计时，计时长收集竞赛卡片，与终点裁判长核对名次后，连同“终点名次报告单”一起交记录台监督；记录台监督审核竞赛卡片并处理名次交叉问题，如为决赛则填入名次，签名后将竞赛卡片交宣告员，隔组宣布成绩。宣布成绩后，将竞赛卡片交编排记录组。

如采用自动计时，自动计时员将成绩记录单交自动计时长审核。有电子公告板时，宣告员根据电子公告板宣布当组成绩；无电子公告板时，自动计时长将成绩记录单交宣告员宣布当组成绩。

（六）最后一项（组）比赛结束，宣布成绩后（如果是预赛或半决赛则宣布半决赛、决赛名单后），执行总裁判示意宣告员宣布“××××游泳比赛第××场到此结束，请裁判员退场”，全体场上裁判员按执行总裁判的手势，同时起立退场。

三、人工计时竞赛卡片的运行流线

如果比赛采用人工计时，则各裁判组的工作是围绕着竞赛卡片的流转而展开的。人工计时竞赛卡片的运行流线如图 12–1 所示。

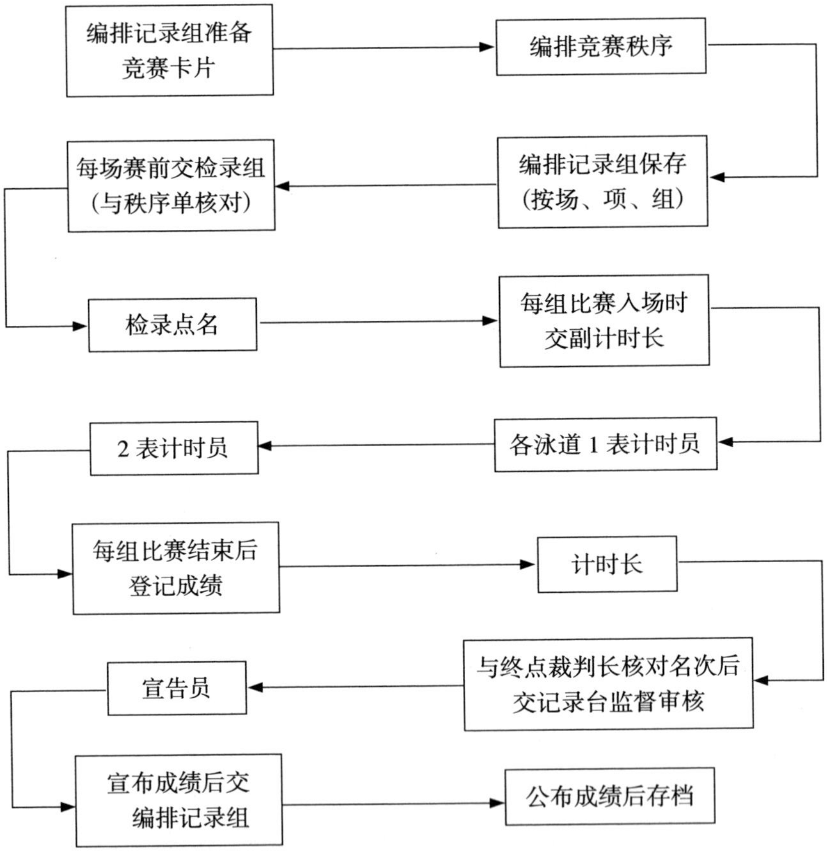

图 12–1　采用人工计时时竞赛卡片的运行流线

四、自动计时辅以人工计时的工作流程

如果比赛采用自动计时并辅以人工计时，则不使用竞赛卡片。此时裁判工作的流程如图 12–2 所示。

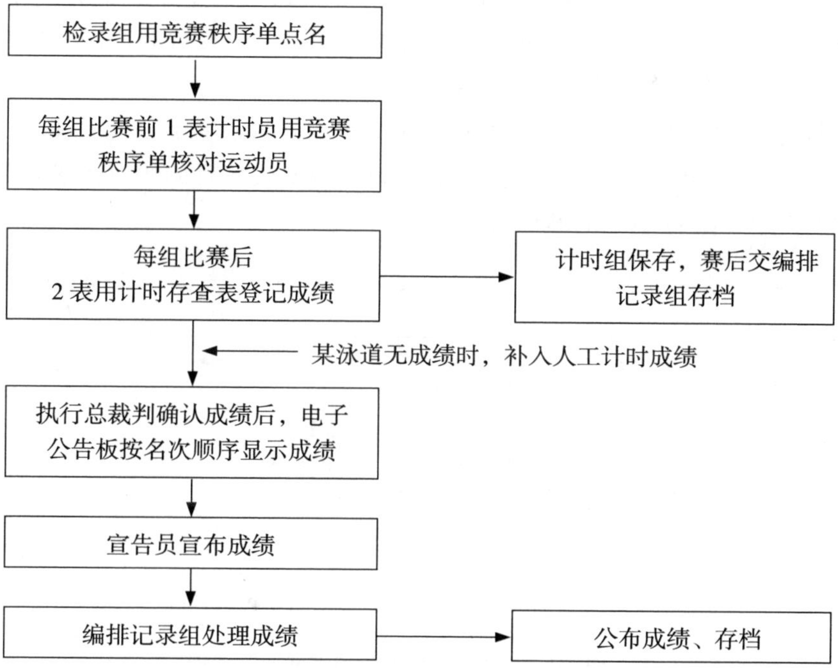

图 12–2　自动计时辅以人工计时的裁判工作流程

第二节　裁判组之间的配合

一、人工计时与终点端转身检查的配合

在赛前裁判动员会上，总裁判宣布裁判员分工后，计时长和终点端转身检查长分别安排各泳道的裁判员。随后，计时长和终点端转身检查长要及时联系，安排各泳道 1、2 表计时员和 3 表计时员（转身检查员兼任）互相熟识。终点端转身检查组通常先参加计时组的培训，熟悉人工计时的方法和要求后，再由终点端

转身检查长组织进行转身检查的培训。比赛中，如果有安排轮岗，则计时小组的3人同时按泳道轮岗。

二、编排记录与自动计时等的配合

随着现代科学技术的发展，游泳比赛信息传输与发布的方法也会有所变化，自动计时组与编排记录组要及时了解并掌握有关变化，充分利用网络技术，密切配合，保证比赛高效、顺利进行。

目前，在大型游泳竞赛中，编排记录、自动计时、电子公告板控制、电视转播、成绩上传等相关系统须组成一个局域网，以实现信息的快速传输与交换。局域网可以按图12–3所示的结构建立。

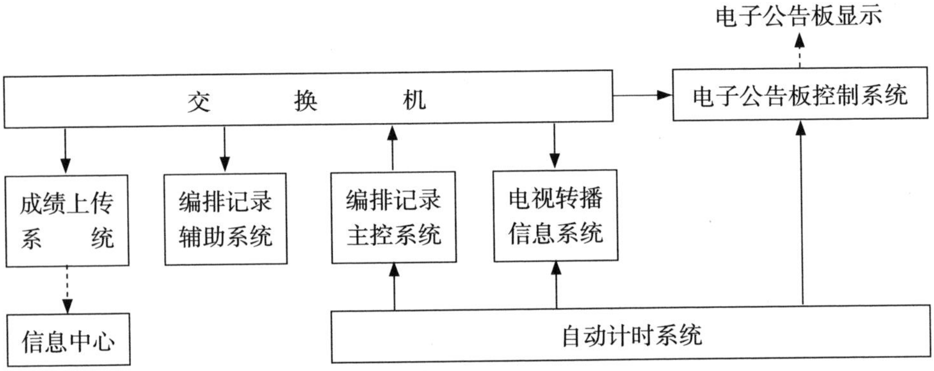

图12–3 大型游泳竞赛局域网一般结构

自动计时系统：记录每一组比赛成绩；将每一组成绩数据（时间信息）提供给编排记录主控系统、电子公告板控制系统和电视转播信息系统。

编排记录主控系统：编排竞赛秩序；接收自动计时系统提供的每一组比赛成绩；处理名次得分；公布各项成绩；通过交换机提供编排信息和整合后的成绩信息供其他系统调用。

编排记录辅助系统：通过交换机从编排记录主控系统提取信息，输出成绩证明书、获奖证书等。

电子公告板控制系统：通过交换机从编排记录主控系统提取编排信息，接收自动计时系统提供的每一组比赛成绩数据，整合后在电子公告板上实时公布。

成绩上传系统：通过交换机从编排记录主控系统提取信息，加工处理后经专网上传到信息中心对外发布。

电视转播信息系统：通过交换机从编排记录主控系统提取相关信息，接收自动计时系统提供的时间信息，整合后显示在电视画面上。

采用自动计时的小型比赛，其局域网可视情况适当简化。

三、重赛时的配合

采用自动计时且使用电子公告板的比赛，每项预赛（半决赛）结束后，在电子公告板滚动显示大排序名单时，执行总裁判、自动计时长、编排记录长、宣告员等都要注意是否需要重赛。一旦发现须重赛，执行总裁判应立即通知宣告员播报重赛通知；编排记录组随即编排并打印出重赛秩序单交检录组；检录组随后召集相关运动员或教练员商定重赛事宜，并将商定情况反馈给执行总裁判；如有运动员（队）放弃重赛，检录组须填写“弃权报告单”上交。

执行总裁判随即通知编排记录组进行后续处理。如确定要重赛，编排记录组需再打印重赛秩序单若干份，分发至有关裁判组。随后，各裁判组按照正常流程组织重赛。

比赛若采用人工计时，在确定重赛后，编排记录组还需打印（填写）重赛的竞赛卡片交检录组。

四、半决赛、决赛临场弃权需要替补时的配合

在半决赛、决赛检录第 2 次点名之前如果有运动员弃权，且替补运动员已经到场准备替补，检录员应填写“弃权报告单”并注明替补运动员。若采用人工计时，检录员应迅速将“弃权报告单”和该项竞赛卡片一起上交执行总裁判；若采用自动计时，检录员应迅速将“弃权报告单”上交执行总裁判。执行总裁判随即通知编排记录组重编该项竞赛秩序。若采用人工计时，编排记录组应及时将重编后的该项竞赛卡片交检录组。

在半决赛、决赛检录第 2 次点名时或之后如果有运动员弃权，且替补运动员已经到场准备替补，则不再重编该项竞赛秩序，而是将替补运动员直接安排在弃权运动员的泳道进行比赛。若采用人工计时，检录员应当在一张空白竞赛卡片上填写替补运动员信息，替换掉弃权运动员的竞赛卡片，然后填写“弃权报告单”，注明替补运动员，并立即将“弃权报告单”和弃权运动员的竞赛卡片一起上交执行总裁判；若采用自动计时，检录员应迅速填写“弃权报告单”并注明替补运动员，然后立即上交执行总裁判。执行总裁判立即通知编排记录组和自动计时组。

编排记录组随即打印出新的竞赛秩序单分发有关裁判组，自动计时组随之修改电子公告板显示信息。

五、“快节奏”比赛法

图 12-4 “快节奏”比赛法

在采用自动计时的比赛中，如果参赛人数很多，为了在有限的时间内完成比赛任务，可以在 100 米及以上距离的个人项目中采用“快节奏”比赛法。

所谓“快节奏”比赛法，指一组运动员到达终点后不立即起水，而是等待下一组运动员出发后，再迅速从游泳池的两侧起水（图 12–4）。这种方法，前一组运动员是在后一组比赛的过程中起水，节省了每一组单独用于起水的时间，故比赛比较紧凑。

采用“快节奏”比赛法时，各裁判组的工作均按常规进行，但需注意以下几点：

1. 执行总裁判要特别注意全面观察场上情况，把握好比赛节奏，做到快而不乱。

2. 检录员在引导运动员入场前，应明确告知运动员比赛的特殊要求。

3. 终点端转身检查员在运动员到达终点后应提醒运动员离开池端 1 ~ 2 米扶在分道线上等候；在观察下一组运动员出发入水完成第 1 个手臂动作之后迅速引导运动员起水，并提醒运动员在起水过程中不要触碰各泳道的触板。

六、申诉台的工作

图 12-5 申诉台的工作

游泳竞赛的场地在比赛期间是封闭的，非裁判人员不得进入，以免干扰比赛。但如果有代表队对裁判组的判罚有疑问，拟提出申诉，或在预赛、半决赛之后提出半决赛、决赛的弃权，都需要在第一时间知会技术代表、执行总裁判、自动计时组或编排记录组。因此，举行大型游泳比赛时，通常需在内场主通道附近设立申诉台（Resolution Table，图 12–5），派专人负责接受代表队的咨询、申诉和弃权等。担任申诉台工作的裁判员应耐心、细致，熟悉比赛进程，一有情况即应进入内场通知技术代表、执行总裁判和相关人员。

第三节　裁判组与其他部门的配合

一、总裁判与组织委员会官员、技术代表、仲裁的配合

总裁判是游泳竞赛裁判工作的组织者和执行者，总裁判要主动联系组织委员会官员和技术代表，了解他们对竞赛工作的要求，提出自己对竞赛组织和裁判工作的意见。比赛前，总裁判要把竞赛日程安排、总裁判副总裁判分工、裁判员分工、有关问题说明等文件向技术代表汇报，征求技术代表的意见。

犯规判罚后如有代表队提出申诉，总裁判要立即向技术代表说明情况并提供有关材料，由技术代表召集仲裁委员会成员经过集体讨论做出最终裁决。总裁判要服从仲裁委员会的裁决。

二、裁判组与宣传部门、媒体的配合

在现代社会，媒体在竞技体育的发展中扮演着重要的角色。大型游泳竞赛会受到媒体的高度关注，参与各方面宣传报道的主要有文字记者、摄影记者和电视转播人员。游泳竞赛也要适应媒体的工作。裁判组在赛前应与有关部门沟通，对赛场内电视转播机（含导轨）的位置、媒体人员工作的位置和广告牌摆放的位置等提出自己的意见和建议，在保证比赛正常进行和裁判组正常工作的前提下，尽可能满足媒体的需要。

有关比赛的事宜须由组织委员会指定的发言人对外发布，或由总裁判出面解答。未经组织委员会授权，任何裁判员不得针对一些敏感问题对媒体发表看法。

编排记录组要按照组织委员会的要求，及时向有关媒体提供竞赛信息。

如果在比赛现场有媒体记者影响了执行总裁判、技术检查员、转身检查员等的正常工作，应进行善意的劝导。

三、裁判组与专业工程技术人员的配合

大型比赛中，与裁判组接触较多的工程技术人员主要是自动计时及电子公告板专业技术人员。工程技术人员一般对游泳竞赛规则不是很熟悉，但他们是竞赛顺利进行的重要保障团队。总裁判和自动计时组赛前要主动与他们联系，了解他们的工作计划和工作方法，细心说明规则要求与裁判工作方法，双方互相协调，达成一致。

比赛中按照制定好的工作流程开展工作。自动计时长要经常检查，大胆管理，敢于提出意见和建议，要特别留意工作的交叉点。

人工计时组要配合自动计时专业人员工作，按要求放置和使用盲表。

四、裁判组与场地工作人员的配合

赛前准备时，总裁判要全面了解比赛场地设施情况，向场地器材组提出器材摆放及赛场秩序方面的要求；在场地工作人员的陪同下，带领各裁判长检查场地器材，确保赛场布置到位，器材摆放符合要求，不会对运动员造成伤害。

各裁判组在赛前要到场地器材组领取有关器材用具，使用后及时归还。

当场地器材组人手紧张时，各裁判组应尽可能协助其做好工作，如在赛前15分钟时整理摆放好各自的座椅。

五、裁判组与颁奖组的配合

总裁判、宣告员、自动计时组、编排记录组应熟悉颁奖组负责人，赛前要进行对接。

在举行颁奖仪式的场次，颁奖组应提前将每项颁奖嘉宾的名单报给相关的裁判组。有电子公告板时报给自动计时组，由电子公告系统操作人员预备好颁奖时的相关版面，宣告员根据版面信息播报；无电子公告板时直接报给宣告员。

游泳比赛，通常采用隔项颁奖。每一项决赛运动员到达终点后，由检录员将获奖运动员引导到颁奖等候区交给颁奖组准备参加领奖；编排记录组将决赛成绩公告表分送执行总裁判、宣告员、颁奖组（必要时还须另送升旗组）；自动计时组预备好颁奖时电子公告板的相关版面。

每项颁奖开始前，自动计时长和宣告员应密切注意颁奖负责人的信号。当得

到“一切就绪，可以开始”的确切信号后，启动颁奖程序。

六、裁判组与兴奋剂检测人员的配合

重大游泳比赛时，组织委员会往往会安排兴奋剂检测。编排记录组应按照组织委员会的要求，向兴奋剂检测人员提供必要的竞赛信息；检录组可在赛后控制台协助兴奋剂检测人员按检测名单确认运动员。

第四节 游泳竞赛应急预案

举办重大游泳竞赛时，为了在意外事件发生时能够正确、迅速地处理，保证比赛顺利进行，往往要设计好应急预案。比赛前，全体裁判员和工作人员要了解应急预案的内容和处置方法。应急事件主要包括电路故障、运动员及工作人员安全事故、治安事故、人为骚扰等。发生应急事件时，裁判员和工作人员要沉着冷静，立即按预定方法处置，并迅速逐级上报。

一、一般应急预案

<table>
<tr><td>预案编码</td><td colspan="2">01</td><td>阶段</td><td colspan="2">比赛中</td></tr>
<tr><td>事件名称</td><td colspan="2">比赛中突然停电</td><td>关键词</td><td colspan="2">停电</td></tr>
<tr><td>紧急程度</td><td colspan="2">****</td><td>主责</td><td colspan="2">竞赛组织</td></tr>
<tr><td>事件描述</td><td colspan="5">比赛期间突然停电，泳池内漆黑一片，比赛中断</td></tr>
<tr><td rowspan="7">详细步骤</td><td>序号</td><td>应对步骤</td><td>主责业务口</td><td>配合</td><td>资源需求</td></tr>
<tr><td>1</td><td>联络场馆了解情况，协商对策，并口头上报大会</td><td>技术代表</td><td>执行总裁判</td><td></td></tr>
<tr><td>2</td><td>依据有关规则及内部工作程序采取措施</td><td>技术代表</td><td>执行总裁判</td><td></td></tr>
<tr><td>3</td><td>迅速确认、记录现场成绩</td><td>自动计时</td><td>人工计时</td><td></td></tr>
<tr><td>4</td><td>维护比赛场地秩序，确保水中运动员安全</td><td>工作人员</td><td>各裁判组</td><td></td></tr>
<tr><td>5</td><td>恢复供电后，确认计时计分系统恢复原状，由技术代表决定比赛开始时间</td><td>技术代表</td><td>执行总裁判</td><td></td></tr>
<tr><td>6</td><td>如事故无法及时解决，比赛需要延期或取消，由大会通知各业务口启动有关预案</td><td>主办单位</td><td>相关部门</td><td></td></tr>
<tr><td>备注</td><td colspan="5"></td></tr>
</table>

<table>
<tr><td>预案编码</td><td colspan="2">02</td><td>阶段</td><td colspan="2">比赛中</td></tr>
<tr><td>事件名称</td><td colspan="2">检录时运动员没带身份卡</td><td>关键词</td><td colspan="2">缺身份卡</td></tr>
<tr><td>紧急程度</td><td colspan="2">**</td><td>主责</td><td colspan="2">执行总裁判</td></tr>
<tr><td>事件描述</td><td colspan="5">比赛开始前运动员发现未带身份卡，不能参加比赛</td></tr>
<tr><td rowspan="2">详细步骤</td><td>序号</td><td>应对步骤</td><td>主责业务口</td><td>配合</td><td>资源需求</td></tr>
<tr><td>1</td><td>立即报告执行总裁判，总裁判根据主办单位意见或赛前规定处理</td><td>执行总裁判</td><td>检录处</td><td></td></tr>
<tr><td>备注</td><td colspan="5"></td></tr>
</table>

<table>
<tr><td>预案编码</td><td colspan="2">03</td><td>阶段</td><td colspan="2">通用</td></tr>
<tr><td>事件名称</td><td colspan="2">运动员决赛后至颁奖时间短</td><td>关键词</td><td colspan="2">颁奖</td></tr>
<tr><td>紧急程度</td><td colspan="2">***</td><td>主责</td><td colspan="2">竞赛组织</td></tr>
<tr><td>事件描述</td><td colspan="5">运动员在决赛后至颁奖时间短，难以按规定时间到达领奖区</td></tr>
<tr><td rowspan="3">详细步骤</td><td>序号</td><td>应对步骤</td><td>主责业务口</td><td>配合</td><td>资源需求</td></tr>
<tr><td>1</td><td>决赛后，检录组迅速组织授奖运动员</td><td>检录</td><td></td><td></td></tr>
<tr><td>2</td><td>搬运运动员衣物志愿者支援颁奖引领志愿者工作，将授奖运动员交颁奖组</td><td>竞赛</td><td></td><td></td></tr>
<tr><td>备注</td><td colspan="5"></td></tr>
</table>

<table>
<tr><td>预案编码</td><td colspan="2">04</td><td>阶段</td><td colspan="2">通用</td></tr>
<tr><td>事件名称</td><td colspan="2">运动员兼项</td><td>关键词</td><td colspan="2">兼项</td></tr>
<tr><td>紧急程度</td><td colspan="2">**</td><td>主责</td><td colspan="2">竞赛组织</td></tr>
<tr><td>事件描述</td><td colspan="5">运动员在某场比赛中，兼多项次比赛，可能对比赛与颁奖造成影响</td></tr>
<tr><td rowspan="4">详细步骤</td><td>序号</td><td>应对步骤</td><td>主责业务口</td><td>配合</td><td>资源需求</td></tr>
<tr><td>1</td><td>事先了解、掌握兼项运动员的姓名、所兼项次等基本情况</td><td>执行总裁判</td><td></td><td></td></tr>
<tr><td>2</td><td>指定志愿者负责兼项运动员比赛或获得名次后领奖的工作</td><td>执行总裁判</td><td>检录处</td><td></td></tr>
<tr><td>3</td><td>根据比赛和颁奖的时间安排，志愿者引领兼项运动员直接到达检录处或颁奖等候区</td><td>执行总裁判</td><td>检录处</td><td></td></tr>
<tr><td>备注</td><td colspan="5"></td></tr>
</table>

预案编码	05		阶段	通用	
事件名称	出发台安置不牢固或螺栓折断		关键词	设施故障	
紧急程度	****		主责	竞赛组织	
事件描述	出发台安置不牢固发生松动或螺栓突然折断，运动员无法正常出发，比赛中断				
详细步骤	序号	应对步骤	主责业务口	配合	资源需求
	1	技术代表与大会协商是否立即更换或加固	技术代表	执行总裁判	
	2	器材工作人员及时更换或加固出发台			
备注					

预案编码	06		阶段	通用	
事件名称	分道线在比赛中折断		关键词	设施损坏	
紧急程度	****		主责	竞赛组织	
事件描述	比赛期间，分道线折断，影响了比赛的正常进行				
详细步骤	序号	应对步骤	主责业务口	配合	资源需求
	1	竞赛主任与技术代表协商是否立即更换备用器材	竞赛	后勤保障	
	2	器材工作人员及时更换调整分道线	场地器材		
	3	由技术代表决定比赛是否继续进行	技术代表		
备注					

预案编码	07		阶段	赛中	
事件名称	仰泳转身标志线折断		关键词	标志线折断	
紧急程度	**		主责	竞赛组织	
事件描述	比赛期间，仰泳转身标志线突然断裂，影响比赛进行				
详细步骤	序号	应对步骤	主责业务口	配合	资源需求
	1	执行总裁判掌控比赛，尽量减少对正在参赛运动员的影响	执行总裁判	技术检查	
	2	工作人员应在不影响运动员正常比赛的情况下及时更换仰泳转身标志线	竞赛		
	3	如仰泳转身标志线折断直接影响运动员的比赛成绩，由技术代表根据有关规则处理	技术代表		
	4	将情况报告大会	竞赛		
备注					

预案编码	08		阶段	通用	
事件名称	运动员、教练员或观众滋事影响比赛进行		关键词	滋事	
紧急程度	***		主责	竞赛组织	
事件描述	比赛期间，运动员、教练员或观众对比赛结果、裁判判罚不满或其他情况，引起比赛现场骚乱、影响了比赛的正常进行				
详细步骤	序号	应对步骤	主责业务口	配合	资源需求
	1	安保人员立即介入，将滋事人员带出场地，控制事态发展	安保	竞赛	
	2	大会工作人员及时上报情况，并维持秩序和清洁场地	竞赛	后勤保障、附近裁判员	
	3	由技术代表联系主办单位依据有关规则和内部工作程序决定比赛是否继续进行	技术代表、竞赛	执行总裁判	
	4	如运动员、代表队拒绝参加颁奖仪式，将情况上报大会，由后者通过有关部门沟通处理	竞赛	竞赛	
备注					

预案编码	09		阶段	通用	
事件名称	比赛时有运动员受伤		关键词	受伤	
紧急程度	**		主责	竞赛组织	
事件描述	比赛或热身期间，有运动员受伤				
详细步骤	序号	应对步骤	主责业务口	配合	资源需求
	1	立即通知现场救护，对受伤运动员进行救护，如伤情严重立即送医院	大会	附近裁判员	
	2	维持秩序，恢复热身或比赛	执行总裁判	裁判员	
	3	将情况报告大会	竞赛		
备注					

<table>
<tr><td>预案编码</td><td colspan="2">10</td><td>阶段</td><td colspan="2">赛中</td></tr>
<tr><td>事件名称</td><td colspan="2">发生淹溺事故</td><td>关键词</td><td colspan="2">淹溺</td></tr>
<tr><td>紧急程度</td><td colspan="2">****</td><td>主责</td><td colspan="2">竞赛组织</td></tr>
<tr><td>事件描述</td><td colspan="5">比赛期间，突然发生运动员淹溺事故</td></tr>
<tr><td rowspan="5">详细步骤</td><td>序号</td><td>应对步骤</td><td>主责业务口</td><td>配合</td><td>资源需求</td></tr>
<tr><td>1</td><td>停止比赛，救生员立即下水救助并实施抢救</td><td>大会</td><td>技术代表</td><td></td></tr>
<tr><td>2</td><td>急救医生赶到，参与抢救并送医院</td><td>大会</td><td></td><td></td></tr>
<tr><td>3</td><td>根据事态发展，决定是否继续比赛</td><td>技术代表</td><td>执行总裁判</td><td></td></tr>
<tr><td>4</td><td>将情况报告大会</td><td>竞赛</td><td></td><td></td></tr>
<tr><td>备注</td><td colspan="5"></td></tr>
</table>

二、自动计时应急预案

<table>
<tr><td>预案编码</td><td colspan="2">001</td><td>阶段</td><td colspan="2">赛中</td></tr>
<tr><td>事件名称</td><td colspan="2">比赛中突然停电（跳闸）</td><td>关键词</td><td colspan="2">停电</td></tr>
<tr><td>紧急程度</td><td colspan="2">****</td><td>主责</td><td colspan="2">自动计时（控制室监督）</td></tr>
<tr><td>事件描述</td><td colspan="5">比赛进行中，场馆突然停电（跳闸）</td></tr>
<tr><td>赛前准备</td><td colspan="5">1. 为自动计时主机及编排记录主机配备不间断电源
2. 单独为自动计时主机及编排记录主机配置电源，不与其他设备共用同一电源
3. 确保电源插口牢固，不会因人为因素脱落
4. 排线整齐，保持设备干燥、通风良好
5. 记下所有场馆相关负责人员联络方式</td></tr>
<tr><td>赛中预防</td><td colspan="5">随时检查电源线是否过热、插头是否松动</td></tr>
<tr><td rowspan="6">详细步骤</td><td>序号</td><td>应对步骤</td><td>主责业务口</td><td>配合</td><td>资源需求</td></tr>
<tr><td>1</td><td>通知执行总裁判，启动其他岗位相关预案</td><td>自动计时长</td><td></td><td></td></tr>
<tr><td>2</td><td>迅速确认、记录现场成绩</td><td>主机操作员</td><td></td><td></td></tr>
<tr><td>3</td><td>联络场馆，尽快恢复供电</td><td>自动计时员</td><td>场地保障</td><td></td></tr>
<tr><td>4</td><td>供电恢复后检查设备是否可以正常工作</td><td>主机操作员</td><td></td><td></td></tr>
<tr><td>5</td><td>通知执行总裁判，比赛可以继续进行</td><td>自动计时长</td><td></td><td></td></tr>
<tr><td>备注</td><td colspan="5"></td></tr>
</table>

<table>
<tr><td>预案编码</td><td colspan="2">002</td><td>阶段</td><td colspan="2">赛中</td></tr>
<tr><td>事件名称</td><td colspan="2">自动计时主机死机</td><td>关键词</td><td colspan="2">死机</td></tr>
<tr><td>紧急程度</td><td colspan="2">***</td><td>主责</td><td colspan="2">自动计时（控制室监督）</td></tr>
<tr><td>事件描述</td><td colspan="5">比赛进行中，自动计时主机死机</td></tr>
<tr><td>赛前准备</td><td colspan="5">1. 应用两台主机联机工作
2. 检查主机各接口工作是否正常、接插是否牢固</td></tr>
<tr><td rowspan="6">详细步骤</td><td>序号</td><td>应对步骤</td><td>主责业务口</td><td>配合</td><td>资源需求</td></tr>
<tr><td>1</td><td>通知执行总裁判，启动其他岗位相关预案</td><td>自动计时长</td><td></td><td></td></tr>
<tr><td>2</td><td>迅速切换主辅机，准确记录比赛成绩</td><td>主机操作员</td><td></td><td></td></tr>
<tr><td>3</td><td>重新启动死机的主机，排除故障</td><td>主机操作员</td><td></td><td></td></tr>
<tr><td>4</td><td>故障排除后，通知执行总裁判，比赛可以正常进行</td><td>自动计时长</td><td></td><td></td></tr>
<tr><td>5</td><td>如无法及时修复，通知执行总裁判，确认比赛是否在一台主机工作下继续进行</td><td>自动计时长</td><td></td><td></td></tr>
<tr><td>备注</td><td colspan="5">在采用自动计时且辅以人工计时的比赛中，一旦出现自动计时装置故障且在短时间内无法恢复正常的情况，执行总裁判应启动完整的人工计时。此时，发令员使用备用装置发令；编排记录组迅速打印出各组竞赛卡片交给人工计时组用于登记成绩，并根据竞赛卡片进行后续成绩处理；宣告员则根据竞赛卡片和编排记录组提供的其他纸质材料进行宣告；其他各裁判组正常工作</td></tr>
</table>

<table>
<tr><td>预案编码</td><td colspan="2">003</td><td>阶段</td><td colspan="2">赛中</td></tr>
<tr><td>事件名称</td><td colspan="2">电子公告板断电，黑屏</td><td>关键词</td><td colspan="2">停电黑屏</td></tr>
<tr><td>紧急程度</td><td colspan="2">***</td><td>主责</td><td colspan="2">自动计时（控制室监督）</td></tr>
<tr><td>事件描述</td><td colspan="5">比赛进行中电子公告板突然断电，黑屏，无成绩显示</td></tr>
<tr><td>赛前准备</td><td colspan="5">1. 了解电子公告板供电方式及电源开关位置
2. 安排专人值班守候
3. 记下所有场馆相关负责人员联络方式</td></tr>
<tr><td rowspan="6">详细步骤</td><td>序号</td><td>应对步骤</td><td>主责业务口</td><td>配合</td><td>资源需求</td></tr>
<tr><td>1</td><td>通知执行总裁判；比赛继续，各裁判组启动相关预案，宣告员根据自动计时组和编排记录组提供的纸质材料进行宣告</td><td>自动计时长</td><td></td><td></td></tr>
<tr><td>2</td><td>确认自动计时主机工作是否正常</td><td>主机操作员</td><td></td><td></td></tr>
<tr><td>3</td><td>通知场馆，尽快恢复供电</td><td>自动计时员</td><td>场地保障</td><td></td></tr>
<tr><td>4</td><td>电子公告板恢复后，通知执行总裁判，比赛可以正常进行</td><td>自动计时长</td><td></td><td></td></tr>
<tr><td>5</td><td>如无法及时修复，则通知执行总裁判，确认比赛是否继续进行</td><td>自动计时长</td><td></td><td></td></tr>
<tr><td>备注</td><td colspan="5"></td></tr>
</table>

<table>
<tr><td>预案编码</td><td colspan="2">004</td><td>阶段</td><td colspan="2">赛中</td></tr>
<tr><td>事件名称</td><td colspan="2">自动计时触板失灵</td><td>关键词</td><td colspan="2">触板失灵</td></tr>
<tr><td>紧急程度</td><td colspan="2">****</td><td>主责</td><td colspan="2">自动计时（控制室监督）</td></tr>
<tr><td>事件描述</td><td colspan="5">比赛进行中，某泳道自动计时触板失灵，无法记录比赛成绩</td></tr>
<tr><td>赛前准备</td><td colspan="5">1. 反复检查自动计时设备的各线路接口、传感器的灵敏度，并进行测试
2. 线路铺设整齐、合理，并进行覆盖，防止因人为因素意外影响设备正常工作
3. 准备人工计时秒表及人工计时竞赛卡片
4. 准备备份触板，并保证其工作状态良好</td></tr>
<tr><td rowspan="7">详细步骤</td><td>序号</td><td>应对步骤</td><td>主责业务口</td><td>配合</td><td>资源需求</td></tr>
<tr><td>1</td><td>通知执行总裁判，启动其他岗位相关预案</td><td>自动计时长</td><td></td><td></td></tr>
<tr><td>2</td><td>准确使用盲表记录的成绩，记录比赛正式成绩</td><td>主机操作员</td><td>人工计时</td><td></td></tr>
<tr><td>3</td><td>利用比赛间隙迅速排除故障或更换失灵的触板</td><td>主机操作员</td><td>自动计时</td><td></td></tr>
<tr><td>4</td><td>故障排除后，通知执行总裁判，比赛可以正常进行</td><td>自动计时长</td><td></td><td></td></tr>
<tr><td>5</td><td>如无法及时修复，则通知执行总裁判，确认比赛是否采用半自动计时方式继续进行</td><td>自动计时长</td><td></td><td></td></tr>
<tr><td>6</td><td>如继续进行，则长距离比赛时应采用一块盲表记录分段成绩</td><td>自动计时长</td><td>人工计时、转身检查</td><td></td></tr>
<tr><td>备注</td><td colspan="5"></td></tr>
</table>

<table>
<tr><td>预案编码</td><td colspan="2">005</td><td>阶段</td><td colspan="2">赛中</td></tr>
<tr><td>事件名称</td><td colspan="2">RT（Relay Time）记录模块故障</td><td>关键词</td><td colspan="2">RT 故障</td></tr>
<tr><td>紧急程度</td><td colspan="2">****</td><td>主责</td><td colspan="2">自动计时</td></tr>
<tr><td>事件描述</td><td colspan="5">比赛进行中，某泳道未记录运动员 RT 数据，设备无法正常工作</td></tr>
<tr><td>赛前准备</td><td colspan="5">1. 反复检查自动计时设备的各线路接口、传感器的灵敏度，并进行测试
2. 线路铺设整齐、合理，并进行覆盖，防止因意外而影响设备正常工作
3. 准备备份触板及出发踏板，并保证其工作状态良好</td></tr>
<tr><td>赛中观察</td><td colspan="5">1. 随时注意各组 RT 的数据，并详细记录
2. 当某泳道连续 3 次以上无 RT 数据记录时，可视为该泳道 RT 记录模块故障</td></tr>
<tr><td rowspan="6">详细步骤</td><td>序号</td><td>应对步骤</td><td>主责业务口</td><td>配合</td><td>资源需求</td></tr>
<tr><td>1</td><td>通知执行总裁判，启动其他岗位相关预案</td><td>自动计时长</td><td></td><td></td></tr>
<tr><td>2</td><td>利用比赛间隙迅速排除故障或更换失灵的触板或出发踏板</td><td>主机操作员</td><td></td><td></td></tr>
<tr><td>3</td><td>故障排除后，通知执行总裁判，比赛可以正常进行</td><td>自动计时长</td><td></td><td></td></tr>
<tr><td>4</td><td>如无法及时修复，则通知执行总裁判，确认比赛是否继续进行</td><td>自动计时长</td><td></td><td></td></tr>
<tr><td>5</td><td>当场比赛结束后，应立即对设备进行全面检修，排除故障，保证下一场比赛正常举行</td><td>自动计时长</td><td></td><td></td></tr>
<tr><td>备注</td><td colspan="5"></td></tr>
</table>

（本章执笔：白钢）

第三部分
游泳竞赛的常用英语

第十三章　游泳竞赛的常用英语

第一节　词汇

一、组织、机构、竞赛、运动会

Olympic Games Committee	奥林匹克运动委员会
federation	联合会
Federation Internationale de Natation（FINA）	国际游泳联合会
National Olympic Committee（NOC）	国家奥林匹克委员会
bureau	执委会
arbitration committee	仲裁委员会
board of referees	裁判委员会
technical committee	技术委员会
management committee	管理委员会
organizing committee	组织委员会
preparatory committee	筹备委员会
China Swimming Association	中国游泳协会
competition committee	竞赛委员会
competition office	竞赛办公室
governing body	主办单位
delegation	代表团
team	代表队
Olympic Games	奥林匹克运动会
Asian Games	亚洲运动会
World Championships	世界锦标赛
World Cups	世界杯赛
National Games	全国运动会

championships	锦标赛、冠军赛
selective trials	选拔赛
standard required race	达标赛
age group race	年龄组比赛
competition / contest / match / race	比赛、竞赛
meet	运动会、竞赛
international competition	国际竞赛
regional competition	地区性竞赛、分区赛
opening ceremony	开幕式
closing ceremony	闭幕式
victory ceremony / award ceremony	颁奖仪式
managers meeting	领队会议
technical meeting	技术会议
indoor competition	室内比赛

二、泳式、项目、赛次

stroke	泳式
freestyle	自由泳
backstroke	仰泳
breaststroke	蛙泳
butterfly	蝶泳
individual medley	个人混合泳
event	项目
Event No	项目号
individual event	个人项目
freestyle relay	自由泳接力
medley relay	混合泳接力
phase	赛次
heat / preliminary	预赛
semi-final	半决赛
final	决赛
swim-off / replay	重赛

session	场
date	日期
location	地点

三、文件、纪录

law	法规
constitution	章程
regulations	规程
rules	规则
schedule	日程表
competition schedule	竞赛日程
Daily Competition Activity Schedule (DCAS)	每日竞赛活动日程
start list	秩序单
results	成绩册
record application form	纪录申请表
results sheet	成绩报告单
announcement of results / bulletin	成绩公告
daily bulletin	每日公报
supplementary sheet	补充通知单
Relay Entry Card	接力棒次卡
Withdrawal Card	弃权卡
Disqualification Card	检查表
Substitution and Correction Card	（报名）替换和更正卡
Protest Form	抗议表
printout	打印结果
information	信息
certificate/certification	证（明）书
certify	用书面形式证明
diploma	奖状、证书
advertisement	广告
ticket / admission ticket	入场券
World Record (WR)	世界纪录

Asian Record (AR)	亚洲纪录
National Record (NR)	国家纪录

四、场地、器材设备

arena	比赛场地
entrance	入口
exit	出口
swimming pool	游泳池
long course	长池（50 米池）
short course	短池（25 米池）
starting end of the pool	游泳池出发端
turning end of the pool	游泳池转身端
wall	池壁
end wall	池端
bottom (floor of the pool)	池底
curb / edge	池沿
deck	池岸
rest ledge	池壁休息台
finish line	终点延长线
starting platform / starting block	出发台
front of the starting platform	出发台前沿
starting grips (handgrips)	出发握手器
lane	泳道
lane rope	分道线
false start rope	召回线
flagged rope	旗绳
float	浮标
mark / marking	标志、标志物
lane line (lane marking)	泳道标志线
backstroke turn indicator	仰泳转身标志
target line on the end wall	池端目标标志线
grill	格栅

gutter	水槽
screen	屏幕、隔板
elevated stands	梯形架
victory platform	领奖台
desk	记录台
registry office	注册处
changing room / dressing room	更衣室
locker room	设有衣柜的更衣室
waiting room	休息室
water closet / toilet (W.C.)	厕所、洗手间
assembling place	集合地点
measurement	尺寸、测量值
call room	检录室
depth	深度
height	高度
length	长度、一棒游程
thickness	厚度
width	宽度
water temperature	水温
light intensity	照明度
number	号码、数字
meter / metre	米
centimeter / centimetre	厘米
equipment/device	设备、装置
automatic officiating equipment	自动计时装置
electronic judging and timing epuipment	电子计时装置
semi-automatic equipment	半自动计时装置
electronic scoreboard	电子公告板
eletronic timing pad	电子自动计时触板
touch panel / touch pad	触板
microphone	话筒
loudspeaker	扬声器

transducer	信号转换器
video recorder	录像机
video backup system	录像备份系统
video equipment	录像设备
underwater video equipment	水下录像设备
malfunction	失灵、发生故障
bell	铃声、钟
lap card	报趟牌
pistol	发令枪
(digital) watch	(数字式) 秒表
button	按钮
whistle	哨、哨声
sensitivity	灵敏度
costume	运动服
swimsuit	游泳衣
fin/flipper	脚蹼
webbed gloves	手蹼
glasses / goggles	护目镜
prize / award	奖品
cup	杯、奖杯

五、人员

(一) 裁判员

judge	裁判员
FINA judge	国际级裁判员
national grade judge	国家级裁判员
referee	总裁判
assistant referee	副总裁判
starter	发令员
judge of stroke	技术检查员

inspector of turns	转身检查员
chief inspector of turns	转身检查长
timekeeper	计时员
chief timekeeper	计时长
additional timekeeper	替补计时员
finish judge	终点裁判员
chief finish judge	终点裁判长
clerk of course	检录员
chief clerk of course	检录长
announcer	宣告员
recorder	（编排）记录员
chief recorder	（编排）记录长
control-room supervisor	控制室监督
substitute	替补（裁判员）

（二）运动员

amateur	业余的
swimmer	游泳运动员
competitor / entrant / attendant / contestant	参赛运动员、参加比赛者
finalist	（参加）决赛运动员
team-mate	同队运动员
offender	犯规者
reserve	替补（运动员）
lead-off swimmer	第 1 棒运动员
champion	冠军
winner	优胜者
gold medallist	金牌获得者
silver medallist	银牌获得者
bronze medallist	铜牌获得者
record holder	纪录保持者
joint holders	纪录的共同保持者
senior	成年组
age group swimmer	年龄组游泳运动员

(三) 其他

President of FINA	国际泳联主席
Honorary Secretary of FINA	国际泳联名誉秘书
official	官员、工作人员
head of a delegation	代表团团长
deputy head of a delegation	代表团副团长
delegate / representative	代表
member	成员
manager / leader of a team	领队
coach	教练员
head coach	总教练
doctor	医生
spectator	观众
press	新闻媒体、记者
gentleman (gentlemen) man (men)	男士、先生 (复数)
lady (ladies) / woman (women)	女士、夫人 (复数)
celebrity	著名人士

六、裁判工作

(一) 总裁判

signal	信号；发出信号、示意
referee's signals	总裁判的信号
referee's whistle	总裁判的哨声
a long whistle	长哨声
short series of whistles	持续短哨声
gesture	(做) 手势
indicate	指示、示意
permit / allow	允许
suspend	中止，暂停
postpone a contest	延期比赛

officiate	执行裁判任务
be responsible at the respective posts	分工负责
check the results and placing	核对成绩和名次
inspection of equipment	检查设备
sign	签名
sign the results	签发成绩
appeal	申诉
misjudge	错判
slip in judging	漏判
interpretation of rules	对规则的解释
adjudicate	判决、裁定
jurisdiction / decision	裁决、决定
final decision	最后判定
authorize	授权
appeal	申诉、要求
protest	抗议
protest fee	抗议费
agree	同意
appoint	指定、约定（时间、地点）
assign（v.）、assignment（n.）	分配、指派、指定
approve（v.）、approval（n.）	批准、通过、认可
intervene in the competition	干预比赛
authority	权威、职权
duty	职责
inefficient	不称职的
illegal	非法的
responsible	负责的
permissible	允许的
accurate	准确的，精确的
adept	熟练的
adopt	采用
annul	取消，宣告无效
application	申请

caution	警告
expel	取消资格
infraction of rules	违反规则

(二) 检录

roll calling	检录、点名
assemble swimmers	召集运动员
absent	缺席
competition order	比赛次序
competition card	比赛卡片
stand according to the order	按先后次序站好
relay leg	接力棒（段）
stand up	起立
sit down	坐下
line up and enter the arena	排队进场
waiting behind the starting platform	在出发台后面等候
facing the starting platform	面对出发台
scratch	弃权
withdraw (v.)、withdrawal (n.)	弃权
conduct of draw	进行抽签
enter the competition arena	进入比赛场地
order of compete	比赛顺序，棒次顺序
year of birth	出生年
qualifying time	获资格成绩（编排成绩）

(三) 发令

start	出发
starter's order	发令员口令
step onto the starting platform	上出发台
starting signal	出发信号
static position / stationary	静止状态
something wrong with the starting gun	发令枪发生故障
misfire of the gun	误发发令枪

false start	出发犯规
be called back	召回
delay the start	延误出发
willfully disobey an order	蓄意不服从命令
command	口令，命令
recall	（出发犯规）召回
shot	鸣枪
starting position	出发姿势

（四）检查

action / movement	动作
position	位置、姿势
kick	打腿
alternating movement	交替动作
flutter kick	上下打腿
butterfly kick	蝶泳打腿
breaststroke kick	蛙泳蹬腿
stride	跨越
stroke	划水
pull	划水、拉
turn	转身、转动
submerge	没入水中
step、walk	行走
return	返回
touch	触壁、触板
normal position on the back	正常仰卧姿势
position on the breast	俯卧姿势
foul / infringement / offence / violation	犯规
breach of rules	犯规
misconduct	犯规行为
legs do not act symmetrically	腿动作不对称
legs do not act simultaneously	两腿动作不同时

both hands do not touch the wall simultaneously	两手不同时触壁
drop out	中途退出比赛
interfere	干扰
report laps	报趟
warning signal	（摇铃）提示信号
the surface of the water	水面
level/ horizontal	水平线、水平面；水平的
vertical	垂直线、垂直面；垂直的
speed	速度
endurance	耐力
buoyancy	浮力
alternate	交替的，轮流的
back-lying	仰卧
backstroke flip turn	仰泳滚翻转身
cycle	周期
complete cycle	完整周期
downbeat	向下打
lap	趟
push off	蹬离
push off starting platform	蹬离出发台
push off the wall	蹬离池壁
thrash	鞭状动作
whip	鞭水，蹬水
reason	理由、原因
disqualify/disqualified/disqualification（DSQ）	取消资格，犯规
did not start（DNS）	弃权
did not finish（DNF）	未游完全程

（五）计时

time-keeping	计时
electric timekeeping	电动计时
manual time-keeping	人工计时

time	成绩
human time	人工计时成绩
average time	平均成绩
intermediate time	中间成绩
identical time	相同成绩
official time	正式成绩
split	分段成绩
time card	成绩卡片
start the watch	开表
clear watches	回表
stop the watch	停表
inspect watches	检查秒表
examine the official time	核对正式成绩
rank	名次
hour	时
minute	分
second	秒
tenth of a second	十分之一秒
hundredth of a second	百分之一秒
reaction time （R.T.）	出发反应时

（六）终点

finish	到达终点
distance	距离
cover the whole distance	游完全程
rank / place	名次
ranking list	名次排列表
final place	最后名次
relative order	相对顺序
report the order of finish	报告抵达终点的顺序
close finish	几乎同时到达终点
finish off	比赛结束
order of finish	到达终点的顺序

（七）编排记录

heat	组、预赛组
record	纪录；记录
desk control	记录处
official record	正式纪录
equalize a record	平纪录
break a record	打破纪录
establish a new record	创新纪录
the best competitive time	最好成绩
standard	标准
entry standard	报名标准
entry events for each person	每人报项数
person for entering a event	每项报名人数
entry deadline	报名截止日期
name	姓名
sex / gender	性别
male (man)	男
female (woman)	女
nationality	国籍
seed	编排
arrangement of lanes	泳道安排
draw	抽签
determine the lane by draw	抽签决定泳道
determine the lane based on entry time	按报名成绩决定泳道
performance	成绩；行为
replace / substitution	替换
reach the final	进入决赛
lists for finals	决赛名单
final result	决赛成绩
score	得分
team score	团体总分
level score	得分相等

unnecessary to compete again	不必重赛
aggregate score	总分，累积分
enter (for)	报名
playing time	比赛时间
preliminary round	分组预赛
legend	说明、注释
report	报告
code	代码

(八) 其他

begin (v.)、beginning (n.)	开始
obey	服从
observe	遵守；观察、看到
comply with the rules	遵守规则
conduct	指导、实施、进行
consult	参照、查阅、协商
control	控制、管理
supervise (v.)、supervision (n.)	监督、管理
determine (v.)、determination (n.)	决定
direct (v.)、direction (n.)	指导；用法说明、方向
prepare	准备、预备
declare	宣布、宣告
deliver (v.)、delivery (n.)	递交
prohibit (v.)、prohibition (n.)	禁止
require、request	要求
complete	完成、结束；完整的
display	显示
ensure	保证
occur	发生
obstruct (v.)、obstruction (n.)	阻碍
pace-making	速度诱导
inspection of equipment	检查设备
doping test	兴奋剂检查

七、身体的主要部位

body	身体
head	头部
face	面部
neck	颈部
shoulder	肩、肩关节
arm	臂
elbow	肘、肘关节
wrist	腕、腕关节
hand	手
finger	手指
breast、chest	胸部
back	背部
waist	腰
hip	臀部
hip line	臀线
leg	腿
knee	膝关节
ankle	踝关节
foot (feet)	脚（复数）
toes	脚趾
height	身高
weight	体重

八、国际泳联成员国家与地区名称缩写

（一）亚洲

AFG	阿富汗	BAN	孟加拉国	BHU	不丹
BRN	巴林	BRU	文莱	CAM	柬埔寨
CHN	中国	HKG	中国香港	INA	印度尼西亚

IND	印度	IRI	伊朗	IRQ	伊拉克
ISR	以色列	JOR	约旦	JPN	日本
KAZ	哈萨克斯坦	KGZ	吉尔吉斯斯坦	KOR	韩国
KSA	沙特阿拉伯	KUW	科威特	LAO	老挝
LBN	黎巴嫩	MAC	中国澳门	MAS	马来西亚
MDV	马尔代夫	MGL	蒙古	MYA	缅甸
NEP	尼泊尔	OMA	阿曼	PAK	巴基斯坦
PHI	菲律宾	PLE	巴勒斯坦	PRK	朝鲜
QAT	卡塔尔	SGP	新加坡	SRI	斯里兰卡
SYR	叙利亚	THA	泰国	TJK	塔吉克斯坦
TKM	土库曼斯坦	TLS	东帝汶	TPE	中国台北
UAE	阿联酋	UZB	乌兹别克斯坦	VIE	越南
YEM	也门				

（二）美洲

AGU	安圭拉	ANT	安提瓜和巴布达	ARG	阿根廷
ARU	阿卢巴	BAH	巴哈马	BAR	巴巴多斯
BER	百慕大	BIZ	伯利兹	BOL	玻利维亚
BRA	巴西	CAN	加拿大	CAY	开曼群岛
CHI	智利	COL	哥伦比亚	CRC	哥斯达黎加
CUB	古巴	CUR	库拉索	DMA	多米尼克
DOM	多米尼加	ECU	厄瓜多尔	ESA	萨尔瓦多
GRN	格林纳达	GUA	危地马拉	GUY	圭亚那
HAI	海地	HON	洪都拉斯	ISV	维尔京群岛
IVB	英属维尔京群岛	JAM	牙买加	LCA	圣卢西亚
MAA	圣马丁岛	MEX	墨西哥	NCA	尼加拉瓜
PAN	巴拿马	PAR	巴拉圭	PER	秘鲁
PUR	波多黎各	SKN	圣基茨和尼维斯	SUR	苏里南
TCN	特克斯和凯科斯	TTO	特立尼达和多巴哥	URU	乌拉圭
USA	美国	VEN	委内瑞拉	VIN	圣文森特和格林纳丁斯

（三）欧洲

ALB	阿尔巴尼亚	AND	安道尔	ARM	亚美尼亚

AUT	奥地利	AZE	阿塞拜疆	BEL	比利时
BIH	波斯尼亚	BLR	白俄罗斯	BUL	保加利亚
CRO	克罗地亚	CYP	塞浦路斯	CZE	捷克
DEN	丹麦	ESP	西班牙	EST	爱沙尼亚
FIN	芬兰	FRA	法国	FAR	法罗群岛
GBR	英国	GEO	格鲁吉亚	GER	德国
GIB	直布罗陀	GRE	希腊	HUN	匈牙利
IRL	爱尔兰	ISL	冰岛	ITA	意大利
KOS	科索沃	LAT	拉脱维亚	LIE	列支敦士登
LTU	立陶宛	LUX	卢森堡	MDA	摩尔多瓦
MKD	马其顿	MLT	马耳他	MNE	黑山
MON	摩纳哥	NED	荷兰	NOR	挪威
POL	波兰	POR	葡萄牙	ROU	罗马尼亚
RUS	俄罗斯	SLO	斯洛文尼亚	SMR	圣马利诺
SRB	塞尔维亚	SUI	瑞士	SVK	斯洛伐克
SWE	瑞典	TUR	土耳其	UKR	乌克兰

（四）大洋洲

ASA	美属萨摩亚	AUS	澳大利亚	COK	库克群岛
FIJ	斐济群岛	FSM	密克罗尼西亚	GUM	关岛
MHL	马绍尔群岛	NMA	北马里亚纳群岛	NZL	新西兰
PLW	帕劳	PNG	巴布亚新几内亚	SAM	西萨摩亚
SOL	所罗门群岛	TGA	汤加	VAN	瓦努阿图

（五）非洲

ALG	阿尔及利亚	ANG	安哥拉	BDI	布隆迪
BEN	贝宁	BOT	博茨瓦纳	BUR	布基纳法索
CAF	中非	CGO	刚果	CHA	乍得
CIV	象牙海岸	CMR	喀麦隆	COD	刚果民主共和国
COM	科摩罗	CPV	佛得角	DJI	吉布提
EGY	埃及	ERI	厄立特里亚	ETH	埃塞俄比亚
GAM	冈比亚	GBS	几内亚比绍	GEQ	赤道几内亚
GHA	加纳	GUI	几内亚	KEN	肯尼亚

LBA	利比亚	LBR	利比里亚	LES	莱索托
MAD	马达加斯加	MAR	摩洛哥	MAW	马拉维
MLI	马里	MOZ	莫桑比克	MRI	毛里求斯
MTN	毛里塔尼亚	NAM	纳米比亚	NGR	尼日利亚
NIG	尼日尔	RSA	南非	RWA	卢旺达
SEN	塞内加尔	SEY	塞舌尔群岛	SLE	塞拉利昂
SOM	索马里	SUD	苏丹	SWZ	斯威士兰
TAN	坦桑尼亚	TOG	多哥	TUN	突尼斯
UGA	乌干达	ZAM	赞比亚	ZIM	津巴布韦

第二节　工作用语

一、体育展示用语

Good afternoon ladies and gentlemen, The Beijing 2008 Organising Committee for the Olympic Games and FINA, the International Swimming Federation welcome you to the National Aquatics Center for the 1st session of swimming at The Games of the XXIX Olympiad. The competition will begin in 1 hour.

女士们、先生们，下午好。2008 北京奥运会组委会、国际游泳联合会欢迎您来到国家游泳中心。今天是第 29 届奥林匹克运动会游泳项目的首场比赛，比赛将在一小时后正式开始。

Ladies and gentlemen, the events for this session include: …… We trust that you will enjoy the competition.

女士们、先生们，本场比赛您将欣赏到以下的项目：……今天的比赛十分精彩，让我们共同期待!

Athletes, coaches and team managers please note that the warm up session will end in 20 minutes.

运动员、教练员和领队请注意，现在离比赛池的热身活动结束还有 20 分钟。

Swimmers, coaches and team managers, the warm up session has now concluded. Please leave the main competition pool and adjourn your activity to the warm up pool if you need to continue. Your cooperation is appreciated.

运动员、教练员和领队请注意：现在比赛泳池的热身活动已经结束，请离开主赛池，还需要热身的运动员可以到热身池继续热身。谢谢您的合作。

Let's welcome the technical officials for this session.

让我们热烈欢迎技术官员入场。

The referees for this session:

For men: _________, (FINA judge). For women: _________, (FINA judge).

The starter for men: _________, (FINA starter). The starter for women: _________, (FINA starter).

现在介绍总裁判和发令员。

男子项目执行总裁判：_________，（国际级）。女子项目执行总裁判：_________，（国际级）。

男子项目发令员：_________，（国际级）。女子项目发令员：_________，（国际级）。

Ladies and gentlemen, would you please welcome the athletes for the (1st—4th) heat of Men's 400m Individual Medley Heats.

现在进行男子 400 米个人混合泳预赛第（1—4）组的比赛，请运动员入场。

Ladies and gentlemen, the results are being displayed on the scoreboard.

女士们、先生们，比赛成绩正显示在记分牌上。

The next event will be Women's 100m Butterfly Heats.

稍后将要进行女子 100 米蝶泳预赛。

The results summary for the Men's 100m Breaststroke is now being displayed on the scoreboard. The top 16 qualifiers will move to the semi-final.

男子 100 米蛙泳的成绩正显示在记分牌上。排名前 16 的选手将参加此项目的半决赛。

Ladies and gentlemen, would you please welcome the athletes for Men's 400m Individual Medley Final.

In lane 1: (introduction), (country), (name)

……

女士们、先生们，让我们以热烈的掌声欢迎参加男子 400 米个人混合泳决赛的运动员入场。

1 道：（简介），（国家或地区），（姓名）

……

The Victory Ceremony for Men's 400m Individual Medley. Please welcome the Medallists.

男子 400 米个人混合泳颁奖仪式现在开始。欢迎获奖运动员入场。

The medals will be presented by ______ (name, country), member of the International Olympic Committee. Accompanied by ______ (name) representing the ______ (name of federation).

为运动员颁发奖牌的是国际奥委会委员 ______（国家，姓名）。与他一起为运动员颁奖的是 ______（体育联合会名称）______（姓名）。

Bronze Medalist, ________ (Country).

Silver Medalist, ________ (Country).

Gold Medalist and Olympic Champion, ________ (Country).

铜牌获得者是，______（国家 / 地区）运动员 ________（姓名）。

银牌获得者是，______（国家 / 地区）运动员 ________（姓名）。

金牌获得者，奥林匹克运动会冠军是，______（国家 / 地区）运动员 ________（姓名）。

Ladies and gentlemen, please stand for the national anthem of ____________ (Country).

女士们、先生们，请起立，奏 ______（国家 / 地区）国（会）歌。

We present the Medal Winners.

让我们向获奖运动员致敬！

Congratulations to the medallists.

热烈祝贺获奖运动员！

Ladies and gentlemen, that's all for this session. All the Technical Officials, please make your exit from the pool area.

女士们、先生们，本场比赛到此结束。请技术官员退场。

Ladies and gentlemen, the 1st session of swimming of the Games of the 29th Olympiad Swimming has concluded. We hope you have enjoyed the competition and thank you for your participation.

女士们、先生们，第 29 届奥林匹克运动会游泳项目第 1 场的比赛到此结束，我们希望您能够欣赏和喜爱今天的比赛，感谢您的光临。

二、检录用语

Swimmers attention please. Now the calling for men's 50m freestyle heats begin.

运动员请注意！男子50米自由泳预赛现在开始点名。

Please take a seat according to your heats and lanes.

请各位按组别和泳道就座。

Are you Tanaka? Will you be taking part in the heat of men's 100m butterfly?

您是田中先生吗？您将参加男子100米蝶泳预赛吗？

Are you ready?

准备好了吗？

Please follow me to the competition area.

请跟我入场。

Take a rest here!

在这儿休息一下！

The medallists, please wait here for the award ceremony.

请获奖运动员在此等候领奖。

三、发令用语

Take your marks!

各就位！

I'm sory you are disqualified because of the false start.

很遗憾，您因出发犯规而被取消比赛资格。

四、填写犯规检查表用语

(一) 出发

The swimmer started before the signal.

出发抢跳。

The swimmer delayed the start.

延误出发。

The swimmer willfully disobeyed an order.

蓄意不服从命令。

The swimmer stood in (□on) the gutter.

站在水槽内（□上）。

The swimmer bent the toes over the lip of the gutter.

脚趾扣在水槽边缘。

（二）自由泳

Any part of the body did not touch the wall during the turn at ____m.

____米处转身时，身体任何部分未触壁。

The head did not break the surface of the water at or before 15m mark after the start （□turn at ____m）.

出发（□____米处转身）后，头部未在 15 米标志线处或之前露出水面。

The swimmer was completely submerged at ____m.

____米处，身体完全没入水中。

The swimmer walked on the bottom of the pool at ____m.

____米处在池底行走。

（三）仰泳

The swimmer was not on the back at ____m.

____米处，身体未成仰卧姿势。

The swimmer stood on the bottom of the pool at ____m.

____米处站立池底。

The head did not break the surface of the water at or before 15m mark after the start （□turn at ____m）.

出发（□____米处转身）后，头部未在 15 米线处或之前露出水面。

The swimmer was completely submerged at ____m.

____米处，身体完全没入水中。

After turning onto the breast at ____m, the swimmer executed more than one single（□double）arm-pull to initiate the turn.

____米处转成俯卧姿势后，做多于 1 次的单臂划水（□双臂同时划水）动作才开始转身。

The swimmer did not start executing the turn immediately after turning onto the breast at ____m.

____米处转成俯卧姿势后，未立即开始做转身动作。

The swimmer was not on the back upon leaving the wall following the turn at ____m.

____ 米处转身蹬离池壁时，身体未呈仰卧姿势。

Any part of the body did not touch the wall during the turn at ____m.

____ 米处转身时，身体任何部分未触壁。

The swimmer did not finish the race on the back.

到达终点前改变仰卧姿势触壁。

(四) 蛙泳

The swimmer executed more than one butterfly kick before the first breaststroke kick after the start（□turn at ____m.）

出发（□____ 米处转身）后第 1 次蹬腿动作前做多于 1 次的蝶泳打水。

The swimmer was not on the breast at ____m.

____ 米处，身体未呈俯卧姿势。

The swimmer stood on the bottom of the pool at ____m.

____ 米处站立池底。

The cycle was not one arm stroke and one leg kick in that order at ____m.

____ 米处，动作周期未按 1 次臂 1 次腿的顺序完成。

The arm movements were not simultaneous at ____m.

____ 米处，两臂动作不同时。

The arm movements were not in the same horizontal plane at ____m.

____ 米处，两臂动作不在同一水平面。

The hands were not pushed forward together from the breast at ____m.

____ 米处，两手未同时从胸前伸出。

The hands were brought back beyond the hip line at ____m.

____ 米处，两手向后划水超过臀线。

The elbows were brought over the surface of the water at ____m.

____ 米处，两肘露出水面。

The leg movements were not simultaneous at ____m.

____ 米处，两腿动作不同时。

The leg movements were not in the same horizontal plane at ____m.

____ 米处，两腿动作不在同一水平面。

The head did not break the surface of the water before the hands turned inward at the widest part of the second stroke after the start（□turn at ____m）.

出发（□____ 米处转身）后第 2 次划水至最宽点两手向内划水前，头部未露出水面。

The head did not break the surface of the water during ____ complete cycle (s) at ____m.

____ 米处的 ____ 个完整动作周期内，头部未露出水面。

The feet (□left foot / □right foot) did not turn outward during the propulsive part of the kick at ____m.

____ 米处蹬腿时，两脚（□左脚 / □右脚）未外翻。

The swimmer executed flutter (□downward butterfly) kick at ____m.

____ 米处，两腿交替打水（□做向下的蝶泳打水）。

The hands did not touch the wall simultaneously (□separately) at the finish (□turn at ____m).

到达终点（□____ 米处转身）时，两手未同时（□未分开）触壁。

The swimmer touched the wall with the left (□right) hand only at the finish (□turn at ____m).

到达终点（□____ 米处转身）时，左（□右）手单手触壁。

（五）蝶泳

The swimmer was not on the breast at ____m.

____ 米处，身体未呈俯卧姿势。

The swimmer stood on the bottom of the pool at ____m.

____ 米处站立池底。

The arms were not brought forward over the water at ____m.

____ 米处，两臂未经空中前摆。

The arms were not brought forward (□backward) simultaneously at ____m.

____ 米处，两臂未同时前摆（□向后划水）。

The leg movements were not simultaneous at ____m.

____ 米处，两腿动作不同时。

The swimmer executed flutter (□breaststroke) kick at ____m.

____ 米处，两腿交替打水（□蹬蛙泳腿）。

The hands did not touch the wall simultaneously (□separately) at the finish (□turn at ____m).

到达终点（□____ 米处转身）时，两手未同时（□未分开）触壁。

The swimmer touched the wall with the left （□right） hand only at the finish（□turn at ____m）.

到达终点（□____ 米处转身）时，左（□右）手单手触壁。

The head did not break the surface of the water at or before 15m mark after the start（□turn at ____m）.

出发（□____ 米处转身）后，头部未在 15 米线处或之前露出水面。

The swimmer used more than one arm-pull under the water after the start（□turn at ____m）.

出发（□____ 米处转身）后，在水下做划水动作超过 1 次。

The swimmer was completely submerged at ____m.

____ 米处，身体完全没入水中。

（六）个人混合泳

The swimmer used a wrong style in freestyle（□backstroke / □breaststroke / □butterfly） portion at ____m.

____ 米处自由（□仰 / □蛙 / □蝶）泳段游错泳式。

The swimmer left the position on the back before touching the wall at the turn from backstroke to breaststroke.

仰泳转蛙泳时，触壁前改变仰卧姿势。

The hands did not touch the wall simultaneously（□separately） at the turn from butterfly to backstroke（□breaststroke to freestyle）.

蝶泳转仰泳（□蛙泳转自由泳）时，两手未同时（□未分开）触壁。

The swimmer touched the wall with the left（□right） hand only at the turn from butterfly to backstroke（□breaststroke to freestyle）.

蝶泳转仰泳（□蛙泳转自由泳）时，左（□右）手单手触壁。

The movements were not in accordance with the rules for the particular stroke in freestyle（□backstroke / □breaststroke / □butterfly） portion at ____m.

____ 米处自由（□仰 / □蛙 / □蝶）泳段，动作不符合相应泳式的规则。

（七）接力

The swimmer used a wrong style in freestyle（□backstroke / □breaststroke / □butterfly） portion at ____m.

____ 米处自由（□仰 / □蛙 / □蝶）泳段游错泳式。

The movements were not in accordance with the rules for the particular stroke in freestyle (□backstroke / □breaststroke / □butterfly) portion at ____m.

____ 米处自由（□仰 / □蛙 / □蝶）泳段，动作不符合相应泳式的规则。

The 2nd (□3rd / □4th) swimmer's feet lost touch with the starting platform before the preceding team-mate touched the wall (relay time is________).

第 2（□3 / □4）棒运动员的脚在本队前一运动员触壁前蹬离出发台（交接棒时间为 ____）。

The 1st (□2nd / □3rd / □4th) swimmer, not designated to swim that length, entered the water before all swimmers of all teams have finished the race.

第 1（□2 / □3 / □4）棒运动员（非本棒次）在各队所有运动员游完之前进入水中。

The swimmer failed to swim in the order listed.

游错棒次。

（八）其他

The swimmer did not cover the whole distance.

没有游完全程。

The swimmer did not remain and finish the race in the same lane as started.

运动员未在其出发的同一泳道内游完全程。

The swimmer did not make physical contact with the end of the pool during the turn at ____m.

____ 米处转身时未触及池壁。

The swimmer pulled on the lane rope with the left (□right) hand at ____m.

____ 米处，左（□右）手拉分道线。

The swimmer obstructed (□interfered) another swimmer.

阻碍（干扰）其他运动员。

The swimmer used a kind of tape on the body when not approved.

未经许可在身上使用胶带。

五、其他用语

I'm sory I could not answer you. If you have any question, please ask the Referee.

对不起，我不能回答您。如果您有问题，请找总裁判。

Please sign your name (on the results list).

请（在成绩单上）签字。

第三节 部分竞赛表格英中对照

一、接力棒次卡

Swimming Relay Entry Card（游泳接力棒次卡）

NOC Code（国家奥委会代码）

NOC:（国家奥林匹克委员会）			

FAMILY NAME（姓）	FIRST NAME（名）	YEAR OF BIRTH（出生年）
1.		
2.		
3.		
4.		

EVENT NO:（项目号）	DISTANCE AND STROKE:（距离和泳式）

HEATS:（预赛） please mark（请打钩）	FINAL:（决赛） please mark（请打钩）

TEAM MANAGER OR COACH (block letters):（领队或教练，大写字母）
TEAM MANAGER OR COACH (signature):（领队或教练，签名）

Date：（日期）__________________ Time of delivery:（递交时间）__________________

Note:Relay Entry Card must be presented to the Swim Office not later than one (1) hour before the start of the session in which the Relay takes place (FINA BL 8.3.6.5) with the names of the swimmers in the order that they are to participate (FINA SW 10.12). In case of Medley Relay Events, the name of the swimmers must be reported in the order of the styles.

（说明：接力棒次卡必须在该场比赛开始前至少1小时提交竞赛办公室，运动员姓名须按棒次排列。对于混合泳接力，运动员姓名必须按泳式顺序填写。）

二、弃权卡

Swimming Withdrawal Card（游泳弃权卡）

NOC Code（国家奥委会代码）

NOC:（国家奥林匹克委员会）			

FAMILY NAME：（姓）	FIRST NAME：（名）

EVENT NO:（项目号）	DISTANCE AND STROKE:（距离和泳式）

HEATS:（预赛） please mark（请打钩）	SEMI-FINAL OR FINAL:（半决赛或决赛） please mark（请打钩）

TEAM MANAGER OR COACH（block letters):（领队或教练，大写字母）
TEAM MANAGER OR COACH（signature):（领队或教练，签名）

Date：（日期）____________________ Time of delivery:（递交时间）____________________

Note:Withdrawals from finals or semifinals must be presented in writing to the Swim Office within thirty（30）minutes following the preliminary in which the qualification took place（FINA GR 7.2）.

（说明：决赛或半决赛弃权必须在取得参赛资格的该项目预赛结束后 30 分钟内以书面形式提交竞赛办公室。）

三、犯规检查卡

Swimming Disqualification Card（游泳犯规检查卡）

EVENT：（项目）________________ HEAT:（组次）__________ LANE:（泳道）__________

Reasons:（理由）

____

____

____

____

____

____

____

____

____

____

____

____

____

____

____

____

Date：（日期）________________ Time of delivery:（递交时间）________________

Judge：（裁判员）______________ Referee:（总裁判）____________________________

四、报名替换和更正卡

Swimming Substitution and Correction Card（报名替换和更正卡）

Federation Code（国家奥委会代码）

Federation:（国家奥林匹克委员会）			

Entered Swimmer:（报名运动员）

FAMILY NAME：（姓）	FIRST NAME：（名）

EVENT NO:（项目号）	DISTANCE AND STROKE:（距离和泳式）

To be substituted by (or correction of spelling)：〔替换成（或正确的拼写）〕

FAMILY NAME：（姓）	FIRST NAME：（名）	YEAR OF BIRTH:（出生年）

EVENT NO:（项目号）	DISTANCE AND STROKE:（距离和泳式）	ENTRY TIME：（报名成绩）

TEAM MANAGER OR COACH (block letters):（领队或教练，大写字母）
TEAM MANAGER OR COACH (signature):（领队或教练，签名）

Date：（日期）____________________

Note: Substitution is only possible at the Technical Meeting (FINA GR 7.1).

（说明：替换要求只能在技术会议上提出。）

（本章执笔：梅雪雄）

附　录

附录一　国际泳联关于广告标志的有关规定

一、泳装

（一）泳装上只能出现 1 个制造商的商标。穿上泳装时，制造商商标的面积最大为 30 平方厘米。分体泳装上允许出现 2 处商标，每部分各 1 个。商标的面积以商标所占的方形区域计算。

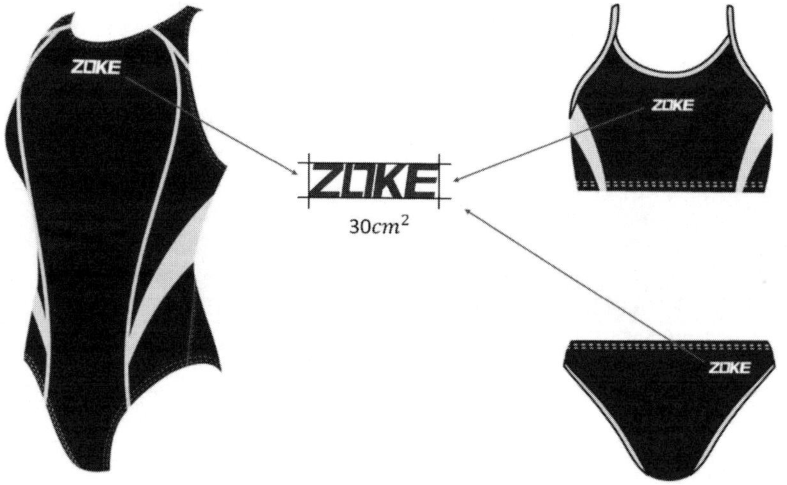

（二）泳装上只能出现 1 个赞助商的标志。穿上泳装时，赞助商标志的面积最大为 30 平方厘米。

（三）泳装上只能出现 1 面国旗和（或）1 个国家名称（代码）。穿上泳装时，国旗连同国家名称（代码）的面积最大为 50 平方厘米。作为泳装设计元素而重复出现的国旗及其元素（如国旗颜色）不受此限。

二、泳帽

（一）泳帽上只能出现 1 个制造商的商标，位于泳帽前面，其面积最大为 20 平方厘米。

（二）泳帽上可以出现 1 面国旗和（或）1 个国家名称（代码），其面积最大为 32 平方厘米，所印位置由国际泳联提出建议。

（三）在世界游泳锦标赛上，泳帽上的国际泳联合作伙伴标志，其大小由国际泳联根据具体情况决定，所印位置由国际泳联提出建议。

（四）在 FINA 主办的比赛中，泳帽上的国旗和国家名称（代码）可以出现 2 次，即国旗和国家名称可以同时出现在泳帽两侧，但在印制前应征求 FINA 的建议。

（五）泳帽上运动员姓名的面积最大为 20 平方厘米。运动员的姓名应印在国旗和国家名称（代码）的同侧。在泳帽上印制运动员姓名不是必须的。

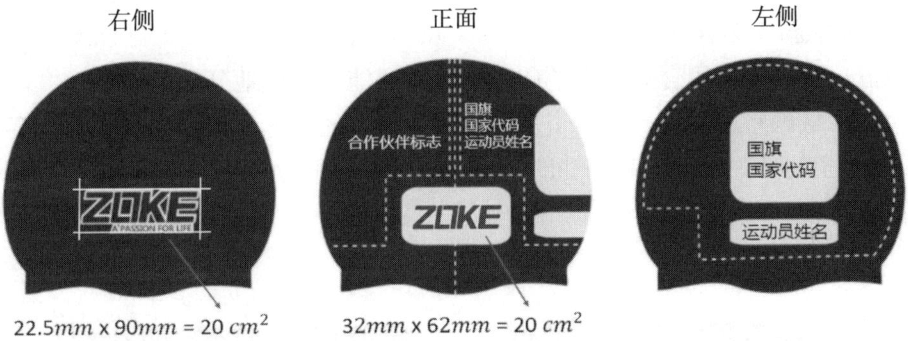

三、泳镜

泳镜上可以出现 2 个制造商的商标，每个的面积最大为 6 平方厘米，但只能印在镜框或固定带上。

四、号码布

（一）号码布的最大尺寸为宽 24 厘米、高 20 厘米。

（二）号码布上的数字高度不得小于 6 厘米，不得高于 10 厘米。

（三）号码布上数字上方的说明最大高度为 6 厘米。该说明可以是 FINA 合作伙伴的名称或标志。

（四）号码布上数字下方的说明最大高度为 4 厘米。该说明可以是举办城市的名称或标志以及年份。

（五）号码布须用合适的颜色印刷，以确保能最明显地分辨数字。

（六）号码布上只能出现 1 个国际泳联赞助商的标志。但在同一次锦标赛中，可以在男子的号码布上印一个赞助商的标志，在女子的号码布上印另一个赞助商的标志。

介绍运动员和颁奖仪式使用

接力比赛使用

五、陆上装备

(一) 相关装备上最多允许出现 2 个广告标识，一个是制造商的商标，另一个是赞助商的标志。

(二) 服装 (T 恤衫、运动衫、休闲衫、浴衣、运动套装、运动裤、短裤、裙子、防风衣等) 上每个标识的面积最大为 40 平方厘米；附件和其他装备 (毛巾、棒球帽、帽子、袜子、鞋等) 上每个标识的面积最大为 6 平方厘米。

(三) 运动服上的标识须置于胸部上方一侧，以保证国际泳联要求的号码布佩戴在其下方时完整可见。

(四) 在运动衣上，制造商的商标 (作为设计符号时最大宽度为 8 厘米) 可以呈条状环绕袖口或置于袖子的外中缝 (从衣领经肩部至袖口)。

（五）在运动裤上，制造商的商标（作为设计符号时最大宽度为 8 厘米）可以呈条状置于裤子的外中缝（从裤腰到裤脚）。

（六）运动包上的标识不得超过其面积的 10%，最大为 60 平方厘米。

（七）服装和有关装备上不允许出现任何违反规定的广告标识。如违反了相关规定，应立即移除违规服饰并换上符合规定的服饰。如果无法立即纠正违规情况，运动员将被要求穿戴由赛事组委会提供的服饰。

（八）国际泳联保留要求参赛会员单位在赛前提供广告标识以供审查和批准的权利。

附录二　2014年全国游泳冠军赛竞赛规程

一、竞赛日期与地点

2014年5月12日至17日，在山东省青岛市举行。

二、竞赛项目

50米、100米、200米、400米、800米（限女子）、1500米自由泳（限男子）；50米、100米、200米仰泳；50米、100米、200米蛙泳；50米、100米、200米蝶泳；200米、400米个人混合泳；4×100米、4×200米自由泳接力；4×100米混合泳接力。

三、参加单位

在游泳运动管理中心进行专业注册的运动队均可由注册单位报名参加。

四、参加办法

（一）运动员参赛资格：

1. 在2013年全国游泳锦标赛上达到标准的运动员。

2. 在2013年全国冬季游泳锦标赛上达到标准的运动员。

3. 在2014年全国春季游泳锦标赛上达到标准的运动员。

4. 在第12届全运会游泳比赛中达到标准的运动员。

5. 在国际泳联马拉松游泳世界杯汕头站、香港站国内运动员排名获得前20名的运动员，在第12届全运会马拉松游泳比赛中获得前25名的运动员。

6. 在东亚运动会亚洲游泳比赛中达到标准的运动员。

（二）各单位各单项报名人数不限，每人报项不限，接力限报1个队。

（三）弃权费和罚款上交大会组委会。

（四）运动员必须携带注册证参赛，以便检录和兴奋剂检测时使用。

五、竞赛办法

（一）采用中国游泳协会审定的最新游泳竞赛规则。

（二）运动员参加各单项比赛的报名成绩应是12个月内个人最好成绩。

（三）各单项进行预赛、决赛。男子1500米、女子800米自由泳只进行一次性决赛。

（四）运动员如预赛弃权（重赛除外）则不得参加当日及次日任何项目的比赛，交罚款300元；故意慢游、出发故意犯规或未游完全程则不得参加当日及次日任何项目的比赛，交罚款500元。

（五）如获决赛资格的运动员弃权，须在当场比赛结束后30分钟内，由本队负责人提出决赛场次的弃权书面申请，并交50元弃权费。未在规定时间内提出决赛场次弃权的运动员，必须参加决赛场次的比赛，否则取消已有比赛成绩，同时上缴500元罚款，并不得参加当日和次日所有项目的比赛。

（六）运动员或队在各单项、接力比赛的决赛中；200米以下项目如所游成绩差于预赛成绩的110%者，将视为故意慢游；200米以上项目如所游成绩差于预赛成绩的105%者，将视为故意慢游，并按照规定进行处罚。

（七）报名后因故未到赛区，交弃权费300元；报名后无故未到赛区、故意延误比赛，交罚款900元，并视情节通报全国。

（八）凡不交纳罚款的运动员或运动队，将取消其参加我中心举办的下一次比赛资格。

（九）凡拒绝兴奋剂检查的运动员，按有关规定处罚。

（十）运动员训练热身时，不得佩戴划水掌，否则将对运动员所在单位罚款500元。由此造成他人伤害的运动员不得参加当日比赛，对其所在单位罚款2000元，并视情节做出其他相应处罚。

（十一）运动员训练热身时，必须按要求游进和做冲刺练习，否则将对每名运动员每次罚款300元。

六、录取名次与奖励

（一）各项录取前8名。前3名颁发奖章，第1名至第8名颁发奖状。

（二）只进行前 3 名运动员的颁奖仪式。

七、报名和报到

（一）各单位须按要求进行报名并打印报名表，经各省级体育局审核后，加盖公章，邮寄至承办单位。

（二）逾期报名的单位，不予安排比赛。

（三）各单位于赛前 2 天到赛区报到。

八、裁判员

（一）总裁判、副总裁判和部分裁判员由国家体育总局游泳运动管理中心指派，不足部分由山东省体育局选派一级以上裁判员担任。

（二）总裁判、副总裁判于赛前 4 天，其他裁判员于赛前 3 天到大会报到。

（三）裁判员必须按时报到。逾期报到，不予安排工作，经费自理。

（四）各队领队、教练员、工作人员不得兼任裁判员。

九、仲裁委员会

人员组成和职责范围按《仲裁委员会条例》规定执行。

十、其他

（一）开幕式于第 2 场比赛前 15 分钟在比赛场进行。各队须选派至少 3 人（其中 1 名教练员或领队）统一着装参加入场仪式。

（二）颁奖时应由获奖运动员本人参加，不得由他人代替。否则将停止该运动员所在单位全队参加下一次全国游泳比赛资格，并视情节给予通报批评。

（三）颁奖结束后，如大会组委会安排获得单项前 3 名的运动员和获得接力冠军的运动队出席新闻发布会，不再参加比赛的运动员必须到指定地点接受采访，否则不得参加以后各项比赛。

（四）根据国际泳联和中国游泳协会的相关规定和做法，比赛中运动员号码布的广告招商权归协会所有。现“美的”集团是中国游泳协会主赞助商，本次比赛中，参加决赛和领奖的运动员须按要求在胸前佩戴协会指定的号码布。

（五）承办单位必须在赛后 1 天将秩序册和成绩册各 5 份寄游泳运动管理中心游泳部，同时将电子版比赛成绩（以 Excel 文件形式存放的预、决赛成绩）发送到游泳部邮箱：youyongbu@126.com。

十一、未尽事宜，另行通知。

附录三 2014年全国少儿（大年龄组）游泳冠军赛竞赛规程

一、竞赛日期和地点

2014年2月17日至20日在山东省济南市举行。

二、竞赛项目

（一）单项

50、100、200、400米自由泳，50、100米仰泳，50、100米蛙泳，50、100米蝶泳，200米个人混合泳，4×50米自由泳接力、4×50米混合泳接力。

（二）全能项目

自由泳全能：50、100、400米自由泳，200米个人混合泳；

仰泳全能：50、100米仰泳，400米自由泳，200米个人混合泳；

蛙泳全能：50、100米蛙泳，400米自由泳，200米个人混合泳；

蝶泳全能：50、100米蝶泳，400米自由泳，200米个人混合泳；

混合全能：50、400米自由泳，50米仰泳，50米蛙泳，50米蝶泳。

（三）各年龄组竞赛项目见《附件：2014年全国少儿游泳冠军赛竞赛项目》。

三、参加单位

（一）各省（区、市）、计划单列市业余体校代表队。

（二）地方体育主管部门批准的各游泳俱乐部、游泳池馆、游泳学校或以企业命名的代表队。

四、参加办法

（一）参赛年龄组规定

2002 年组限 2002 年出生者；2001—2000 年组限 2001—2000 年出生者；1999—1997 年组限 1999—1997 年出生者；1996 年以上组限 1996 年及以前出生者。

（二）运动员须持地方体育主管部门颁发的国家体育总局游泳运动管理中心制作的《运动员注册证》和本人第 2 代身份证参加检录，无《运动员注册证》和身份证者不能参加比赛。

（三）注册证和报名单与身份证姓名、年龄不符时，一律以身份证为准。

（四）男子、女子 2002 年组和男子 2001—2000 年组的运动员必须参加全能项目比赛，全能报项不限。

（五）参加全能项目的运动员，报单项的泳式不能与全能项目的泳式相同。报自由泳全能的运动员单项禁报 200 米自由泳，报混合全能的运动员单项禁报 200 米个人混合泳。

（六）各单位单项参赛人数不限，每人参赛项目不限，接力限报 1 个队，运动员不得跨组参赛。

（七）主办单位有权对参赛运动员进行骨龄检测，骨龄检测经费自付。

（八）凡拒绝接受兴奋剂检查的运动员不能参加比赛，取消已获的成绩和名次，并按有关规定给予处罚。

（九）不符合本次比赛年龄组规定的运动员，只能参加测验。

（十）获得 2013 年全国少儿游泳锦标赛代表单位团体总分前 8 名的单位，其所属的各省（区、市）代表队可获得 5 人（含教练员 1 人）免费住宿名额。

五、竞赛办法

（一）采用中国游泳协会审定的最新《游泳竞赛规则》。

（二）采用人工计时进行 400 米自由泳预赛时，每条泳道可编排 2 人。

（三）全能项目规定

1. 未参加 200 米个人混合泳或 400 米自由泳的运动员，不得参加任何单项比赛。

2. 200 米个人混合泳或 400 米自由泳犯规，只能参加所剩项目的预赛，不允许参加决赛。

3. 各单项预赛 17 名以后的以成绩确定排名；1 至 16 名以预赛和决赛中成绩最好的分值重新确定排名。

（四）各单项（接力项目、1995 年以上组项目只进行决赛）进行预、决赛；不足 8 人时只进行决赛。9 至 16 名进行 B 组决赛；1 至 8 名进行 A 组决赛；各单项前八名以 A 组决赛成绩确定排名。

（五）单项预赛后设 B 组替补运动员，A 组不设替补运动员。

（六）凡骨龄检测超标的运动员不计名次，只计成绩。

（七）凡弄虚作假者取消所有比赛成绩，视情节进行处理。

（八）处罚

1. 运动员预赛弃权，每人收弃权费 300 元。

2. 如获决赛资格的运动员弃权（重赛除外），须在当场比赛结束后 30 分钟内，由本队负责人提出决赛场次弃权的书面申请，并交纳弃权费 300 元。否则，取消该运动员在本次比赛中已取得的成绩，并不得参加当日及次日所有项目的比赛。

3. 运动员未游完全程或故意慢游（报名成绩的 10%）罚款 500 元，并不得参加当日及次日所有项目的比赛。

4. 运动员训练热身时，不得佩戴划水掌，否则将对运动员所在单位罚款 500 元。由此造成他人伤害的运动员不得参加当日所有项目的比赛，对其所在单位罚款 2000 元，并视情节做出其他相应处罚。

5. 运动员训练热身时，必须按要求游进和进行冲刺练习，否则将对每名运动员每次罚款 300 元。

6. 比赛期间的罚款上交组委会。

六、录取与奖励

（一）设单项和全能项目个人前 8 名奖，颁发国家体育总局统一制作的“全国体育竞赛获奖证书”。

（二）设男子、女子 2002 年，男子 2001—2000 年年龄组团体总分前 8 名奖（奖品由承办单位准备）。

（三）设代表单位团体总分前 8 名奖（奖品由承办单位准备）。

（四）计分办法

1. 单项和接力项目按成绩排列名次，全能项目按得分排列名次。

2. 单项和全能项目名次按 9、7、6、5、4、3、2、1 计分。

3. 接力项目名次按 18、14、12、10、8、6、4、2 计分。

4. 自由泳全能、仰泳全能、蛙泳全能、蝶泳全能分值相等，以 200 米个人混合泳成绩优者名次列前；混合全能分值相等，以 400 米自由泳成绩优者名次列前。再相等以单项决赛多者名次列前。

5. 年龄组团体总分以年龄组单项、接力和全能项目得分累计相加排列名次；得分相等以全能项目第 1 名多者名次列前，再相等以第 2 名多者名次列前，以此类推。

6. 代表单位团体总分以单项、接力和全能项目得分累计相加排列名次。得分相等，以第 1 名多者名次列前；再相等以第 2 名多者名次列前，以此类推。

七、报名和报到

（一）各单位必须用电脑按规定格式填写报名表发送至报名邮箱：danianlingzu@163.com，并于赛前 30 天用传真或邮递赛区（以寄出邮戳为准）。逾期报名，不予安排比赛。报名表中须填写运动员的出生年、报名成绩及主管教练员、注册证及身份证号码等。

（二）各参赛队于赛前 2 天报到。

八、裁判

总裁判、副总裁判和部分骨干裁判由国家体育总局游泳运动管理中心指派，不足裁判由承办单位选派。

九、秩序册和成绩册要求

（一）秩序册须标明运动员出生年及主管教练员姓名。

（二）成绩册必须有总裁判签字，否则成绩无效。

（三）成绩册编排顺序为先男后女、先小后大、先短后长；项目顺序为自、仰、蛙、蝶；先单项后 200 米个人混合泳、自由泳接力、混合泳接力；最后为自由泳全能、仰泳全能、蛙泳全能、蝶泳全能、混合全能。

（四）请赛区务必于比赛结束后，将秩序册、成绩册各 5 份和成绩软盘（以 EXCEL 文件格式记取的全部比赛成绩）1 套和赛区工作总结寄国家体育总局游泳运动管理中心游泳部。

（五）成绩册必须在队伍离开前分发给各队。

十、未尽事宜，另行通知。

附件：2014 年全国少儿游泳冠军赛竞赛项目

	2004 年组		2003 年组		2002 年组		2000–2001 年组		1997–1999 年组		1996 年以上组	
	男	女	男	女	男	女	男	女	男	女	男	女
自由泳全能	☆	☆	☆	☆	☆	☆	☆					
仰泳全能	☆	☆	☆	☆	☆	☆	☆					
蛙泳全能	☆	☆	☆	☆	☆	☆	☆					
蝶泳全能	☆	☆	☆	☆	☆	☆	☆					
混合全能	☆	☆	☆	☆	☆	☆	☆					
50 米自由泳	☆	☆	☆	☆	☆	☆	☆	☆	☆	☆	☆	☆
100 米自由泳	☆	☆	☆	☆	☆	☆	☆	☆	☆	☆	☆	☆
200 米自由泳							☆	☆	☆	☆		
400 米自由泳	☆	☆	☆	☆	☆	☆	☆	☆				
50 米仰泳	☆	☆	☆	☆	☆	☆	☆	☆	☆	☆	☆	☆
100 米仰泳	☆	☆	☆	☆	☆	☆	☆	☆	☆	☆	☆	☆
50 米蛙泳	☆	☆	☆	☆	☆	☆	☆	☆	☆	☆	☆	☆
100 米蛙泳	☆	☆	☆	☆	☆	☆	☆	☆	☆	☆	☆	☆
50 米蝶泳	☆	☆	☆	☆	☆	☆	☆	☆	☆	☆	☆	☆
100 米蝶泳	☆	☆	☆	☆	☆	☆	☆	☆	☆	☆	☆	☆
200 米个人混合泳	☆	☆	☆	☆	☆	☆	☆	☆	☆	☆		
4×50 米自由泳接力	☆	☆	☆	☆	☆	☆	☆					
4×50 米混合泳接力	☆	☆	☆	☆	☆	☆	☆					

注：☆表示设该项比赛。

附录四　2014 年全国游泳冠军赛有关问题的说明

1. 本次比赛执行中国游泳协会审定的《2010—2014 年游泳竞赛规则》。

2. 比赛的场地、器材、水温、灯光等经有关部门检测均符合规则规定。

3. 本次比赛采用欧米茄自动计时装置，同时配置半自动计时装置及人工计时作为补充。

4. 比赛中运动员到达终点时应积极有力地触壁，凡是由于运动员本人触板技术不当而影响名次或成绩的，由运动员自己负责（到达终点未触停触板者请勿再次触板）。

5. 比赛池赛前可做热身活动。严禁在热身活动中使用划手掌。池两侧“0”、“9”泳道为冲刺泳道，只能单向游进；中间各泳道严禁跳水，可以循环游进。赛前 15 分钟停止在比赛池的练习。

6. 各队须将该场接力项目棒次表在该场赛前至少 30 分钟交编排记录处，过时以弃权论。

7. 每项比赛开始前 20 分钟，参赛运动员必须携带本人注册证到第 1 检录室接受泳装检查，运动员应该主动出示泳装标识受检。第 2 次点名不到者或未出示注册证者不能参加该项比赛，同时以弃权论。

8. 参加决赛和领奖的运动员入场前必须穿运动服装，并在胸前佩戴中国游泳协会指定的号码布。每项决赛后隔项颁奖，请获得前 3 名的运动员听从裁判员指挥，按时到候奖席等候颁奖，不得由他人代替。

9. 已经取得决赛资格的运动员如要弃权，必须在该项预赛结束后 30 分钟内提交由领队或教练签字的弃权申请书及弃权费，否则按规程进行处罚。决赛项目点名时，如有运动员弃权，将按规则进行依次替补，请替补运动员在检录处等候。

10. 预赛在出发后介绍运动员（队），决赛在出发前介绍运动员（队）。

11. 本次比赛发令员的“各就位”口令采用英语，出发信号是电笛声，召回信号是连续电笛声或哨声。

12. 每组比赛需待所有运动员到达终点后，方可从第 8 泳道一侧起水。接力前 3 棒运动员游完本人的游程后，必须在不影响其他运动员的情况下尽快从池两侧起水，并不得碰停其他泳道的触板，否则以犯规论。任何情况下，不得从池端起水。

13. 运动员在出发前，特别是接力队后 3 棒运动员，不得在比赛池涮水镜、撩水等。如碰停触板，以犯规论。

14. 每组预赛后不宣告成绩，请看电子公告板；决赛后宣告成绩。每场比赛的成绩在该场比赛结束后在网上公布（网址 ________），不再印发纸质成绩公告。

15. 每项预赛结束后，请参赛运动员等候宣布决赛名单后再离场。如有重赛，请重赛运动员或其教练员立即到检录处商定重赛事宜。重赛将在该场最后一项比赛结束后进行。

16. 需要成绩证明时，由各队领队或教练员到检录处（编排记录联络点）办理申请，然后由编排记录组统一发放。各队可在比赛结束后到编排记录处领取前 8 名运动员的获奖证书。

17. 各代表队对裁判员的判决有疑问时，其领队或教练员应先口头向执行总裁判提出询问。如仍有异议，须在该项比赛结束后 30 分钟以内填写申诉书并由领队签名后交执行总裁判（申诉书向执行总裁判索取），同时交纳申诉费人民币 500 元。执行总裁判按申诉程序迅速将申诉书及有关材料上交技术代表，由技术代表召集仲裁委员会对申诉进行复议和裁决。仲裁委员会的裁决为最终裁决。

18. 比赛中，各队领队、教练员、运动员及工作人员请到指定位置就座，不得进入比赛场地；发令时请保持安静。

2014 年全国游泳冠军赛裁判组

2014 年 5 月 11 日

附录五　游泳竞赛裁判员纪律

（中国游泳协会第六届游泳裁判委员会 2014 年 5 月修订）

一、遵循严肃、认真、公正、准确的原则，严格履行裁判员职责。

二、廉洁自律，作风正派，坚持原则，不徇私情；遵守职业道德，自觉抵制行业不良行为，比赛期间不与各参赛队有工作之外的联系。

三、裁判员之间加强团结，互相尊重，互相学习，互相支持；尊重观众，尊重运动员，尊重工作人员。

四、对于规则中未明文规定的事项，应由技术代表或总裁判解答，裁判员个人不能随便发表意见，以确保执行赛会竞赛规程和竞赛规则的准确性和一致性。凡裁判组内部的决定或不同意见，决不外传。

五、服从分配，听从指挥；工作时精神饱满，服装整洁，仪表端庄，注意力集中。

六、比赛期间，严禁酗酒、酒后上岗；比赛现场关闭手机或将手机设成静音状态，不允许接打电话；比赛场所严禁吸烟。

七、比赛期间，注意休息，保证有充沛的精力投入工作；无特殊情况不准请假。

八、每场比赛开始前，裁判员必须按规定的时间提前到达游泳场馆，换好服装，做好赛前准备工作。

附录六　报考游泳国家级裁判员培训教学大纲

（中国游泳协会第六届游泳裁判委员会 2014 年 5 月修订）

一、目的任务

为了进一步加强游泳裁判员队伍建设，规范裁判员培训工作，保证具有报考游泳国家级裁判员资格的人员通过培训比较系统地掌握《游泳竞赛规则》和裁判方法，具备国家级裁判员应有的知识和技能，努力提高裁判理论水平和实际工作能力，推动我国游泳运动的不断发展，特制定本大纲。

二、教学时数分配

序号	教学内容	时数
1	游泳竞赛的组织	0.5
2	技术代表与总裁判	1.0
3	编排记录	1.5
4	检录	0.5
5	发令	0.5
6	技术检查与转身检查	2.0
7	自动计时	0.5
8	人工计时	1.0
9	终点	0.5
10	宣告	0.5
11	裁判工作流程与配合	0.5
12	场地器材	0.5
13	有关知识与答疑	0.5
14	考试	2.0
合计		12.0

各地可根据实际需要，适当调整教学内容和教学时数。

三、教学要点

（一）游泳竞赛的组织

1. 游泳竞赛的组织机构及各机构的职责。
2. 游泳竞赛规程的制定。
3. 编排游泳竞赛日程的原则与方法。
4. 游泳竞赛《秩序册》的内容和排列方法。
5. 游泳比赛裁判工作器材设备的准备。
6. 赛前组织委员会会议和技术会议的主要内容。

（二）技术代表与总裁判

1. 技术代表的职责。
2. 总裁判的职责。
3. 总裁判比赛前的准备工作。
4. 总裁判的临场工作方法。

（三）编排记录

1. 编排记录组的职责。
2. 编排竞赛秩序的分组原则和泳道安排原则。
3. 我国几种常用竞赛模式的编排方法。
4. 编排记录组的分工及各岗的主要工作内容。
5. 编排记录组的临场工作方法。
6. 重赛和弃权的处理。
7. 《成绩册》的内容及排列方法。

（四）检录

1. 检录组的职责。
2. 竞赛规则对泳装、广告标志等的规定。
3. 比赛前检录组的准备工作。
4. 检录组的临场工作方法。

（五）发令

1. 发令员的职责。
2. 比赛前发令员的准备工作。
3. 发令员的临场工作方法。

（六）技术检查与转身检查

1. 竞赛规则对各种泳式（含接力）的具体规定。
2. 竞赛规则对比赛和犯规判罚的有关规定。
3. 填写“犯规检查表”的要求。
4. 技术检查员的职责。
5. 比赛前技术检查员的准备工作。
6. 技术检查员的临场工作方法。
7. 转身检查组的职责。
8. 比赛前转身检查组的准备工作。
9. 终点端转身检查长和转身端转身检查长的临场工作方法。
10. 终点端转身检查员的临场工作方法。
11. 转身端转身检查员的临场工作方法。

（七）自动计时

1. 自动计时组的职责。
2. 自动计时装置、半自动计时装置的相关知识。
3. 比赛前自动计时组的准备工作。
4. 自动计时组的临场工作方法。
5. 自动计时有关问题的处理方法。

（八）人工计时

1. 人工计时组的职责、位置与分工。
2. 人工计时的开、停表技术及回表时机。
3. 比赛前人工计时组的准备工作。
4. 计时长、副计时长的临场工作方法。
5. 计时员的临场工作方法。

（九）终点

1. 终点裁判组的职责与位置。
2. 比赛前终点裁判组的准备工作。
3. 采用“跟随观察法”时终点裁判组的分工。
4. 终点裁判组的临场工作方法。
5. 采用“跟随观察法”时终点裁判长综合得出各组名次的方法。

（十）宣告

1. 宣告员的职责。
2. 比赛前宣告员的准备工作。
3. 宣告员的临场工作方法。

（十一）裁判工作流程与配合

1. 临场裁判工作流程。
2. 各裁判组之间的配合。
2. 裁判组与其他部门的配合。

（十二）场地器材

1. 竞赛规则对比赛池（50 米和 25 米池）规格的有关规定。
2. 竞赛规则对出发台规格的有关规定。
3. 竞赛规则对游泳池各种线标的有关规定。

（十三）有关知识

1. 作为一名游泳国家级裁判员应具备的素质：
（1）良好的职业道德和奉献精神；
（2）专业技术水平高，较好地掌握游泳竞赛规则和裁判方法；
（3）具有敏锐的观察力和正确的判断能力；
（4）具有严肃认真的工作作风和吃苦耐劳的工作态度；
（5）善于学习，积累经验，不断进取，更新知识；
（6）努力提高外语和计算机应用水平。
2. 近年来国际、国内泳坛的重大动态。
3. 近年来我国优秀运动员的突出成绩。

4. 我国在国际泳联及相关委员会的代表。
5. 目前我国游泳协会、裁判委员会的主要负责人。

四、有关说明

（一）本大纲的教学内容主要依据为中国游泳协会审定的最新游泳竞赛规则和裁判方法。

（二）竞赛规则中的有关条文与哪个裁判组工作联系得最紧就在哪一部分中讲授，教学小组应在开课前做好分工。

（三）考核一律采用闭卷形式。命题原则上不超出本大纲范围。命题应有一定的难度、深度和广度，题量不少于 1.5 小时。

五、提高教学质量的主要措施

（一）各地在举办培训班前，要根据实际情况，并结合特长认真选派主讲者。

（二）主讲者需具备以下条件：

1. 游泳国家级以上裁判员；
2. 具有良好的职业道德；
3. 长期从事游泳竞赛裁判工作，具有较高的业务能力和丰富的经验；
4. 精通《游泳竞赛规则》和裁判方法，能准确理解和解释规则条文；
5. 具有较高的教学能力。

（三）为了使学员全面、系统地学习和掌握大纲所规定的内容，主讲者应认真备课，在全面讲授的基础上突出重点，注重案例分析。

（四）要严格抓好培训班的教学管理工作。

（五）各地可根据需要独立举办培训班，也可与其他地方联合开班。培训班应与大、中型比赛结合进行，使理论与实践有机地联系在一起。

附录七　复习思考题与参考答案

第一部分　复习思考题

一、问答题

（一）游泳竞赛的组织

1. 大型游泳竞赛一般如何设立组织机构？

2. 游泳竞赛规程一般包括哪些内容？

3. 竞赛日程通常在什么时候制定？编排竞赛日程有什么原则？如何计算每组比赛所需时间？

4. 简述编排竞赛日程的方法。

5. 组织游泳竞赛，在选聘总裁判和裁判员时要注意什么问题？

6. 如何设计游泳比赛的报名表？

7. 试述《秩序册》的内容与排列方法。

8. 游泳竞赛裁判工作所需的器材设备主要有哪些？

9. 赛前召开技术会议的主要内容是什么？

10. 简述游泳竞赛准备工作的流程。

11. 竞赛规程与竞赛规则有何区别？两者的关系是什么？

（二）总裁判

1. 游泳比赛需设哪些裁判进行工作？

2. 总裁判的职责是什么？

3. 总裁判和副总裁判一般如何分工？

4. 比赛前总裁判通常需要准备哪些工作文件？

5. 总裁判在到达赛区后要做好哪些准备工作（几项活动、几个会议等）？

6. 总裁判在赛前召开的技术会议上宣讲的“……有关问题说明”主要包括

哪些内容？

7. 赛前全体裁判员动员会主要有哪些内容？

8. 每场开赛前，执行总裁判要做好哪些工作？

9. 试述执行总裁判赛中的工作方法。

10.采用人工计时并设终点裁判时，每组比赛结束，担任记录台监督的总裁判（副总裁判）如何审核竞赛卡片？

11. 每组比赛结束，如有裁判员报告运动员犯规，执行总裁判如何处理和判决？执行总裁判自己发现运动员犯规应该怎么办？

12. 仰泳比赛，执行总裁判鸣第 1 声长哨前，如有运动员跳下水，总裁判应如何处理？

13. 比赛时，某个运动员在游进过程中的动作明显犯规，但事发瞬间主看的技术检查员没发现，执行总裁判自己也没有发现，而是被没有临场执裁任务的编排记录组裁判员看到了，立即反映给执行总裁判。此时，执行总裁判应如何处理？

14. 比赛现场，执行总裁判在哪些情况下需要做出什么工作手势？

15. 比赛期间，总裁判需要进行哪几种签字？

16. 举例说明总裁判如何“决定规则中未详尽或没有明文规定的事项”。

17. 竞赛规则规定“总裁判可随时干预比赛”，举例说明总裁判如何“干预比赛”。

18. 每场比赛结束后，总裁判要做哪些工作？

19. 如果有代表队对裁判组的判决有疑问或提出申诉，执行总裁判应如何处理？

（三）编排记录

1. 编排记录组的职责是什么？

2. 采用人工处理成绩时，编排记录组应如何分工？

3. 采用计算机处理成绩时，编排记录组应如何分工？

4. 编排记录组在赛前审查报名表时，主要应注意哪些方面？

5. 编在同一组中的运动员，其泳道应如何安排？

6. 游泳池 8 条泳道，采用“分组决赛”模式进行比赛。100 米蛙泳共有 34 人报名，应如何编排竞赛秩序？（用数字代表按报名成绩顺序排列的运动员，填入竞赛秩序表）

泳道 组别	1	2	3	4	5	6	7	8
1								
2								
3								
4								
5								

7. 游泳池 8 条泳道，采用“预赛－决赛”模式进行比赛。200 米自由泳共有 34 人报名，该项预赛应如何编排？（用数字代表按报名成绩顺序排列的运动员，画出竞赛秩序表）

8. 游泳池 8 条泳道，采用“预赛－决赛”模式进行比赛。400 米自由泳共有 34 人报名，该项预赛应如何编排？（用数字代表按报名成绩顺序排列的运动员，画出竞赛秩序表）

9. 游泳池 8 条泳道，采用“预赛－半决赛－决赛”模式进行比赛。某项预赛后，半决赛秩序如何编排？半决赛后，决赛秩序如何编排？

10. 游泳池 8 条泳道，采用“预赛－决赛 A、B 组”模式进行比赛。某项预赛后，如何编排决赛 A、B 组秩序？

11. 除了编排工作外，比赛前编排记录组还要做好哪些准备工作？

12. 每场开赛前，编排记录组要做好哪些工作？

13. 采用人工计时，预赛、半决赛结束后，如果有运动员成绩相同而涉及参加半决赛、决赛的人选时，如何确定重赛运动员？

14. 游泳池有 10 条泳道可用，而比赛使用 8 条泳道。在什么情况下需要启用第 0 和第 9 泳道？

15. 采用计算机处理成绩，每组比赛后，编排记录组如何输入成绩？

16. 采用计算机处理成绩，每项预赛、半决赛全部结束后，编排记录组怎样工作？

17. 采用计算机处理成绩，每项决赛后，编排记录组怎样工作？

18. 采用计算机处理成绩，全部比赛结束后，编排记录组应尽快做好哪些工作？

19. 游泳竞赛的《成绩册》通常包括哪些内容？各项成绩的排列顺序一般遵循什么原则？

（四）检录

1. 检录组的职责是什么？

2. 大型游泳比赛如何布置检录处？

3. 比赛前检录组要做好哪些准备工作？

4. 每场开赛前，检录组要做好哪些工作？

5. 竞赛规则对运动员的泳装有什么规定？对广告标志有什么规定？

6. 检录组临场如何开展点名工作？

7. 点名时如有运动员弃权，检录员应如何处理？

8. 检录员什么时间带领运动员入场？预赛和决赛有什么不同？

9. 检录员（或引领志愿者）如何引领运动员入场？

10. 接力比赛，检录员在带领运动员入场时要注意什么问题？

11. 检录员（或颁奖引领志愿者）在决赛后如何将获奖运动员尽快引领到候奖区？

12. 检录组如何训练衣箱搬运志愿者？对他们的工作有什么要求？

13. 运动员在赛会期间丢失参赛证件，但后面还有比赛项目，检录组如何处理？

（五）发令

1. 发令员的职责是什么？

2. 比赛设 2 名以上发令员时，如何分工？

3. 比赛前发令员要做好哪些准备工作？

4. 每场开赛前，发令员要做好哪些工作？

5. 如何判断出发抢跳犯规？

6. 简述发令员发令的过程。

7. “出发信号”发出前，如有运动员抢跳，发令员应如何处理？

8. “出发信号”发出后，发现有运动员抢跳，发令员应如何处理？

9. 发令员鸣枪时，发令枪发生故障，应如何处理？

10. 发令员发出“各就位”口令后，7 名运动员都做好了准备，还有 1 名运动员没准备好，应如何处理？

11. 执行总裁判已做出手势示意发令员可以开始发令，此时出发台上有 1 名运动员走下出发台，发令员应如何处理？

12. 执行总裁判已做出手势示意发令员可以开始发令，但发令员感觉赛场嘈杂，有可能影响运动员出发，应如何处理？

13. 举例说明发令员如何处理“延误比赛”和“蓄意不服从命令”。

（六）技术检查

1. 技术检查员的职责是什么？
2. 技术检查员的工作位置在哪里？技术检查员是如何分工的？
3. 比赛前技术检查员要做好哪些准备工作？
4. 每场开赛前，技术检查员要做好哪些工作？
5. 一组比赛开始时，技术检查员如何站位观察（分泳式）？
6. 比赛进行中，技术检查员如何巡视（分泳式）？
7. 技术检查员如发现运动员犯规，应如何处理？
8. 填写“犯规检查表”有什么要求？
9. 技术检查员在向执行总裁判报告犯规时，应讲清哪些情况？
10. 竞赛规则对自由泳技术动作有什么规定？
11. 竞赛规则对仰泳技术动作有什么规定？
12. 竞赛规则对蛙泳技术动作有什么规定？
13. 竞赛规则对蝶泳技术动作有什么规定？
14. 竞赛规则对个人混合泳有什么规定？
15. 竞赛规则对接力项目有什么规定？
16. 技术检查员如何掌管召回线？

（七）转身检查

1. 转身检查组的职责是什么？
2. 比赛前转身检查组要做好哪些准备工作？
3. 每场开赛前，转身检查组要做好哪些工作？
4. 转身检查长在比赛中如何进行工作？
5. 试述终点端转身检查员的临场工作方法。
6. 试述转身端转身检查员的临场工作方法。
7. 转身检查员如发现运动员犯规，应如何处理？
8. 转身检查员观察、判断接力交接棒是否犯规的要点是什么？
9. 接力比赛前3棒运动员起水时，转身检查员如何准确判断运动员误触板犯规？

10. 终点端转身检查员应如何在 800 米和 1500 米自由泳比赛中记趟和摇铃？

11. 转身端转身检查员应如何在 800 米和 1500 米自由泳比赛中记趟和报趟？

12. 转身检查员在工作中要注意哪些事项？

13. 竞赛规则对各泳式的出发技术有什么规定？

14. 竞赛规则对各泳式的转身技术有什么规定？

15. 竞赛规则对各泳式的终点触壁技术有什么规定？

16. 在个人混合泳比赛中常出现的犯规动作有哪些？

（八）自动计时

1. 自动计时系统一般包含哪些组件？

2. 自动计时组的职责是什么？

3. 比赛前自动计时组要做好哪些准备工作？

4. 每场开赛前，自动计时组要做好哪些工作？

5. 接力比赛中，自动计时组如何判断是否有交接棒犯规？如有交接棒犯规，应如何处理？

6. 每项预赛、半决赛结束后，自动计时组如何判断是否需要重赛？

7. 每组比赛结束后，如发现有触板失灵或操作失误情况发生，自动计时组应如何处理？

（九）人工计时

1. 人工计时组的职责是什么？

2. 人工计时组的工作位置在哪里？每条泳道的计时小组如何分工？

3. 比赛前人工计时组要做好哪些准备工作？

4. 计时员开、停表的正确姿势是怎样的？

5. 比赛中计时员应在什么时候回表？

6. 每场开赛前，人工计时组应做好哪些工作？

7. 比赛中，计时长、副计时长如何进行工作？

8. 比赛中，每条泳道的计时小组如何进行工作？

9. 人工计时对登记成绩有什么要求？正式成绩如何确定？

10. 人工计时员如何协助发现运动员可能出现的“二次触板”情况？

11. 采用自动计时并进行“快节奏”的游泳比赛，人工计时组在登记成绩方面可以采取什么特殊做法？

（十）终点

1. 竞赛规则规定，在什么情况下可以设置终点裁判组？
2. 终点裁判组的职责是什么？
3. 终点裁判组的工作位置在哪里？
4. 采用“跟随观察法”时，终点裁判组如何分工？
5. 比赛前终点裁判组要做好哪些准备工作？
6. 每场开赛前，终点裁判组应做好哪些工作？
7. 终点裁判员临场如何进行工作？
8. 采用“跟随观察法”时，终点裁判长如何得出综合名次？

（十一）宣告

1. 宣告员的职责是什么？
2. 宣告员一般如何分工？
3. 比赛前宣告员要做好哪些准备工作？
4. 每场开赛前，宣告员要做好哪些工作？
5. 每组比赛，宣告员如何介绍运动员（队）？
6. 采用人工计时的每组比赛后，宣告员如何宣布成绩？
7. 采用自动计时的每组比赛后，宣告员如何宣布成绩？
8. 采用人工计时的每项预赛、半决赛后，宣告员如何宣布下一赛次名单？
9. 采用自动计时的每项预赛、半决赛后，宣告员如何宣布下一赛次名单？
10. 当组织委员会要求宣告员配合颁奖时，宣告员通常如何进行播报工作？
11. 宣告员如何准备比赛需要的音乐材料？对音响操控人员的工作有什么要求？
12. 体育展示团队的工作特点是什么？

（十二）裁判工作流程和配合

1. 每场开赛之前的各个时间节点（1 小时、50 分钟、40 分钟、30 分钟、20 分钟、15 分钟、10 分钟、3～5 分钟），各有关裁判组要做哪些工作？
2. 每组比赛执行总裁判鸣长哨时，各有关裁判组要做什么？
3. 每组比赛最后一名运动员到达终点后，各有关裁判组要做什么？
4. 采用人工计时时，竞赛卡片是如何运行的？
5. 采用自动计时并辅以人工计时时，裁判工作流程是怎样的？

6. 预赛或半决赛后，如果出现重赛，有关裁判组如何配合工作？

7. 在半决赛、决赛检录时，如有运动员弃权需要替补，有关裁判组如何配合工作？

8. 决赛后，有关裁判组应如何工作以保证颁奖仪式顺利进行？

9. 采用自动计时且使用电子公告板的比赛中，如果电子公告板发生故障，裁判组应如何处理？

10. 采用自动计时且辅以人工计时的比赛中，如果自动计时装置发生故障且在短时间内无法恢复正常，裁判组应如何处理？

（十三）场地器材

1. 竞赛规则对比赛池的池长、池宽、池深、池壁规格有什么规定？
2. 竞赛规则对比赛池的池水、照明有什么规定？
3. 竞赛规则对泳道、分道线、泳道标志线、池端目标标志线有什么规定？
4. 竞赛规则对出发台的规格有什么规定？
5. 竞赛规则对召回线、仰泳转身标志线有什么规定？
6. 竞赛规则对基层比赛的场地、器材有什么要求？

二、正误判断题（正确画“+”，错误画“–”）

（一）游泳竞赛的组织

1. 竞赛主办单位负责任命技术代表、仲裁、总裁判，由总裁判负责选聘裁判员。（ ）

2. 技术代表主持竞赛工作，负责裁判员管理，决定规则未授权予总裁判的一切事宜。（ ）

3. 技术代表负责组织检查竞赛场地设施，监督竞赛设施的运行。（ ）

4. 各参赛代表队应派代表按时参加赛前技术会议。对于缺席的代表队，主办单位可对其进行相应处罚。其参赛人员若出现技术会议内容涉及的报名报项更正、申诉等相关事宜，将不予受理。（ ）

5. 在 50 米池进行 50 米项目的比赛，在哪一端出发，应由组织委员会决定，并在赛前通知各队。（ ）

6. 只有组织委员会（竞赛委员会）可以决定规则未授权予总裁判的一切事宜，其他人无此权力。（ ）

7. 只有赛事组织委员会设置的录像设备才能作为判断运动员犯规和名次的依据之一。（ ）

8. 接力项目如果有预赛，奖牌和证书应授予获名次接力队中参加了预赛和决赛的所有运动员。（ ）

（二）总裁判

1. 总裁判有权令不称职的裁判员返回原单位。（ ）

2. 除出发抢跳犯规之外，没有其他裁判员的报告，总裁判也可根据本人的观察，直接判运动员犯规，取消其录取资格。（ ）

3. 总裁判可随时干预比赛，以保证规程和规则得以执行。（ ）

4. 总裁判在大会领导下，全面领导和分配全体裁判员的工作，并明确各位裁判员的职责和任务。（ ）

5. 总裁判应于比赛前派专人检查场地、器材是否符合规则规定。（ ）

6. 总裁判有权决定运动员的参赛资格问题。（ ）

7. 人工计时，各组的竞赛卡片应先交宣告员宣告成绩，然后由记录台监督签字后交编排记录组公布，以保证比赛紧凑。（ ）

8. 仰泳比赛时，执行总裁判发出第 1 声长哨前，如果运动员跳下水中，执行总裁判应令其起水，向他提出口头警告，可不取消该运动员的比赛资格。（ ）

9. 总裁判在比赛期间，无论是否担任当场执行总裁判，对比赛犯规的运动员都有权判罚，取消其比赛资格或录取资格。（ ）

10. 比赛期间，某代表队领队向总裁判出示证据，举报另一队队员参赛资格有问题。为避免事态扩大或恶化，总裁判有权取消该运动员的比赛资格。（ ）

11. 比赛出发时，发令员未发出“出发信号”，有 1 名运动员抢跳入水，另有 4 名运动员也跟随下了水。执行总裁判按规定只取消第 1 个起带头作用抢跳入水运动员的比赛资格，其他 4 名运动员继续参赛。（ ）

12. 一名蛙泳运动员在转身时两手先后触壁，赛后被判犯规。教练员申诉说这不算犯规。因只是轻微先后手，运动员没有从中获利，不算违反游泳运动精神。执行总裁判应考虑教练员的意见，改判为不犯规。（ ）

13. 从出发台出发的每项、每组比赛开始时，执行总裁判应用连续短促哨声示意运动员脱外衣，然后用长哨声示意运动员站到各自的出发台上。当所有运动员都做好出发准备时，执行总裁判用向外平伸手臂的动作示意发令员准备发令。（ ）

14. 出发时，当所有运动员和裁判员都做好准备时，执行总裁判用向外平伸手

臂的动作通知发令员，以示所有运动员和裁判员已准备完毕，等待发令。（ ）

15. 在每项、每组比赛开始时，执行总裁判应用长哨声示意运动员脱外衣，然后用短哨声示意运动员站到各自的出发台上（仰泳项目运动员应立即下水）。（ ）

16. 计时成绩和终点名次顺序不一致时（第4名成绩比第3名成绩好），应以执行总裁判的判定为准。若执行总裁判判定以计时成绩为准，应将第3名与第4名成绩加起来平均作为第3名和第4名的成绩。（ ）

17. 当每条泳道配备3块计时表人工计时并且设终点裁判时，如所计取的成绩与终点名次发生交叉，执行总裁判应以终点裁判组判定的名次为准，将交叉泳道的成绩相加后求平均，作为各自的成绩。（ ）

18. 游泳比赛采用人工计时且配备了终点裁判员，当终点名次与计时成绩的顺序不一致时，应以执行总裁判的判定为准。（ ）

19. “出发信号”发出后，执行总裁判发现有运动员抢跳而发令员未发现。这时，执行总裁判可不征求发令员意见，在比赛结束后取消犯规运动员的录取资格。（ ）

20. 发令员与执行总裁判的意见不一致时，执行总裁判不可以判运动员出发抢跳犯规。（ ）

21. 当发令员发出“出发信号”后，如发现运动员抢跳犯规，总裁判有权发出“召回”信号。（ ）

22. 当裁判员的判定不能取得一致意见时，执行总裁判可做最后决定。（ ）

23. 总裁判可决定规则中未详尽或没有明文规定的事项，但不能修改规程和规则。（ ）

24. 接力比赛时，第1棒运动员已到终点，第2棒运动员在出发台后半部，采用助跑起跳出发，执行总裁判应判其出发犯规。（ ）

25. 某组比赛，有运动员在“出发信号”尚未发出时抢跳，同组另一名运动员受到影响，从出发台落到地上，总裁判应判所有离开出发台的运动员出发犯规。（ ）

26. 某市游泳比赛，在1500米自由泳决赛中，4道运动员最后50米转身后偏离潜至5道，尚未出水就回到本道游至终点，而转身检查员未看到。5道运动员在转身时在水下看到本道有人，在游完后提出抗议。因没有旁证，执行总裁判判定4道运动员成绩有效。（ ）

27. 在800米自由泳决赛中，某泳道终点端转身检查员在运动员离终点最后105米时未摇铃示意，导致运动员最后100米未做冲刺，排第8名。赛后运动员

提出抗议，执行总裁判判定该组成绩维持原状。（　）

28. 采用人工计时的比赛，在 1500 米自由泳决赛时，第 7 道运动员获第 1 名，某代表队提出抗议说第 7 泳道转身检查员少报趟 100 米，总裁判检查分段成绩反映不出来，判定成绩有效。（　）

29. 在 4×100 米混合泳接力决赛中，某道第 1 棒运动员游完，第 4 棒运动员在岸上活动时腿拉伤，第 1 棒运动员替第 4 棒游，裁判员未发现。颁奖之前有代表队提出抗议，经调查情况属实，执行总裁判仍应判成绩有效。（　）

30. 某市游泳比赛，在 4×100 米自由泳接力决赛时，7 道运动队弃权，8 道运动队在 7 道完成比赛。宣告成绩时，才发现不对，执行总裁判应判该队犯规。（　）

31. 有运动员犯规时，执行总裁判审核后只需在“犯规检查表”与竞赛卡片上写上“犯规”字样即可，不用签名。（　）

32. 由于某运动员犯规而影响其他运动员获得优异成绩时，则应准许被干扰的运动员补测成绩或直接参加决赛。如在决赛中发生上述情况，应令该组重新决赛（犯规运动员除外）。（　）

33. 即使没有其他裁判员报告，执行总裁判根据本人的观察，也可以判定运动员犯规，并有权取消犯规运动员的比赛资格或录取资格。（　）

34. 使用自动计时装置，接力比赛时，某泳道的接力出发判断器有一棒的交接棒时间显示为 –0.04 秒，但转身检查员、转身检查长和技术检查员一致认为该泳道该棒没有犯规，执行总裁判也看到没有犯规。此时，执行总裁判不应判该队犯规。（　）

35. 各代表队对裁判员的判决有疑问时，其领队或教练员应先口头向总裁判提出询问。如仍有异议，须在该场比赛结束后 30 分钟以内，填写申诉书并由领队签名后交总裁判。（　）

（三）编排记录

1. 编排记录员在比赛前，应根据规程、规则、报名单、竞赛日程及有关材料，编排竞赛秩序，印制裁判工作所需的各种表格。（　）

2. 编排记录长负责审核计算机输出的比赛结果或执行总裁判转来的每组竞赛卡片（成绩和名次），并提请执行总裁判在成绩单上签名。（　）

3. 各单位报名时，须在报名单上填写运动员在报名截止日期前 12 个月内的最好成绩。（　）

4. 在报名单上未按要求填写报名成绩者，将作为成绩最差的排列次序。如

这样的运动员超过 1 人时，则按报名的先后决定其排列次序。（　）

5. 所有比赛，在报名后均不得替换运动员或更改项目。（　）

6. 游泳比赛，同一组中成绩最好的运动员应安排在中间泳道（使用 8 条泳道时应安排在第 4 泳道），成绩次好者应安排在其右侧的泳道（面向游泳池），成绩再次者应安排在其左侧的泳道，以此类推。（　）

7. 比赛使用 8 条泳道，采用“分组决赛（无预赛）”模式。各项竞赛秩序的编排方法是：按报名成绩的排列顺序，1—8 名编在第 1 组，9—16 名编在第 2 组，以此类推，将所有运动员编排完毕。（　）

8. 比赛使用 8 条泳道，采用“预赛 – 决赛”模式。50 米蛙泳预赛有 24 名运动员参加，应将报名成绩最好的运动员编在第 1 组，次好者编在第 2 组，再次者编在第 3 组，第 4 名编在第 1 组，第 5 名编在第 2 组，第 6 名编在第 3 组，以此类推把所有的运动员编排完毕。（　）

9. 比赛使用 8 条泳道，采用“预赛 – 决赛”模式。50 米仰泳预赛有 23 名运动员参加，报名成绩最好的运动员应编在第 3 组第 4 道，最差的运动员应编在第 1 组第 1 道。（　）

10. 比赛使用 8 条泳道，采用“预赛 – 决赛”模式。400 米个人混合泳预赛有 23 名运动员参加，报名成绩最好的运动员应编在第 3 组第 4 道，最差的运动员应编在第 1 组第 1 道。（　）

11. 某项预赛后，半决赛的编排办法是，将预赛成绩排前 8 名的运动员或接力队编在第 2 组，将后 8 名运动员或接力队编在第 1 组。（　）

12. 比赛使用 8 条泳道，采用“预赛 – 决赛 A、B 组”模式。某项预赛后，决赛的编排办法是，将预赛成绩排前 8 名的运动员或接力队编在第 2 组（A 组），将后 8 名运动员或接力队编在第 1 组（B 组）。决赛后，两组成绩混合排序录取前 8 名。（　）

13. 800 米和 1500 米自由泳项目采用“分组决赛”模式时，最后一组（快组）可安排在决赛场次进行，其他各组（慢组）可安排在预赛场次进行。各组比赛结束后，根据快组成绩确定名次。（　）

14. 游泳池设有 10 条泳道而使用 8 条进行比赛。当 800 米和 1500 米自由泳预赛出现第 8 名有 2 人成绩相同时，决赛将启用第 0 泳道，用抽签的方式决定第 8 和第 0 泳道的运动员。（　）

15. 各队须将参加接力比赛的运动员名单及顺序在该项比赛开始前至少 30 分钟交编排记录处，否则以弃权论。（　）

16. 接力项目比赛，参赛单位所报 4 名运动员参加预赛后进入了决赛。决赛

时，如队员名单及顺序没有变化，可不再报接力棒次表。（　）

17. 比赛采用自动计时，并辅以人工计时。某项有两组预赛，第 1 组有自动计时正式成绩，但第 2 组比赛中自动计时全部失灵，用人工计时成绩补入。这时应将第 1 组也改用人工计时成绩，两组统一按人工计时成绩录取前 8 名参加决赛。（　）

18. 比赛采用自动计时，并辅以人工计时。某项决赛时，有 3 条泳道的自动计时装置失灵，用人工计时成绩补入。这时应通过 5 条泳道自动计时成绩和 3 条泳道人工计时成绩的比较来确定名次。（　）

19. 比赛使用 8 条泳道，每条泳道有 3 块计时表人工计时，未设终点裁判。某项预赛后第 8 名有多人成绩相同，则同组或不同组的运动员成绩相同者，都必须重赛，按重赛后的名次决定参加半决赛或决赛人选。（　）

20. 在采用人工计时并设终点裁判的比赛中，某项预赛后，1 组甲、乙、丙运动员（按终点名次排列顺序）与 2 组甲运动员成绩相同，需要确定两名参加决赛。1 组丙应淘汰，由 1 组乙和 2 组甲重赛，重赛后的优胜者与 1 组甲一起参加决赛。（　）

21. 在采用人工计时并设终点裁判的比赛中，某项预赛后，1 组甲、乙运动员（按终点名次排列顺序）与二组甲、乙运动员（按终点名次排列顺序）成绩相同，需要确定一名参加决赛。这 4 名运动员都需参加重赛，重赛后的优胜者参加决赛。（　）

22. 比赛采用人工计时（每条泳道使用 3 块数字式秒表），未设终点裁判。某项预赛后有两名运动员参加了重赛，而重赛成绩仍相同，则应以抽签方法决定参加决赛人选。（　）

23. 重赛事宜经有关方面协商确定，但须在本场比赛结束 1 小时内进行，可由编排记录组随机安排泳道。（　）

24. 编排记录组须派人在每场比赛开始前至少 30 分钟在总裁判席旁接收各队的个人项目分段成绩创纪录申请，并及时送交执行总裁判审批。（　）

25. 某项接力预赛后，有两个队成绩相同并列第 8 名，须通过重赛确定一个队参加决赛。此时必须由两队原来参加预赛的 4 名运动员进行重赛，但棒次顺序可以调整。（　）

26. 接力比赛以队为单位，每单位可在报名参加比赛的同组运动员中任选 4 人参加比赛，在预赛、决赛、重赛中参加者可任意调换。（　）

27. 参加接力项目决赛时，各队的运动员名单与棒次，必须与预赛时完全相同，不得替换和调整棒次顺序。（　）

28. 接力队必须按提交的名单和顺序参加比赛，否则将被取消录取资格。但在自由泳接力比赛中，运动员的棒次顺序可临时调整。（ ）

29. 当半决赛、决赛名单公布后，在该项第 1 次点名前，有 1 名或 1 名以上的运动员弃权，则可按运动员预赛或半决赛的成绩依次替补，编排记录组应重新编排并及时公布新的竞赛秩序。（ ）

30. 获得半决赛或决赛资格的运动员或接力队若弃权，须在该项比赛结束后 30 分钟内向有关部门提出，方可按运动员或接力队预赛或半决赛的成绩依次替补。（ ）

31. 某项决赛，运动员在该场比赛开始前 30 分钟提出弃权，因该场秩序单已经分发，可不再重编该项决赛秩序，直接将替补运动员安排在弃权运动员的泳道进行比赛。（ ）

32. 如果有运动员在第 2 次点名时提出弃权需要进行替补，可不再重编该项半决赛、决赛秩序，直接将替补运动员安排在弃权运动员的泳道进行比赛。（ ）

33. 当运动员犯规时，成绩单上应显示成绩、名次及犯规情况。（ ）

34. 如果接力队因犯规被取消资格，应将犯规之前的分段成绩记录在正式成绩单上。（ ）

35. 目前，我国游泳竞赛《成绩册》中各项目排列的顺序是，先男后女；先大（年龄组）后小（年龄组）；先单项后全能；自由泳 – 仰泳 – 蛙泳 – 蝶泳 – 个人混合泳 – 自由泳接力 – 混合泳接力；先短（距离）后长（距离）；先决赛后半决赛、预赛。（ ）

（四）检录

1. 检录员负责布置检录处，赛前核对运动员竞赛卡片。（ ）

2. 检录员在每组比赛前负责点名，及时向检录长和执行总裁判报告未参加检录的运动员名单。（ ）

3. 检录员在运动员第 2 次点名未到时，应立即填写“弃权报告单”交检录长。检录长应立即报告执行总裁判，并将“弃权报告单”留底备查，以作为弃权处罚的依据。（ ）

4. 决赛或半决赛项目检录时，发现有运动员弃权，应点替补运动员补上。检录组应立即将填上替补运动员信息的“弃权报告单”送交执行总裁判。（ ）

5. 检录员在宣告员宣告本场比赛开始后，即带第 1 组运动员入场。（ ）

6. 除每场第 1 项第 1 组外，每一组运动员到达终点后，检录员即可带下一组运动员入场。（ ）

7. 检录员带领运动员进入内场准备比赛时，发现某运动员有冒名顶替嫌疑，应立即报告检录长并取消该运动员的比赛资格。（ ）

8. 检录员负责在一场比赛开始前至少 30 分钟接收各队递交该场接力项目棒次表。（ ）

9. 某项预赛后，如有两名以上运动员需要参加重赛，通常由相关运动员或其教练员到检录处商定重赛时间，并抽签定泳道。（ ）

10. 检录员在检录时发现某运动员泳装不符合规则的规定，有权取消该运动员的比赛资格。（ ）

11. 检录组在决赛检录时发现某运动员未按要求佩戴主办单位提供的号码布，应立即报告执行总裁判，但无权取消该运动员的比赛资格。（ ）

12. 检录员负责在每场比赛前接收各队的个人项目分段成绩创纪录申请，并及时报执行总裁判审批。（ ）

（五）发令

1. 发令员负责管理由执行总裁判发出手势信号后至比赛开始的运动员。（ ）

2. 检录员带领运动员入场后，就由发令员负责管理运动员。（ ）

3. 发令员应站在游泳池的侧面，离出发端 5 米左右处发令。发令时能使运动员和计时员听到或看到出发信号。（ ）

4. 使用发令台时，发令台应设在游泳池侧面，离出发端 3 米以内，以使运动员和计时员能听到或看到出发信号。（ ）

5. 执行总裁判已发出手势示意发令员准备发令时，有一名运动员突然走下出发台。此时发令员无权管理运动员，应继续发令。（ ）

6. 当发令员发出“各就位”的口令后，运动员应至少有一只脚置于出发台的前沿，立即做好出发姿势。（ ）

7. 当发令员发出“各就位”的口令后，运动员将一只脚置于出发台的前沿。但有一位运动员两手既不抓台，也不放在身前或身后，而放在头上。此时应判他“蓄意不服从命令”犯规。（ ）

8. 当发令员发出“各就位”的口令后，运动员两脚必须立即站到出发台的前沿，做好出发准备。（ ）

9. 仰泳出发时，运动员面对出发端，两手抓住握手器，两脚处于水面上，不算犯规。（ ）

10. 仰泳比赛出发时，有一运动员在发令员发出“出发信号”后，把脚趾伸出水面再蹬离池壁，应判其犯规。（ ）

11. 发令员有权判定运动员出发时是否犯规，如取消运动员比赛资格或录取资格，须经总裁判同意。（　）

12. 当发现运动员延误比赛或蓄意不服从命令或在出发时有任何犯规行为时，发令员有权取消运动员的比赛资格。（　）

13. 发令时，发令员发出“各就位”口令，当所有运动员都处于静止状态时，发令员应发出“出发信号”。任何一名运动员在“出发信号”发出之前出发都将被取消比赛资格或录取资格。（　）

14. 某项比赛出发鸣枪后，发现运动员抢跳，发令员应立即发出连续短哨声将运动员召回，经执行总裁判同意取消犯规运动员比赛资格后，重新组织出发。（　）

15. 发令员如果在“出发信号”发出后发现运动员抢跳，应继续比赛，不召回，但要及时向执行总裁判报告，并在执行总裁判确认犯规后立即填写“犯规检查表”报送执行总裁判。（　）

16. 运动员在“出发信号”发出前身体不稳定有轻微移动，“出发信号”发出后，运动员蹬离出发台，应判其出发犯规。（　）

17. 在“出发信号”发出前有一名运动员抢跳，同时带动了另外两名运动员跟着抢跳，应判最先抢跳的运动员犯规。另外两名运动员是受其影响才抢跳的，可以不判犯规。（　）

18. 发令员鸣枪时发令枪发生故障，同时发现有运动员抢跳，应及时召回，经执行总裁判同意取消抢跳运动员比赛资格后，开始重新组织其余运动员出发。（　）

19. 仰泳比赛，当发令员发出“各就位”的口令后，有一运动员抢跳。此时，发令员应立即发出连续短哨声将运动员召回，并令他们全部上岸。执行总裁判取消犯规运动员比赛资格后，再重新组织出发。（　）

20. 自由泳、仰泳、蛙泳、蝶泳及个人混合泳必须从出发台起跳出发。（　）

（六）技术检查

1. 技术检查员岗位位于游泳池两侧距离出发端 15 米召回线处。（　）

2. 技术检查员负责检查运动员在游进中的泳式和动作是否符合规则，协助两端转身检查员检查运动员转身、到达终点和接力交接棒的动作是否符合规则。（　）

3. 技术检查员只负责检查运动员在游进中的泳式和动作是否符合规则。（　）

4. 技术检查员在技术检查长的领导下工作，负责检查运动员在游进中的泳式和动作是否符合规则。（　）

5. 技术检查员兼管召回线。当发现有运动员抢跳时，应迅速放下召回线，将运动员拦住。（ ）

6. 技术检查员兼管召回线。当听到召回信号后，应迅速放下召回线，将运动员拦住。（ ）

7. 出发召回线应由专设的司线员管理，技术检查员应集中精力做好检查运动员技术动作的工作。（ ）

8. 比赛中，运动员前后距离拉得比较远时，同侧的技术检查员，一人观察相对游在前面的运动员，另一人观察相对游在后面的运动员，当游在前面的运动员转身后，两人交换观察对象。（ ）

9. 技术检查员 4 人，称为 A、B、C、D 岗，按职责分别观察各自 2 条泳道内的运动员在游进中的泳式是否符合规则。（ ）

10. 当总裁判发出长哨声信号时，技术检查员应迅速起立，统一前往距出发端 6～8 米处，观察运动员出发后的水下动作是否符合规则。（ ）

11. 各个项目出发时，技术检查员在执行总裁判发出长哨声后应迅速站在距出发端 15 米处，按分工观察运动员出发后头部是否在 15 米前（含 15 米）露出水面。（ ）

12. 蛙泳比赛时，每侧的技术检查员，一名应站在距出发端 6～8 米处检查运动员出发或转身后的水下动作是否犯规；另一名应站在距出发端 15 米处检查运动员出发或转身后的潜泳距离是否超过 15 米。（ ）

13. 比赛途中某运动员游出本泳道，未干扰他人，及时游回本泳道，可不判犯规。（ ）

14. 比赛中不允许拉分道线帮助身体前进，但扶在分道线上原地休息，未帮助身体前进，可不判犯规。（ ）

15. 在游泳比赛中，可在池底站立，但不得跨越或行走，否则算犯规。（ ）

16. 技术检查员发现犯规时应迅速填写“犯规检查表”再报告执行总裁判，在表上要详细记录犯规运动员的性别、组别、项目、赛别、组次、泳道和犯规情况，并在表上签名。（ ）

17. 技术检查员如发现运动员转身动作犯规，应立即通知转身检查员，本人无权向执行总裁判报告和填写犯规检查表。（ ）

18. 运动员在自由泳比赛中可采用任何泳式，应理解为可用任何一种泳式游完全程，中途不得改变泳式。（ ）

19. 运动员在参加自由泳比赛时采用蛙泳姿势，在游进中身体多次全部没入

水中但符合竞赛规则对蛙泳的要求，可不判犯规。（　）

20. 竞赛规则规定，自由泳的整个游程中，运动员身体的某一部分必须露出水面。在出发和每次转身后，允许运动员身体完全没入水中，在 15 米前（含 15 米）运动员头的一部分必须露出水面。（　）

21. 运动员在自由泳比赛的整个游程中，可采用任何泳式，也可采用潜泳参加比赛。（　）

22. 自由泳比赛中，有一名运动员触池壁后走了两步才发现自己未游完全程。他匆忙返回池边，蹬边后继续完成比赛，可不判犯规。（　）

23. 自由泳比赛时，允许运动员在池底站立，但不得跨越或行走。（　）

24. 某运动员参加 200 米自由泳比赛时，因身体不适，在 100 米和 150 米转身时均在池底站立，稍做休息，但坚持游到终点。不能判该运动员犯规。（　）

25. 在 50 米自由泳比赛中，一名运动员出发后在 8 米处头部露出水面，吸一口气之后再次潜入水中。运动员在 15 米前头部露出水面，并一直在水面游进直至到达终点。应判其犯规。（　）

26. 某运动员在仰泳比赛中，因呛水而使其失去原有的连贯动作，仰在水中漂了一下，又做了几下反蛙泳蹬腿动作，应判该运动员犯规。（　）

27. 仰泳时允许头部与身体做转动动作，但必须保持与水平面小于 90° 的仰卧姿势。（　）

28. 某运动员在仰泳比赛中，因错将召回线当成仰泳转身标志线而提前做了前滚翻转身动作。运动员发现自己做错后，立即以仰泳游向池壁，做正常转身动作后继续比赛。因该运动员未获利，可不判犯规。（　）

29. 蛙泳出发和每次转身后，从第 1 次手臂动作开始，身体应保持俯卧，两肩应与水面平行。（　）

30. 蛙泳比赛，除出发和每次转身后的第 1 次划水动作外，两手向后划水不得超过臀线。（　）

31. 蛙泳比赛时，如足跟多次露出水面，应判犯规。（　）

32. 蛙泳比赛中，一运动员每次开始收腿时，两脚做向上动作，身后出现明显的水花，应判犯规。（　）

33. 蛙泳在途中游的蹬腿过程中，两脚必须做外翻动作，不允许做交替打腿或向下的蝶泳打腿动作。（　）

34. 蛙泳动作周期必须是以 1 次划臂和 1 次蹬腿的顺序完成，否则犯规。（　）

35. 蛙泳两臂的所有动作应同时并在同一水平面上进行，不得有交替动作。两手应同时在水面、水下或水上由胸前伸出。除转身前的最后一次划水动作、转身过程中及抵达终点前的最后一次划水动作外，肘部不得露出水面。（ ）

36. 蛙泳比赛中，允许在出发和每次转身后潜泳，距离不得超过 15 米，在15米前运动员的头必须露出水面。（ ）

37. 某运动员在蛙泳比赛出发后，因泳镜进水，故站立池底处理，然后继续游进。因运动员未获利，可不判犯规。（ ）

38. 蛙泳比赛，因泳镜进水，运动员在双臂由胸前向前伸的过程中，用双手迅速推掉泳镜后继续前伸，肘部未露出水面，然后正常游进。该运动员不犯规。（ ）

39. 在蛙泳比赛中，某运动员在转身后由于下潜过深，连续进行两次蹬腿后再做一次手臂划水动作，头部在该次划水动作至最宽点前露出水面，不应判犯规。（ ）

40. 蛙泳比赛，两手向后划水不得超过臀线。（ ）

41. 蛙泳出发和每次转身后，从第 1 次手臂动作开始，身体应保持俯卧姿势，任何时候不允许成侧卧姿势。（ ）

42. 蝶泳所有腿部的上下打腿动作都必须同时进行，允许蹬蛙泳腿。（ ）

43. 蝶泳游进时，手臂被水线阻拦，未能提出水面，虽仅有一次也应判犯规。（ ）

44. 蝶泳出发后，运动员在水下做多次打腿动作和 1 次划臂动作后头未露出水面，此时潜泳距离已超出 15 米，只有臂出水前摆游进，应算犯规。（ ）

45. 蝶泳所有腿部的上下打腿动作应同时进行。两腿或两脚可不在同一水平面上，但不允许有交替动作，不允许蹬蛙泳腿。（ ）

46. 某运动员在蝶泳比赛中，因泳镜进水，于是在双臂向前摆的瞬间，用双手迅速摘掉泳镜后继续向前摆动，并继续在水下同时向后划水。该动作应判犯规。（ ）

47. 蝶泳比赛时，在 1 个动作周期中手臂划水 1 次打腿 3 次应判犯规。（ ）

48. 混合泳接力的顺序是第 1 棒仰泳、第 2 棒蛙泳、第 3 棒蝶泳、第 4 棒自由泳。第 4 棒可采用仰泳、蛙泳、蝶泳中的任一种姿势。（ ）

49. 混合泳接力比赛，最后一棒运动员采取侧泳姿势游进，应判该接力队犯规。（ ）

50. 在一项比赛进行过程中，当所有比赛的运动员还未游完全程前，如果未参加比赛的运动员下水，应取消其原定的下一次的比赛资格。（ ）

（七）转身检查

1. 出发端的转身检查员还要负责检查运动员从出发入水后至第 1 次划水结束的动作是否符合规则。（　）

2. 转身检查员应检查运动员转身动作是否符合规则，其检查范围应从运动员触壁前 5 米开始至转身后游出 5 米止。（　）

3. 转身检查员负责检查运动员从触壁前最后一个动作开始至转身后第 1 个动作结束的整个转身动作是否符合规则。（　）

4. 在 800 米和 1500 米个人项目中，转身端转身检查员负责用报趟牌向运动员显示所剩趟数。（　）

5. 在 800 米和 1500 米个人项目中，转身端转身检查员负责记录并用报趟牌向运动员显示所完成的趟数。（　）

6. 在 25 米池进行 1500 米自由泳比赛，转身端转身检查员应从“59”开始报趟。（　）

7. 短池（25 米）游泳比赛，在 800 米个人项目中，终点端转身检查员应在运动员到达终点前 55 米时用铃声或哨声向运动员发出信号，直至运动员转身后到达 5 米处。（　）

8. 转身检查员在发现运动员犯规后，应立即填写犯规检查表交执行总裁判处理。（　）

9. 转身检查长在得到转身检查员发现运动员犯规的手势信号后，应立即审核转身检查员交来的犯规检查表，签字后及时交执行总裁判。（　）

10. 转身检查员未报告犯规，但转身检查长根据自己的观察发现运动员犯规，则转身检查长应及时报告执行总裁判并填写检查表上交。（　）

11. 自由泳转身时，可用身体任何部分触壁。但到达终点时，必须用手触壁。（　）

12. 在 200 米自由泳比赛中，某运动员在最后 50 米改用蛙泳，在游到终点时单手触壁，应判犯规。（　）

13. 仰泳每次出发和转身后，允许运动员完全没入水中，但潜泳距离不得超过 15 米，在 15 米前运动员身体最前部分应露出水面。（　）

14. 在仰泳转身过程中，运动员肩的转动超过垂直面后，可立即做 1 次连贯的单臂划水或双臂同时划水动作，并紧接着开始转身。（　）

15. 仰泳比赛中，运动员在肩的转动超过垂直面后进行了一次慢速的单臂划水，同时伴有多次快速打腿，并在划水动作结束时开始滚翻，不应判其犯

规。（ ）

16. 仰泳比赛中，某运动员在转身时身体转成俯卧，做了一次单臂划水动作后，两腿继续打腿数次再开始滚翻。此动作符合规则要求。（ ）

17. 仰泳运动员转身后以仰卧姿势单脚蹬离池壁，符合规则要求。（ ）

18. 仰泳转身时，运动员身体转成俯卧后，发现离池壁太近，无法完成前滚翻转身动作，故直接以手触壁，然后转成仰卧姿势蹬离池壁。此动作符合规则要求。（ ）

19. 仰泳运动员在到达终点时，必须呈仰卧姿势触壁，触壁时不允许身体完全没入水中。（ ）

20. 仰泳运动员抵达终点时，因技术原因而以头触壁，此时自动计时装置计取的成绩应视为有效成绩。（ ）

21. 仰泳运动员到达终点时，必须以仰卧姿势触壁，但个人混合泳中仰泳转蛙泳时则不受此限制。（ ）

22. 蛙泳抵达终点时，允许运动员两手完全重叠触壁。（ ）

23. 蛙泳在每次转身或到达终点时，两手应同时触壁，否则即算犯规。（ ）

24. 蛙泳每次转身和到达终点触壁前的最后一次划水动作结束后，头可没入水中。但在触壁前的最后一个完整或不完整的动作周期中，头的一部分必须露出水面。（ ）

25. 蛙泳比赛，在出发和每次转身后，运动员可在全身没入水中时做 1 次手臂充分向后划至腿部的动作和一次蹬腿动作，但在第 2 次划臂至最宽点两手向内划水前，头的一部分必须露出水面。（ ）

26. 蛙泳在出发和每次转身后，当身体完全没入水中时，允许打 1 次蝶泳腿。如该打腿动作在臂划水之前进行，则为犯规。（ ）

27. 蛙泳比赛，运动员出发入水后，在长划臂的同时打 1 次蝶泳腿，应判为犯规。（ ）

28. 蛙泳比赛，在出发和每次转身后身体完全没入水中时，两手已开始划水，允许两腿做 1 次蝶泳打水动作再接蛙泳蹬腿动作。（ ）

29. 某队员在 50 米蛙泳出发后水下滑行时打了 1 次蝶泳腿，再做长划臂和蹬腿动作，出水后继续游进。此动作符合规则要求。（ ）

30. 蛙泳比赛，在出发或转身后身体完全没入水中时，允许做 1 次蛙泳蹬腿动作再接 1 次蝶泳打腿动作。（ ）

31. 蛙泳比赛，运动员做最后一次完整的划臂和蹬腿后还没有触壁，紧接着再做 1 次蹬腿动作，两手同时触壁。应判犯规。（ ）

32. 蛙泳转身或到达终点时，双手触壁时头潜入水中，应判犯规。（　）

33. 蛙泳比赛，在出发和每次转身后，运动员可做 1 次手臂充分向后划至腿部的动作，但在第 2 次划臂前，头的一部分必须露出水面。（　）

34. 蝶泳到达终点前，两臂前摆入水身体潜入水中，两腿同时上下打水两次后，两手同时在水面下触壁，符合规则规定。（　）

35. 蝶泳比赛，运动员转身后在水下侧打腿游进，但侧卧的身体角度不能超过 90°。（　）

36. 当运动员游蝶泳到达终点时，因距离池端太近，只好用头触壁，此时自动计时装置也显示成绩，此成绩有效。（　）

37. 蝶泳比赛，运动员到达终点前，因距离太近，只能用两手做了 1 次蛙泳小划臂动作后在水中前伸触壁，应算犯规。（　）

38. 蝶泳抵达终点时，运动员两手完全重叠触壁，应判犯规。（　）

39. 蝶泳比赛，在每次转身或到达终点时，两手应同时并分开触壁，且两手必须在同一水平面上，否则应判犯规。（　）

40. 蛙泳和蝶泳比赛时，只要身体呈俯卧姿势蹬离池壁，允许运动员在触壁后用任何方式转身。（　）

41. 各种泳式比赛到达终点时，必须用手触池壁才符合规则要求。（　）

42. 混合泳接力第 1 棒运动员游完自己的距离时，必须以仰卧姿势触壁。（　）

43. 自由泳接力比赛时，每队 4 名运动员上场后，其棒次顺序可以临时调换。（　）

44. 混合泳接力比赛中，第 2 棒运动员入水后游错泳式，立即返回，以身体任何部分触壁后再行游出，并以正确姿势游完全程，可不视为犯规。（　）

45. 接力比赛时，如本队前一名运动员尚未触及池壁，而后一名运动员已摆臂前倒，但脚未蹬离出发台，也应判犯规。（　）

46. 在混合泳接力比赛中，第 4 棒运动员出发后，在水下做多次蝶泳打腿动作并做 1 次双臂同时划水经空中前摆的动作，再接自由泳的两臂交替划水动作游进，该动作符合规则规定。（　）

47. 接力比赛时，如本队的前一名运动员尚未触及池壁，而后一名运动员即出发离台应算犯规。如该运动员重新返回并以身体的任何部分触及池壁再行游出，则不作犯规论。（　）

48. 在 4×200 米自由泳接力比赛中，某队第 2 棒运动员多游 100 米，第 3 棒运动员在第 2 棒运动员抵达 200 米时出发，第 4 棒运动员在第 3 棒运动员游完

200 米时出发，游完全程，总裁判应判定该队犯规，取消其录取资格。（　）

49. 混合泳接力比赛时，7 道第 4 棒运动员在起水时将 8 道的触板碰停。因有半自动计时的成绩做替补，故可不判 7 道运动员犯规。（　）

50. 一组比赛进行中，在等候的下一组某运动员走到池边涮泳镜，将该泳道触板碰停，应判该运动员犯规，取消其下一组的比赛资格。（　）

（八）自动计时

1. 自动计时装置应能判定运动员到达终点的先后，并记录运动员的成绩。计取的成绩应精确到千分之一秒，以便更准确地区分出运动员的名次。（　）

2. 全国综合性运动会游泳比赛、全国游泳冠军赛、全国游泳锦标赛必须采用自动计时装置。（　）

3. 采用自动计时装置时，所有不具备自动计时装置成绩的运动员，其半自动计时装置（或 3 块计时表）计取的成绩即为正式成绩。（　）

4. 在自动计时装置发生故障无法使用或触板失灵时，半自动计时或人工计时成绩才能作为正式成绩。（　）

5. 某项决赛后，自动计时只显示记录 4、5 两条泳道的成绩，其他泳道自动计时全部失灵，因没有设半自动计时装置，这时应将全部成绩改为人工计时计取的成绩来排列名次。（　）

（九）人工计时

1. 采用人工计时时，每泳道通常应有 3 名计时员。人工计时的计时表应精确到百分之一秒。（　）

2. 计时员在发令员发出“出发信号”后立即按动计时表，在运动员抵达终点后立即按停计时表。（　）

3. 人工计时，在 3 块计时表中只有 2 块正常运行的情况下，应以平均成绩作为正式成绩。（　）

4. 人工计时，在 3 块计时表中只有 2 块正常运行的情况下，应以平均成绩作为正式成绩。当平均成绩出现千分位小数时，应进行四舍五入。（　）

5. 人工计时，在 3 块计时表只有 2 块正常运行的情况下，应以最差的成绩作为正式成绩。（　）

6. 在每组比赛结束后，计时员应立即将比赛成绩登记在竞赛卡片上，交计时长。如计时长要查看计时表成绩，应将计时表出示受检。没有得到“回表”的信号前，计时员不得回表。（　）

7. 当计时员人数受限时，一名计时员可以同时操作 2 块计时表。（　）

8. 采用自动计时并辅以半自动计时和人工计时的比赛，一名计时员可以同时操作 1 块计时表和 1 块盲表。（　）

9. 在采用自动计时装置而未使用录像计时系统时，须使用半自动计时装置或人工计时替补。（　）

10. 任何由 1 名裁判员按停的计时装置均应视为 1 块计时表。（　）

11. 在采用自动计时并辅以半自动计时和人工计时的比赛中，某组同时出现个别泳道自动计时装置（触版）失灵、半自动计时装置（盲表）失灵，该组运动员成绩分别有自动计时成绩、半自动计时成绩和人工计时成绩，这是允许的。（　）

12. 比赛时，由 2 表计时员负责计取本泳道运动员 100 米以上距离项目的分段成绩，并将成绩登记在竞赛卡片。（　）

13. 在一次达标赛上，某运动员到达终点后，三位计时员计取的成绩各不相同：1 表的成绩达标，2、3 表的成绩稍差一点。因考虑到运动员达标不容易，且不影响其他运动员的利益，因此可以将 1 表的成绩作为决定成绩。（　）

14. 计时员完成计时任务，把成绩登记在竞赛卡片上后即可回表，等待下一组比赛的开始。（　）

15. 采用自动计时装置辅以人工计时且实行“快节奏”的比赛，如果不要求登记竞赛卡片和“计时存查表”，在一组比赛结束后，只要看电子公告板上的自动计时成绩无误，计时员就可回表，等待下一组比赛的开始。（　）

16. 计时员只接受计时长的查询。（　）

17. 基层比赛中，当运动员到达终点问及自己的成绩时，计时员有义务告知。（　）

18. 人工计时，当发现本泳道运动员犯规时，计时员应在竞赛卡片上注明“犯规”，不再填写计取的成绩。（　）

19. 蝶泳比赛，运动员到达终点时，因距离太近头部触壁，此时计时员不应按停计时表，应待其手触壁才停表。（　）

20. 计时员开表后发现故障，及时报告了计时长。因 8 条泳道都有运动员参赛，计时长应立即将自己的计时表交该计时员为运动员计取成绩。（　）

21. 计时员开表后发现故障，及时报告了计时长。因该组有空道，故计时长可要求空道计时员将计时表交给出故障泳道的计时员为运动员计取成绩。（　）

22. 采用自动计时装置辅以人工计时的比赛，在登记“计时存查表”时，表中的“误差”是指人工计时成绩与自动计时成绩的差。（　）

23. 采用自动计时装置辅以人工计时的比赛，当计时员发现人工计时成绩与自动计时成绩相差超过 0.3 秒时，小组长应立即报告计时长，计时长应立即报告执行总裁判，以尽可能避免“二次触板”成绩错误。（　）

24. 采用人工计时的比赛，若执行总裁判批准运动员个人项目分段成绩创纪录申请，计时小组 3 名计时员都要在该分段到池端计取分段成绩。2 表计时员要及时将 3 个计时表计取的成绩和正式成绩填写在竞赛卡片上。（　）

25. 任何项目比赛，在总裁判发出长哨声信号时（仰泳项目为第 1 声长哨），全体计时员迅速起立，集中注意力，准备开表；听到发令员发出“出发信号”后立即按动计时表。（　）

（十）终点

1. 省级以上正规比赛，每条泳道使用 3 块独立数字式计时表进行人工计时，因大会没有采用自动计时装置，可设终点裁判。（　）

2. 某基层比赛采用人工计时，每条泳道只配备 2 块计时表，因此，必须设终点裁判。（　）

3. 采用自动计时装置并以半自动计时作为替补时，如每条泳道只设两块盲表（分别由两名计时员操作），在这种情况下应设终点裁判。（　）

4. 终点裁判员应坐在位于终点延长线的梯形架上，按分工准确地判断每组比赛名次。（　）

5. 终点裁判梯形架的摆放位置应由大会组织委员会根据赛场的具体情况决定，只要在比赛中能看到全部运动员整个游程和到达终点情况即可。（　）

6. 采用人工计时，由于比赛竞争激烈，运动员抵达终点时，如果终点裁判员实在看不清名次，可以按计时成绩优次排名次，上报总裁判裁决。（　）

7. 在比赛中，终点裁判长要观察全部情况，综合终点裁判员的判断，确定每组比赛名次。（　）

8. 采用“跟随观察法”时，小号岗负责判断 1—4 泳道 4 名运动员抵达终点的相对顺序，称为基础名次，是确定终点综合名次的基础。（　）

9. 采用“跟随观察法”时，大号岗负责判断 5—8 泳道 4 名运动员抵达终点的名次，称为核对名次，是确定终点综合名次时区分重叠名次的依据。（　）

10. 采用“跟随观察法”时，若小号岗报 3421、大号岗报 5876、5 道岗报 54、6 道岗报 60、7 道岗报 70、8 道岗报 84，则终点综合名次应为 58342176。（　）

11. 采用“跟随观察法”时，若小号岗报 4123、大号岗报 6587、5 道岗报

51、6 道岗报 64、7 道岗报 70、8 道岗报 81，则终点综合名次应为 64581237。（ ）

12. 当终点裁判员判定的名次与计时员计取的成绩不一致时，应以终点裁判员判定的名次为准。此时，计时长应将交叉泳道的成绩相加后求平均，作为各自的正式成绩。（ ）

（十一）宣告

1. 宣告员在大会竞赛处领导下，负责向观众介绍比赛项目和进行情况，宣布比赛成绩，并用广播配合颁奖工作。（ ）

2. 宣告员在执行总裁判领导下，负责向观众介绍比赛项目和进行情况，并宣布经执行总裁判确认的比赛成绩。（ ）

3. 宣告员在赛前 40 分钟的工作包括介绍赛事、介绍该场比赛项目、催交“接力棒次表”和“创纪录申请表”。（ ）

4. 每组比赛开始前，宣告员看到执行总裁判手势示意后，宣布比赛项目，请运动员入场，并按泳道顺序介绍运动员。（ ）

5. 比赛采用 8 条泳道，使用自动计时装置且有电子公告板时，每项预赛或半决赛结束后，宣告员应看大排序屏宣布 16 名参加半决赛的运动员名单，或 8 名参加决赛的运动员名单。（ ）

（十二）场地器材

1. 国际泳联承认的正式的游泳比赛，使用的游泳池应长 50 米。允许误差为 +0.03 米和 –0.00 米。（ ）

2. 国际泳联承认的正式的游泳比赛，使用的游泳池应长 25.000 米或 50.000 米。允许误差为 +0.030 米和 –0.000 米。（ ）

3. 举行全国运动会游泳比赛、全国游泳冠军赛、全国游泳锦标赛的游泳池宽应为 25.000 米。（ ）

4. 举行全国游泳冠军赛的游泳池，深度至少 2.00 米。两端池壁必须平行，垂直于泳道和水面。池壁必须坚实、平整，自水面下 0.80 米以上的池壁必须防滑。（ ）

5. 允许在池壁上设休息台。休息台必须设在水面下至少 1.20 米深处，台面宽 0.10 ~ 0.15 米。（ ）

6. 如果在游泳池的池壁上设休息台，则休息台必须是凹进式的。（ ）

7. 出发台应正对泳道的中央，其前沿应高出水面 0.50 ~ 0.75 米。（ ）

8. 出发台台面向前倾斜不得超过 15°。（ ）

9. 出发台四周应用明显的阿拉伯数字标明泳道号数。出发台的号数应在出发一端面对游泳池，从左至右依次排列。（ ）

10. 出发台的泳道号数应在出发一端面对游泳池从右至左依次排列。（ ）

11. 出发台的台面面积为 0.50 米 × 0.50 米。台面应由防滑材料覆盖，其向前倾斜不超过 10°。（ ）

12. 出发台必须设有横式和竖式的仰泳出发握手器，高出水面 0.30 ~ 0.40 米。（ ）

13. 出发台台面的厚度如果超过 0.04 米，可在出发台两侧设至少 0.30 米长、前端设至少有 0.40 米长的握手槽。（ ）

14. 池水水温：25 ~ 28℃；基层比赛的游泳池水温最低不得少于 25℃。（ ）

15. 池水水温：25 ~ 27℃；室外游泳池水温最低不得少于 25℃。（ ）

16. 分道线必须拉至游泳池两端，固定分道线的挂钩应安装在池壁内，分道线必须拉紧。每条分道线，距两端池壁 15 米处和 50 米池的 25 米处的浮标颜色应不同于其周围浮标颜色。（ ）

17. 每条分道线，自两端池壁起至 15 米内的浮标颜色应为红色。（ ）

18. 游泳池设 9 条分道线时，分道线的颜色为：第 1、9 分道线为蓝色；第 2、3、7、8 分道线为绿色；第 4、5、6 分道线为黄色。（ ）

19. 游泳池宽 25 米，设 10 条泳道，应有 9 条分道线，其颜色为：第 1、9 分道线为绿色；第 2、3、7、8 分道线为蓝色；第 4、5、6 分道线为黄色。（ ）

20. 仰泳转身标志线设在离游泳池两端 5 米的柱子上，高出水面 1.20 米。（ ）

21. 池端目标标志线应设在两端池壁上或触板上，位于各泳道正中，宽为 0.20 ~ 0.30 米，从池壁的上沿一直延伸到池底。（ ）

22. 出发召回线必须设在离出发端 15 米处的固定柱子上，距水面至少 1.80 米。（ ）

23. 50 米游泳池的每条泳道标志线，在距两端池壁 15 米处设一条长 0.50 米、宽 0.20 ~ 0.30 米的横线，横线的中心距池壁 15 米。（ ）

24. 自动计时装置的触板应为 240 厘米 × 110 厘米，最大厚度为 1 厘米。触板应露出水面 30 厘米，浸入水中 80 厘米。（ ）

25. 自动计时装置的触板应为宽 2.40 米 × 高 0.90 米，厚度为 0.01 ± 0.002 米。触板应露出水面 0.30 米，浸入水中 0.60 米。（ ）

26. 总裁判在比赛前必须组织专人测量泳池的长度，并由大会组织委员会提

供书面证明。（　）

27. 如采用可移动池壁的游泳池，在比赛过程中如有运动员超世界纪录，在该场比赛结束后必须由组织委员会再次进行测量并提供游泳池长度的书面证明。（　）

28. 如采用可移动池壁的游泳池，应于赛前经由国家承认的测绘单位测量并提供游泳池长度的书面证明。运动员在赛中超世界纪录时，可以此证明作为申报创纪录的材料。（　）

29. 基层比赛的游泳池泳道数和池宽不限。泳道宽不得少于 2.00 米。（　）

30. 基层比赛的游泳池，出发端 1 ~ 6 米处，深度至少 1.30 米。泳池的其他地方深度至少 1.00 米。（　）

31. 基层比赛的游泳池，在出发端和转身端的照明度不得少于 1600 勒克斯。（　）

32. 基层比赛的游泳池，两侧泳道与两侧池壁的距离不得少于 0.20 米。（　）

（十三）全国纪录

1. 在执行中国游泳协会审定的《游泳竞赛规则》并有国际级或国家级游泳裁判员参加裁判工作的比赛中创造的成绩，方可申请为全国纪录。（　）

2. 运动员本人、教练员或领队未预先向执行总裁判提出分段成绩创纪录申请，只要该分段成绩是由自动计时装置计取的并且运动员在比赛中游完该项的全程，则运动员在个人项目中的某一分段成绩可申请为全国纪录。（　）

3. 在 4 × 100 米自由泳接力比赛中，第 1 棒运动员创造了 100 米自由泳的全国纪录，而本队的第 3 棒运动员因犯规致使该项目被取消了录取资格，这一纪录不应被承认。（　）

4. 在同组比赛中，有 2 名运动员同时超过全国纪录，且两人成绩相同，名次并列。这 2 名运动员都可申请为全国纪录。如被批准，这 2 名运动员都是全国纪录保持者。（　）

5. 个人项目比赛中，运动员的某一分段成绩可申请为全国纪录。但这位运动员（其教练员或领队）须在该场比赛前提出书面申请，并将申请书交至检录处，以便检录长通知计时组，做好计取分段成绩的准备。（　）

6. 某队教练员在赛前向执行总裁判书面申请某运动员在个人项目的前 100 米创某个纪录，但赛后被判犯规。根据前 100 米创纪录的事实，应承认该运动员创 100 米新纪录。（　）

7. 每一个项目只允许一个成绩作为全国纪录（自动计时装置成绩、半自动

计时装置成绩或人工计时成绩）。（　）

8. 如果是半自动计时装置计取的成绩，则必须是 3 名计时员同时计取的方可申请为全国纪录。（　）

9. 男女混合 4×100 米自由泳接力和男女混合 4×100 米混合泳接力第 1 棒运动员的成绩不能申请为全国纪录。（　）

10. 运动员创全国纪录，必须经过兴奋剂检查合格后方可由运动员所在单位按国家体育总局公布的《申请创全国纪录的办法》办理申请手续。（　）

11. 在采用“预赛–决赛”模式的决赛中，第 1 名和第 2 名运动员先后打破全国纪录，这 2 名运动员均可申请全国纪录。（　）

12. 在室外游泳池比赛，池水为经过滤的海水，水温为 27℃，所创纪录应予承认。（　）

13. 人工计时是游泳竞赛规则承认的正式计时方法。因此，只要某个人工计时成绩是由 3 名计时员同时计取的，该成绩就可申请为全国纪录。（　）

14. 运动员必须穿着符合《游泳竞赛规则》规定的泳装，所创全国纪录才能被承认。（　）

15. 在采用自动计时的比赛中，接力项目第 1 棒运动员的成绩可申请为全国纪录，比赛前无须向执行总裁判提出书面申请。（　）

16. 在全国综合性运动会游泳比赛、全国游泳冠军赛和全国游泳锦标赛中创造的全国纪录将自动生效。（　）

第二部分　参考答案（部分）

一、问答题

参考答案从略。

二、正误判断题（正确画“+”，错误画“–”）

（一）游泳竞赛的组织

1.（–）　2.（+）　3.（+）　4.（+）　5.（+）

6. (–)	7. (+)	8. (+)

(二) 总裁判

1. (–)	2. (+)	3. (+)	4. (–)	5. (–)
6. (–)	7. (–)	8. (+)	9. (–)	10. (–)
11. (–)	12. (–)	13. (–)	14. (+)	15. (–)
16. (–)	17. (–)	18. (+)	19. (–)	20. (+)
21. (–)	22. (+)	23. (+)	24. (–)	25. (+)
26. (+)	27. (+)	28. (+)	29. (–)	30. (+)
31. (–)	32. (–)	33. (–)	34. (–)	35. (–)

(三) 编排记录

1. (+)	2. (+)	3. (–)	4. (–)	5. (–)
6. (–)	7. (–)	8. (–)	9. (–)	10. (+)
11. (–)	12. (–)	13. (–)	14. (–)	15. (–)
16. (–)	17. (–)	18. (+)	19. (+)	20. (+)
21. (–)	22. (–)	23. (+)	24. (–)	25. (–)
26. (–)	27. (–)	28. (–)	29. (+)	30. (–)
31. (–)	32. (+)	33. (–)	34. (+)	35. (–)

(四) 检录

1. (+)	2. (+)	3. (–)	4. (+)	5. (–)
6. (–)	7. (–)	8. (–)	9. (–)	10. (–)
11. (+)	12. (–)			

(五) 发令

1. (+)	2. (–)	3. (–)	4. (–)	5. (–)
6. (+)	7. (–)	8. (–)	9. (+)	10. (–)
11. (+)	12. (–)	13. (+)	14. (–)	15. (+)
16. (+)	17. (–)	18. (–)	19. (–)	20. (–)

(六) 技术检查

1. (+)	2. (+)	3. (–)	4. (–)	5. (–)

6. (+)	7. (–)	8. (+)	9. (–)	10. (–)
11. (–)	12. (–)	13. (–)	14. (–)	15. (–)
16. (–)	17. (–)	18. (–)	19. (–)	20. (+)
21. (–)	22. (–)	23. (+)	24. (+)	25. (+)
26. (–)	27. (–)	28. (–)	29. (–)	30. (+)
31. (–)	32. (–)	33. (+)	34. (+)	35. (+)
36. (–)	37. (–)	38. (+)	39. (–)	40. (–)
41. (–)	42. (–)	43. (+)	44. (+)	45. (+)
46. (–)	47. (–)	48. (–)	49. (–)	50. (+)

（七）转身检查

1. (+)	2. (–)	3. (–)	4. (+)	5. (–)
6. (+)	7. (+)	8. (–)	9. (–)	10. (+)
11. (–)	12. (–)	13. (–)	14. (+)	15. (+)
16. (–)	17. (+)	18. (+)	19. (+)	20. (+)
21. (–)	22. (–)	23. (+)	24. (+)	25. (+)
26. (–)	27. (–)	28. (+)	29. (+)	30. (–)
31. (+)	32. (–)	33. (–)	34. (–)	35. (+)
36. (–)	37. (+)	38. (+)	39. (–)	40. (+)
41. (–)	42. (+)	43. (–)	44. (–)	45. (–)
46. (–)	47. (–)	48. (+)	49. (–)	50. (+)

（八）自动计时

1. (–)	2. (+)	3. (+)	4. (+)	5. (–)

（九）人工计时

1. (+)	2. (+)	3. (+)	4. (–)	5. (–)
6. (+)	7. (–)	8. (+)	9. (+)	10. (+)
11. (+)	12. (–)	13. (–)	14. (–)	15. (–)
16. (–)	17. (–)	18. (–)	19. (+)	20. (–)
21. (–)	22. (–)	23. (–)	24. (–)	25. (–)

（十）终点

1.（+）	2.（–）	3.（–）	4.（+）	5.（–）
6.（–）	7.（+）	8.（+）	9.（–）	10.（–）
11.（+）	12.（–）			

（十一）宣告

1.（–）	2.（+）	3.（–）	4.（–）	5.（–）

（十二）场地器材

1.（–）	2.（+）	3.（–）	4.（+）	5.（+）
6.（–）	7.（+）	8.（–）	9.（–）	10.（+）
11.（–）	12.（–）	13.（–）	14.（+）	15.（–）
16.（+）	17.（–）	18.（–）	19.（+）	20.（–）
21.（+）	22.（–）	23.（+）	24.（–）	25.（+）
26.（–）	27.（–）	28.（–）	29.（+）	30.（–）
31.（–）	32.（+）			

（十三）全国纪录

1.（+）	2.（–）	3.（–）	4.（+）	5.（–）
6.（–）	7.（–）	8.（+）	9.（+）	10.（+）
11.（–）	12.（–）	13.（–）	14.（+）	15.（+）
16.（+）				

附录八　2012、2013年全国游泳裁判员晋升国家级考试试卷与答案

2012年全国游泳裁判员晋升国家级考试理论试卷

一、游泳常识题（每空1分，共10分）

1. 2012年伦敦奥运会游泳比赛中，我国运动员________、________、________分别获得________、________、________、________、________项目冠军。

2. 第12届全国运动会游泳比赛将于________年在我国辽宁省________市举行。

二、选择题（每题2分，共20分）

1. 总裁判在________领导下，全面领导和分配全体裁判员的工作，并明确各裁判员的职责和任务。

A. 组委会　　B. 技术代表　　C. 组委会和技术代表

2. 决赛出发时，发令员已发出“各就位”的口令，但还未发出“出发信号”，有1名运动员抢跳入水，另4名运动员也跟随下了水，执行总裁判应________________。

A. 取消这5名运动员的比赛资格

B. 只取消第1位抢跳运动员的比赛资格，并警告另4名运动员

C. 只取消第1位抢跳运动员的比赛资格，并安抚另4名运动员

3. 全国游泳冠军赛，接力比赛第1棒运动员的成绩创造了全国纪录，但因本队其他棒次运动员的犯规，被执行总裁判判为接力犯规，则犯规前第1棒运动员的成绩________________。

A. 不应予以公布和承认

B. 公布在正式成绩单上，并承认为全国纪录

C. 只公布在正式成绩单上，不承认为全国纪录

4. 对各运动队的领队按规则的规定交来的抗议申诉书，总裁判应签署意见后将抗议申诉书交技术代表，由 ________ 召集仲裁委员对申诉进行复议和裁决。

A. 技术代表　　B. 组委会　　C. 组委会和技术代表

5. 人工计时员给运动员计取成绩后，回表的时机为 ________。

A. 计时长发出“回表”的统一口令后

B. 总裁判组织下一组比赛鸣短哨时

C. 总裁判组织下一组比赛鸣长哨时

6. 50 米游泳池的每条泳道标志线，在距两端池壁 15 米处设 1 条长 0.50 米、宽 0.20 ~ 0.30 米的横线。横线的 ________ 距池壁 15 米。

A. 前沿　　B. 后沿　　C. 中央

7. 举办全国综合性运动会游泳比赛、全国游泳冠军赛、全国游泳锦标赛的游泳池池宽应为 ________。

A. 21 米　　B. 21 米或 25 米　　C. 25 米

8. 发令员应站在游泳池侧面，离出发端 ________ 处发令。

A. 5 米　　B. 5 米左右　　C. 5 米以内

9. 采用人工计时设终点裁判的比赛，某项目预赛结束后，排序显示有 4 名运动员成绩相同，均为第 7 名。其中 2 名运动员在预赛第 1 组（甲 1，甲 2），有 2 名分别在预赛第 2 组（乙 1）和第 3 组（丙 1）。________ 须参加重赛。

A. 甲 2、乙 1 和丙 1　　B. 甲 1、乙 1、丙 1　　C. 4 名全部

10. 仰泳转身标志线应高出水面 ________。

A. 1.80 米　　B. 2.00 米　　C. 2.00 米以上

三、正误判断题（正确画“+”，错误画“–”，每题 2 分，共 40 分）

1. 技术代表、总裁判在组织委员会或竞赛委员会领导下，主持竞赛工作及裁判员管理，保证竞赛规程、规则得以顺利执行。（　）

2. 在仰泳比赛时，执行总裁判第 1 声长哨发出前，运动员就跳入水中，执行总裁判应令其起水，并取消该运动员的比赛资格。（　）

3. 总裁判可随时干预比赛，以保证规程和规则得以执行，有权裁定有关比赛进行时的各种异议。（　）

4. 某项比赛，发令员发出“出发信号”后，发令员没有发现运动员抢跳，而执行总裁判发现运动员抢跳，执行总裁判有权取消抢跳运动员的录取资格。（　）

5. 仰泳运动员转身过程中肩的转动超过垂直面（变成俯卧）之后，手已经

触及池壁，然后收腿，呈仰卧姿势，双脚蹬离池壁，这样的仰泳转身动作不符合规则规定，一定要判该运动员犯规。（ ）

6. 自由泳比赛时允许运动员游仰泳，所以运动员在水中出发是允许的。（ ）

7. 宣告员在总裁判领导下，将比赛项目和进行情况及时向观众介绍，并宣布比赛成绩。（ ）

8. 运动员在个人混合泳比赛时，按照蝶泳、仰泳、蛙泳、自由泳的顺序进行了比赛。只要每种泳式都是按照泳式的规定游进，就不能判其犯规。（ ）

9. 两地同时举行全国比赛。在同一天（24 小时内）举行的同一个项目比赛中，两地各有 1 名运动员的成绩高于原全国纪录，两名运动员都能够申请全国纪录。（ ）

10. 分道线必须拉至游泳池两端，固定分道线的挂钩应安装在池壁内，分道线必须拉紧。分道线由直径 0.05 ~ 0.15 米的单个浮标连接而成，距两端池壁 15 米处和 50 米池的 25 米处的浮标颜色应不同于其周围浮标颜色。自两端池壁起至 5 米内之浮标为红色。两条泳道之间只允许有 1 条分道线。（ ）

11. 蛙泳比赛中，运动员抵达终点前的最后一次划水动作，肘部露出水面，抵达终点时，两手在水上（不在同一水平线）同时触壁，不判犯规。（ ）

12. 全国少儿游泳冠军赛，某运动员参加 50 米自由泳比赛时，出发后 6 ~ 7 米处头部露出水面，吸一口气之后，再次潜入水中。运动员在 15 米前头部露出水面，并一直在水面游进直至到达终点，应判其犯规。（ ）

13. 接力比赛以队为单位，每单位可在报名参加比赛的同组运动员中任选 4 人参加比赛，在预、决、重赛中参加者可任意调换。（ ）

14. 技术检查员发现运动员在转身时出现犯规，可以直接向执行总裁判报告犯规情况。（ ）

15. 检录员在每场比赛前，负责接收各队“接力棒次表”、运动员“弃权表”和运动员“分段创纪录申请表”。（ ）

16. 每条泳道配备两名计时员，所计取的成绩各不相同时，应以平均成绩作为正式成绩。如平均成绩出现千分位，应采取四舍五入的办法处理。（ ）

17. 仰泳比赛中，运动员到达终点时，必须以仰卧姿势触壁。若以头部触停触板也不应判其犯规。（ ）

18. 录像设备可以作为判断运动员犯规和名次的依据之一。（ ）

19. 一次比赛中，若竞赛规程的某些条款与竞赛规则出现矛盾或不一致，应该按照竞赛规程执行。（ ）

20. 比赛中，由于自动计时装置（触板）失灵，运动员成绩由 3 名计时员各自用半自动计时装置（盲表）计取，其成绩不能申请为全国纪录。（ ）

四、简答题（每题 5 分，共 20 分）

1. 简述两端转身检查员在长距离自由泳比赛中的工作方法。

2. 2010—2014 年游泳规则中有四个地方提出 30 分钟的问题，试举出其中 3 例。

3. 总裁判在赛前应准备好哪些裁判工作文件？

4. 请说出规则对泳装的规定。

五、论述题（10 分）

发令员在组织出发时发现有运动员抢跳，应如何处理？

2012 年全国游泳裁判员晋升国家级考试理论试卷部分答案

一、游泳常识题

1. 焦刘洋、叶诗文、孙扬；女子 200 米蝶泳、女子 200 米个人混合泳、女子 400 米个人混合泳、男子 400 米自由泳、男子 1500 米自由泳

2. 2013、沈阳

二、选择题

1. C	2. A	3. B	4. A	5. B
6. A	7. C	8. C	9. C	10. A

三、正误判断题（正确画“+”，错误画“-”）

1. -	2. -	3. +	4. +	5. -
6. -	7. -	8. +	9. +	10. +
11. +	12. +	13. -	14. +	15. -
16. -	17. +	18. -	19. +	20. -

四、简答题

答案从略。

五、论述题

答案从略。

2012年全国游泳裁判员晋升国家级考试英语试卷

一、请将下列英文词汇译成中文（每条2分，共20分）

1. board of referees
2. technical meeting
3. award ceremony
4. individual medley
5. lap card
6. butterfly kick
7. chief clerk of course
8. starting end of the pool
9. call room
10. withdrawal card

二、请将下列中文词汇译成英文（每条2分，共20分）

1. 中国游泳协会
2. 世界锦标赛
3. 代表团
4. 计时长
5. 混合泳接力
6. 转身检查员
7. 竞赛日程
8. 自动裁判装置
9. 接力棒次卡
10. 分道线

三、请写出下列国家或地区的英文缩写（每词1分，共6分）

1. 新西兰
2. 俄罗斯
3. 瑞典
4. 中国台北
5. 德国
6. 巴西

四、请写出下列英文缩写的中文意义（每词1分，共4分）

1. DNF
2. R.T.
3. NOC
4. NAR

五、请将下列英文译成中文（每题 6 分，共 30 分）

1. The referee shall disqualify any swimmer for any violation of the rules that he personally observes. The referee may also disqualify any swimmer for any violation reported to him by other authorised officials. All disqualifications are subject to the decision of the referee.

2. Each timekeeper shall start his watch at the starting signal, and shall stop it when the swimmer in his lane has completed the race. Timekeepers may be instructed by the chief timekeeper to record times at intermediate distances in races longer than 100 metres.

3. Any swimmer having finished his race, or his distance in a relay event, must leave the pool as soon as possible without obstructing any other swimmer who has not yet finished his race. Otherwise the swimmer committing the fault, or his relay team, shall be disqualified.

4. When Automatic Officiating Equipment is used in any competition, the placing and times so determined and relay take-offs judged by such Equipment shall have precedence over the timekeepers.

5. In relay events, the team of a swimmer whose feet lose touch with the starting platform before the preceding team-mate touch the wall shall be disqualified.

六、请用英文写出下列检查用语（每题 4 分，共 20 分）

1. 50 米处转身时，身体任何部分未触壁。
2. 25 米处的一个完整动作周期内，头部未露出水面。
3. 到达终点时，两手未同时触壁。
4. 运动员未在其出发的同一泳道内游完全程。
5. 游错棒次。

2012 年全国游泳裁判员晋升国家级考试英语试卷答案

一、请将下列英文词汇译成中文

1. 裁判委员会	2. 技术会议
3. 颁奖仪式	4. 个人混合泳
5. 报趟牌	6. 蝶泳打腿

7. 检录长
8. 泳池出发端
9. 检录室
10. 弃权卡

二、请将下列中文词汇译成英文

1. China Swimming Association
2. World Championships
3. delegation
4. chief timekeeper
5. medley relay
6. inspector of turns
7. competition schedule
8. automatic officiating equipment
9. Relay Entry Card
10. lane rope

三、请写出下列国家或地区的英文缩写

1. NZL
2. RUS
3. SWE
4. TPE
5. GER
6. BRA

四、请写出下列英文缩写的中文意义

1. 未游完全程
2. 出发反应时
3. 国家奥委会
4. 新亚洲纪录

五、请将下列英文译成中文

1. 总裁判可根据本人的观察取消犯规运动员的资格。总裁判也可以根据其他授权裁判员的报告取消犯规运动员的资格。任何取消运动员资格的决定都必须由总裁判做出。

2. 每个计时员应在出发信号发出后立即开动计时表，当本泳道运动员抵达终点后立即按停计时表。当计时长要求时，计时员应计取 100 米以上距离项目的分段成绩。

3. 运动员到达终点后或在接力比赛中游完自己的距离后，应在不影响其他运动员比赛的情况下尽快离池。若造成犯规，则该运动员或其接力队将被取消资格。

4. 在任何比赛中使用自动计时装置时，由该装置确定的名次、成绩和接力交接棒情况，应当比人工计时员的判定优先采用。

5. 接力比赛时，本队的前一名运动员尚未触及池壁，后一名运动员的脚已蹬离出发台，应取消该队的资格。

六、请用英文写出下列检查用语

1. During the turn at 50m，any part of the body did not touch the wall.

2. The head did not break the surface of the water during 1 complete cycle at 25m.

3. At the finish，the hands did not touch the wall simultaneously.

4. The swimmer did not remain and finish the race in the same lane as started.

5. Failure to swim in the order listed.

2013 年全国游泳裁判员晋升国家级考试理论试卷

一、填空题（每空 1 分，共 10 分）

1. 2013 年在西班牙巴塞罗那举行的第 15 届世界游泳锦标赛上，我国游泳健儿共获得 ________ 块金牌，________ 块银牌，________ 块铜牌。女子项目获得金牌的是 ________ 项目的 ________；________ 项目的 ________。

2. 2014 年第 2 届世界青奥会游泳比赛将在我国的 __________ 市举行。2017 年第 13 届全运会将在我国的 ____________ 市举行。

3. 代表我国担任国际泳联游泳技术委员会委员的是 ____________。

二、单项选择题（请在认定选项的字母上画圈。每题 2 分，共 20 分）

1. ________ 对规则中未明文规定的事项（或没有明文规定的问题），有权做出决定。

A. 组委会或竞委会、技术代表、总裁判

B. 组委会或竞委会、技术代表

C. 总裁判

2. 总裁判在 ________ 领导下，全面领导和分配全体裁判员的工作，并明确各裁判员的职责和任务。

A. 组委会和技术代表　　B. 组委会　　C. 技术代表

3. 计时员开表后，发现秒表出现故障并及时报告计时长，计时长应 ________ 给运动员记取成绩。

A. 把自己的秒表交给计时员

B. 自己替计时员计时

C. 将空道计时员的秒表交给计时员

4. 每条泳道两端各设一名转身检查员，负责检查运动员从触壁前 ________ 开始至转身后 ________ 结束的整个动作是否符合规则。

A. 最后一个动作；第 1 个动作

B. 最后一次手臂动作；第 1 次手臂动作

C. 最后一次划水动作；第 1 次划水动作

5. 发令员在发出“各就位”的口令后，当所有运动员都 ________ 时发出“出发信号”。

A. 处于静止状态　　B. 处于稳定状态　　C. 做好出发姿势

6. 仰泳比赛，当执行总裁判吹连续短哨声时，参赛运动员即下水。执行总裁判对下水的运动员应 ________。

A. 取消其本项比赛资格

B. 提出警告，允许其继续参赛

C. 取消其当日和次日所有项目的比赛资格

7. 只有 ________ 录像设备才能作为判断运动员犯规和名次的依据之一。

A. 总裁判认定的　　B. 技术代表认定的　　C. 赛事组委会设置的

8. 当未采用自动计时装置，且每条泳道未配备 3 块秒表人工计时时，________ 。

A. 不设终点裁判　　B. 必须设终点裁判　　C. 可增设终点裁判

9. 仰泳比赛，采用人工计时，在执行总裁判发出第 1 声长哨声时，终点端的转身检查员应 ________。

A. 原地起立并向前站到出发台的左侧后方准备开表

B. 原地起立站在自己座位前准备开表

C. 原地起立并向前站到出发台的左侧方准备开表

10.转身检查长对转身检查员交来的检查表应 ________ 及时上交执行总裁判。

A. 问清情况认为应该判罚后

B. 审核并签署意见后

C. 审核并签名后

三、正误判断题（正确划“+”，错误划“–”。每题 2 分，共 40 分）

1. 发令员发出“各就位”口令后，有运动员抢跳入水。同组另一名运动员受到影响，从出发台跳到地上，执行总裁判应判定所有离开出发台的运动员抢跳

犯规。（ ）

2. 由于某运动员犯规而影响其他运动员获得优异成绩时，总裁判有权允许被干扰的运动员重新参加预赛。如在决赛或最后一组预赛中发生上述情况，可令该组重新比赛。（ ）

3. 两组预赛。第 1 组有自动计时成绩；但在第 2 组比赛中，自动计时装置全部失灵，每条泳道运动员的成绩都是用 3 个人工计时的成绩补入。编排记录组应将第 1 组的成绩都改成人工计时的成绩。两组运动员按人工计时成绩比较，录取前 8 名参加决赛，以示公平。（ ）

4. 技术检查员仅负责检查运动员在游进中的泳式和动作是否符合规则。两端转身检查员仅负责检查运动员转身、到达终点和接力交接棒的动作是否符合规则。（ ）

5. 比赛期间，某体育局领导向总裁判出示有力证据举报某一外省市运动员有参赛资格问题。总裁判核实确认后有权取消该运动员的比赛资格或录取资格。（ ）

6. 运动员在比赛中只能穿 1 件经国际泳联批准使用的泳装（女运动员泳装必须是连体的），但可以戴两个泳帽。（ ）

7. 总裁判可随时干预比赛，以确保规程和规则得以执行。当发令员发出“出发信号”后，发现运动员抢跳犯规，总裁判不应发出“召回”信号。（ ）

8. 蛙泳比赛中，在出发和每次转身后运动员身体完全没入水中时，两手已分开但有短暂的停顿，此时做 1 次向下的蝶泳打水动作，然后再继续做两臂划水动作，接着蹬蛙泳腿向前游进，不应判犯规。（ ）

9. 4×100 米自由泳接力预赛后，需重赛决定参加决赛的运动队，参加重赛的必须是原来的运动员，但棒次可以调整。（ ）

10. 在自由泳、仰泳、蝶泳比赛中，允许运动员在出发和每次转身后身体完全没入水中，但在 15 米前（含 15 米）运动员的头部必须露出水面。（ ）

11. 检录员在每场比赛前负责接收各项接力棒次表。（ ）

12. 蝶泳运动员抵达终点时，头部触停触板。此时自动计时所计取的成绩不能作为运动员的正式成绩，并判犯规，取消其录取资格。（ ）

13. 接力比赛第 1 棒运动员的分段成绩应被计取，并公布在正式成绩单上。如接力队被判犯规，则该接力队的各棒成绩均不予公布。（ ）

14. 蛙泳和蝶泳比赛，在每次转身或到达终点时，两手应同时并在同一水平面上触壁，否则应判犯规。（ ）

15. 自由泳、蛙泳、蝶泳、个人混合泳及自由泳接力的比赛必须从出发台出

发。（ ）

16. 运动员在自由泳比赛中若采用蛙泳，在转身和抵达终点时可用单手触壁。（ ）

17.在全国运动会游泳比赛上，某泳道的自动计时装置失灵，但该泳道运动员的半自动计时成绩超过了国家体育总局公布的全国纪录。经当场执行总裁判同意，宣告员应宣告这名运动员创造了全国纪录。（ ）

18. 游泳池设 8 条泳道。比赛如采用分组决赛（无预赛），各项目分组按报名成绩顺序，1—8 名安排在第 1 组，9—16 名排在第 2 组，以此类推将所有运动员编排完毕。（ ）

19. 技术检查员如发现运动员犯规，应及时、准确填写检查表，签名后立即上交执行总裁判。（ ）

20. 在计时成绩和终点名次顺序不一致时（如第 2 名的成绩反比第 1 名的成绩好），应以终点裁判员的判定为准。（ ）

四、简答题（每题 4 分，共 20 分）

1. 50 米比赛时，两名执行总裁判应如何配合工作？
2. 内场检录员在预赛和决赛时的工作方法有哪些不同？
3. 简述人工计时、半自动计时、自动计时的异同点。
4. 《竞赛规程》规定某项目预赛后进行 A、B 组决赛，应如何编排决赛秩序？如何录取名次？
5. 总裁判在抵达赛区之前必须准备好哪些文件草案？

五、论述题（10 分）

在各项目比赛中，技术检查员应如何站位与巡视？

2013 年全国游泳裁判员晋升国家级考试理论试卷部分答案

一、填空题

1. 5、2、2；200 米蝶泳、刘子歌；50 米仰泳、赵菁
2. 南京；天津

3. 原家玮

二、单项选择题

1. A	2. A	3. B	4. B	5. A
6. B	7. C	8. B	9. A	10. C

三、正误判断题

1. +	2. +	3. –	4. –	5. –
6. –	7. +	8. +	9. –	10. +
11. +	12. +	13. –	14. –	15. +
16. +	17. +	18. –	19. –	20. –

四、简答题

答案从略。

五、论述题

答案从略。

2013 年全国游泳裁判员晋升国家级考试英语试卷

一、请将下列英文词汇译成中文（每条 2 分，共 20 分）

1. FINA Bureau
2. technical committee
3. butterfly
4. session
5. on the breast
6. assistant referee
7. finish end of the pool
8. semi–automatic equipment
9. World Championships
10. swim–off

二、请将下列中文词汇译成英文（每条 2 分，共 20 分）

1. 中国游泳协会
2. 混合泳接力
3. 技术检查员
4. 赛次
5. 替补（运动员）
6. 检录室
7. 秩序单
8. 游泳衣

9. 交替打腿　　10. 电子公告板

三、请写出下列国家或地区的英文缩写（每词1分，共6分）

1. 韩国　　2. 西班牙
3. 澳大利亚　　4. 乌克兰
5. 英国　　6. 南非

四、请写出下列英文缩写的中文意义（每词1分，共4分）

1. DNS　　2. F.D.
3. NOC　　4. NWR

五、请将下列英文译成中文（每题6分，共30分）

1. When starting an event, the starter shall stand on the side of the pool within approximately five metres of the starting edge of the pool where the timekeepers can see and or hear the starting signal and the swimmers can hear the signal.

2. After the start and after each turn, the swimmer may take one arm stroke completely back to the legs during which the swimmer may be submerged. A single butterfly kick is permitted during the first arm stroke, followed by a breaststroke kick.

3. Promptly after the race, the timekeepers in each lane shall record the time of their watches on the card, give them to the chief timekeeper, and if requested present their watches for inspection. Their watches must be cleared at the short whistle of the Referee announcing the following race.

4. No pace-making shall be permitted, nor may any device be used or plan adopted which has that effect.

5. The swimming pool and the technical equipment for Olympic Games and World Championships shall be inspected and approved in due course prior to the Swimming competitions by the FINA Delegate together with a member of the Technical Swimming Committee.

六、请用英文写出下列检查用语（每题5分，共20分）

1. 到达终点前改变仰卧姿势触壁。
2. 35米处，两手未同时从胸前伸出。
3. 出发后，头部未在15米线处或之前露出水面。
4. 120米处，左手拉分道线。

2013 年全国游泳裁判员晋升国家级考试英语试卷答案

一、请将下列英文词汇译成中文

1. 国际游泳联合会执委会
2. 技术委员会
3. 蝶泳
4. 场
5. 俯卧
6. 副总裁判
7. 泳池终点端
8. 半自动装置
9. 世界锦标赛
10. 重赛

二、请将下列中文词汇译成英文

1. China Swimming Association
2. medley relay
3. judge of stroke
4. phase
5. reserve
6. call room
7. start list
8. swimsuit
9. flutter kick
10. electronic scoreboard

三、请写出下列国家或地区的英文缩写

1. KOR
2. ESP
3. AUS
4. UKR
5. GBR
6. RSA

四、请写出下列英文缩写的中文意义

1. 弃权
2. 接力交接棒时间
3. 国家奥委会
4. 新世界纪录

五、请将下列英文译成中文

1. 发令时，发令员应站在游泳池侧面距出发端约 5 米以内处，使计时员能看见和（或）听到出发信号，运动员能听到信号。

2. 在出发和每次转身后，运动员可全身没入水中，并可做 1 次手臂充分向后划至腿部的动作。在第 1 次手臂动作过程中，允许打 1 次蝶泳腿，接做蛙泳蹬腿动作。

3. 一组比赛结束后，计时员应立即将成绩登记在竞赛卡片上，交给计时长。当被要求时，应将计时表出示受检。计时员应在总裁判组织下一组比赛吹短哨声时回表。

4. 不允许速度诱导，不允许采用任何能起到速度诱导作用的装置或方法。

5. 举行奥运会和世界锦标赛的游泳池和技术装备必须在赛前适当的时间接受国际泳联代表会同1名游泳技术委员会成员的检查并得到通过。

六、请用英文写出下列检查用语

1. The swimmer did not finish the race whilst on the back.

2. At 35m, the hands were not pushed forward together from the breast.

3. After the start, the head did not break the surface of the water at or before 15m mark.

4. Pulling on the lane rope with the left hand at 120m.

（附录执笔：吴河海、梅雪雄）